정조와 정조 이후

정조와 정조 이후

초판 1쇄 인쇄 2017년 5월 25일
초판 2쇄 발행 2021년 1월 15일

엮음 〈역사비평〉 편집위원회
펴낸이 정순구
책임편집 조원식
기획편집 정윤경 조수정
마케팅 황주영

출력 블루엔
용지 한서지업사
인쇄 한영문화사
제본 한영제책사

펴낸곳 (주) 역사비평사
등록 제300-2007-139호 (2007.9.20)
주소 10497 경기도 고양시 덕양구 화중로 100 (비젼타워21), 506호
전화 02-741-6123~5
팩스 02-741-6126
홈페이지 www.yukbi.com
이메일 yukbi88@naver.com

ISBN 978-89-7696-551-6 / 93910

정조와 정조 이후

| 정조 시대와 19세기의 연속과 단절 |

〈역사비평〉 편집위원회 엮음

역사비평사

차례

정조와 정조 이후
— 정조 시대와 19세기의 연속과 단절

3부 세도정치기의 이질적 시공간

서장

다시 보는 정조와 19세기

왜 '정조와 19세기'인가

제목을 듣고 고개를 조금 갸우뚱할 분들도 있을 듯하다. 정조는 18세기의 마지막 해인 서기 1800년에 사망했고, 따라서 그는 '18세기의 대미를 장식한 국왕'이기 때문이다. 18세기의 마감과 정조의 사망이 겹치게 된 것은 물론 우연이지만, 편의상 세기 단위로 역사를 끊어 보는 데 익숙해진 우리는 정조와 18세기의 또 다른 기억들을 한데 묶고, 정의하고, 틀을 짰다. 우리는 18세기의 3/4을 차지했던 영조 52년과 정조 24년을 통틀어 '탕평의 시대'로 부르고, 조선의 부흥기로 평하며, '문화의 르네상스'라는 명예로운 칭호를 부여한다.

19세기는 찬란했던 정조의 부재(不在)에서 출발한다는 점에서 퍽 대조적이 될 운명이었는지도 모르겠다. 정조를 뒤이은 19세기의 국왕 5인은 안타깝게도 정조에 짝할 만한 리더십이나 업적을 보여주지 못했다. 게다가 19세기 중반부터 본격적으로 접한 서양 문명은 미증유의 충격을 조선 사회에 가했다. 왕조의 종말을 결정지은 요인들이 상당 부분 19세기에 초래되었다는 결과를 알고 있는 우리로서는, 허망함이란 선입견이 또한 이미 내재하고 있었다. 그래서 더더군다나 정조는 18세기와 짝하지, 19세기와 어울리지 않는다.

그런데 왜 제목을 이같이 잡았을까. 사실 비슷한 제목의 책들은 이미 있었다.[001] 정조와 그의 사후 시간은 진작부터 관심의 대상이었던 것이다. 이 책은 정조와 19세기의 연속과 단절을 살폈던 연구들의 문제의식을 계승한다. 다만 정조와 뒤이어 전개된 19세기, 특히 19세기 전반(前半)의 63년간 이른바 '세도정치기'와의 관계를 사상과 정치뿐만 아니라 국가, 사회,

현재성 등의 측면을 부각하며 전면적으로 바라보고자 했다.

앞선 연구와 마찬가지로, 이 책의 출발 역시 정조와 19세기 세도정치 사이의 매우 대조적인 관계였다. 먼저 '현재의 정조'부터 보자. 1993년 소설 『영원한 제국』의 출간과 성공을 계기로 정조는 교과서와 연구자의 품을 떠나 개혁과 리더십을 상징하는 인기 높은 아이콘으로 떠올랐다. 그렇지만 정조의 부상은 상당 부분 현재의 욕망과 연결되어 있었다. 1990년대 초반의 문민 시대에 어울리는 지도자를 발굴하고 싶었던 것이 아마 직접적인 욕구였을 것이다. 또 누구나 수긍할 만한 '국부(國父)감'을 갖지 못한 남한에서, 정조를 통해 결핍감을 보상받으려는 심리도 은밀하게 작동했을 법하다. 게다가 200년가량 떨어져 있는 정조는 누구에게나 적절한 변주를 허용하는 매력적인 소재이기도 했다. 『영원한 제국』이 박정희에 대한 향수를 자극할 수도, 반대로 개혁적 지도자와 음험한 보수의 대결로 독해될 수도 있었던 이중성은 좋은 보기이다. 지금도 정조는 보수와 진보를 가리지 않고 관심 받으며 소설, 영화, 드라마, 다큐멘터리, 문화 행사 등을 통해 끊임없이 재탄생한다. 그러므로 학계의 정조 연구와, 대중·정치·문화의 욕망이 '취사선택'하고 되살리는 현재의 '정조 열풍' 혹은 '정조 배우기'를 한 번 정리할 필요가 있다.

진짜 문제는 정조에 대한 기획이 쉼 없이 진행되고 새 이미지가 만들어질수록 '정조 이후'와의 골이 점점 깊어진다는 데 있다. 이렇게 급변할 수 있을까 싶을 정도로 정조와 정조 이후 시대의 이미지는 상반된다. 도식적으로 몇 가지를 들면 이렇다. '탕평정치, 다양한 부문의 개혁, 도시화와 상공업 발달, 실학, 산발적 민의 저항 vs 세도정치, 매관매직, 삼정문란, 사상 탄압과 천주교 박해, 대규모 민중운동'.

현재의 요구가 빚어낸 정조의 상한가는 19세기 전반기를 희생양 삼아 버린 듯하다. 그리고 19세기의 부정적 현상들에 직간접으로 기여(?)한 정조 혹은 그 시대의 책임은 실종되어버린다. 예컨대 세도정치는 정조의 제반 개혁을 무산시킨 대표적 사례로 인식된다. 그러나 세도정치의 최대 설계자는 정조였다. 정조는 재위 전반기에 척신을 숙청하고 사대부 청류를 보합하는 탕평을 전개했다. 하지만 그 기조를 일관되게 유지하지는 않았다. 집권 중반을 넘기면서 그는 올바른 척신의 육성을 암시했고, 서울 명문가였던 안동 김씨 가문 김조순의 딸(순조비 순원왕후)의 재간택까지 끝내고 승하했다. 훗날 김조순은 타계 직전의 정조로부터 세자의 보좌와 세도(世道) 책임을 부탁받았노라고 증언했다.[002] 김조순의 증언은 개인의 해석을 거친 과장일 수 있지만, 정조가 세도 가문을 선택하고 세도를 위임했다는 논리는 이후 세도정치 정당화의 가장 큰 명분으로 작용했다.

많이 지적되진 않았지만, 보다 큰 책임은 정조가 공공의 시스템을 무력화시켰다는 데 두어야 할 듯하다. 정조의 언론 정책이 공론 정치의 실종을 불렀다는 지적은 이미 있었다.[003] 그러나 큰 충격은, 2009년에 공개된 정조가 대신 심환지에게 보냈던 어찰이었다. 매스컴의 관심은 '정조 독살'이나 '시파 지지인가, 벽파 지지인가'와 같은 데 쏠렸지만, 연구자들은 '모범 군주 정조'가 대신과 미리 말을 맞추었다는 사실에서 그의 맨얼굴을 새삼 확인했고, 일부는 연구 방향까지 조정했다.[004] 정조의 행위를 조금 가혹하게 평한다면, 공공의 논의를 무력화시켰고 기록자인 사관(史官)의 붓을 속였으며 결과적으로 역사를 기만했다고 할 수 있다. 정조는 그것이 효율적이라고 판단했을 수 있고, 탕평 군주로서 조정자의 이득을 톡톡히 누렸다고 생각했을지 모른다. 그러나 사적 영역에서의 은밀한 편지 관계란 얼마나 허약하고 일회적인가. 정조가 '읽고 나서 불태우라'고 했던 몇몇 편지들마저 고스란히 남게 된 것은, '불태우라'는 명령에 제약받지 않았던 심환지의 판단 때문이 아니었던가. 정조의 최후 선택은 스스로 내걸었던 의리의 공정성을 스스로 허약하게 만들어버린 셈이 되었다.

정조의 유산은 19세기 중앙 정치에서 되풀이되었다. 순조 초반 정순왕후 중심의 벽파 정권은 정조의 의리를 내세워 숙청과 천주교 박해를 자행했다. 그들을 몰락시킨 시파 정권 또한 별반 다르지 않았다. 안동 김씨, 반남 박씨 등 시파계 가문들은 벽파계 인물 일부가 정조를 부정하는 흉언을 했다 하여 그들을 궤멸시켰다. 그런데 이 흉언은 수십 년 전에 사석에서 행한 몇 마디 말에 불과했으므로, 작위적인 성격이 짙었다. 이처럼 합리성을 상실한 정쟁은 의리를 타인이 관여할 수 없는 사적인 차원으로 귀결시켰던 정조에게 상당 부분 책임이 있다.

한편 정조와 19세기의 단절은 두 시기 사이의 복잡한 링크를 생략하거나 19세기 전반기를 단순화시키는 데도 영향을 미쳤다. 이것은 실제 이 시기가 대단히 다양했다는 당연한 사실뿐만 아니라, 세계사와 동아시아의 역사와 비교해서도 매우 주목할 변화가 있었다는 점과 관련해서도 꽤 심각한 문제이다.[005]

그렇다면 한국 학계는 정조와 19세기 전반기에 대해 어떤 성과를 쌓아왔는가. 정조에 대한 연구는 일일이 소개하기 힘들 정도로 왕성하다. 정조 개인과 정치 분야뿐만 아니라 그 시대의 사회, 경제, 사상, 문화, 예술 모든 방면에 대해 활발하다. 그러나 세도정치기에 대해서는 역사학을 비롯한 대부분의 한국학 분야에서 연구가 매우 소략하다. 중앙 정치의 동향은 말할 것 없고, 사회 일반과 사상, 문화 역시 마찬가지이다. 대신 민(民)의 성장과 민중운동을 중시하는 견해가 연구의 주류였다. 이처럼 연구의 지형이 급속하게 바뀐 데 대한 사정이 없지는 않다. 실록(實錄)을 비롯한 관찬 사서의 양과 질이 급격하게 퇴락했고, 정계 주요 인사의 문집 등이 허술한 점, 이 시기를 집중적으로 전공하는 연구자의 수가 적은 점 등이 원인일 것이다.

단절에 대한 반성과 보완이 없지는 않았다. 가장 대표적인 성과로는 『조선정치사 1800~1863』 상·하(청년사, 1990)가 있다. 이 책의 큰 장점은 지배층의 전반적인 동향을 구조적으로 분석한 데 있는데, 19세기 세도정치의 주역들이 대부분 18세기에 형성, 성장해왔다는 점을 증명했다.[006] 그러나 이 책의 스케일과 성과를 뛰어넘는 후속작은 별로 없다고 본다. 다만 최근에는 소농 사회, 인민의 성장 등 사회, 계층의 변화를 패러다임 차원에서 재구축하는 견해들이 나오고 있어 주목된다.[007] 한편 다양한 신분 출신 지식인들의 저술은 오히려 기존의 글쓰기 틀을 벗어나고 있었다. 최근 집중적으로 발굴·번역되는 18세기 후반~19세기 전반 사대부·중인들의 섬세한 자의식이 드러난 글과 박학을 자랑하는 글들이 좋은 보기이다.[008] 또 청·일과의 교류, 중인·서민 지식계의 형성과 확대, 언어의 변화, 서학의 지속과 동학의 출현 등도 주의할 흐름이다.[009] 틀을 달리한다면 변화하는 사회의 역동성은 상당한 수준에서 추출되고 새롭게 짜일 수 있다.

결국 우리는 정조에게서 조금 벗어나고 18세기 후반~19세기 전반기에 대한 기존의 연구 성과를 확인해볼 필요가 있지 않을까. 이상이 정조와 19세기를 결합한 이유이다.

9편의 논문 그리고 시사점

이 책 『정조와 정조 이후』는 『역사비평』 115~117호(2016 여름·가을·겨울)의 연속 기획에서 비롯했다.[010] 기획의 전체 제목은 '새롭게 보는 정조와 19세기'였고, '정조 시대의 다학문적 접근', '정조와 세도정치', '세도정치기의 이질적 시공간'의 3부로 구성되었으며, 총론을 포함한 10편의 논문이 게재되었다. 이 책의 본문은, 선약으로 인해 다른 책에서 독자와 만나는 논문 1편[011]을 제외한 9편이다.

『역사비평』에서 필자들을 섭외할 때 '정조 시대를 당대의 맥락에서 바라보고, 정조와 세도정치 사이의 연속과 단절을 고민하며, 18세기의 구심력이 약화되고 새로운 원심력이 작용하는 19세기를 다루어본다'는 각 부의 취지를 설명했다. 그렇지만 필자들이 공동연구팀으로 활동한 적도 없었고, 따로 학술회의를 개최하지도 않았으며, 또 책의 출간을 예상한 바도 아니었기에 맞춤형 논문을 강제하기는 어려웠다. 취지는 어디까지나 제안 차원이었다.

기획의 일관성은 보장하지 못했지만 장점이 없지도 않았다. 필자들에게는 더 심층적으로 파고들거나, 새로운 문제 제기를 던져도 좋다고 했다. 기획의 취지에 대한 수정은 물론이고 반론일지라도 또한 충분히 반기겠다고도 했다. 오히려 근본적인 취지는 '문제를 선부르게 해결하거나 새 틀을 선뜻 제시하자는 게 아니라', '18세기 후반~19세기 전반에 대한 연구의 성과를 확인하고, 접점 찾기, 사이를 메꿀 실증, 또 다른 모색 등에 주안점이 있기에', '다중의 시선을 확보하는 것'임을 수차례 강조했다. 이렇게 해서 모인 논문이 이 책의 본문이다. 이하 각 부와 장을 간략히 소개한다.

1부는 1~3장이고 주제는 '정조 시대의 다학문적 접근'이다. 정조 시대를 당대의 맥락에서 재검토하는 게 근본 취지이다. 다만 정조 대는 사료가 풍부하고 선행 연구도 방대하기 때문에 정치사상과 학문의 성과에 초점을 맞추었다.

1장은 당대 정치의 맥락에서 정조와 탕평정치를 새롭게 독해했다. 최근 문학계와 대중문화에서 정조에 대한 편견이 재생산되고 있는데, 이것은 정조·탕평정치와, 당쟁·주자학을 대척적으로 파악한 역사학에 기인한다. 정조의 정치와 정책 기조는 체제 이념의 근간인 주자학과 통합적으로 살펴야 실상에 부응하는 것이다. 정조의 탕평정치는 주자학의 의리론에 기반하고 있었기에 각 정파의 공존을 가능하게 했고, 정조와 그 시대의 정치 경험은 오늘날에도 시사하는 바가 크다.

2장은 정조의 자연·만물관에서 공존의 정치 원칙을 추출했다. 정조는 자연과 사회를 서로 교감하고 반응하는 하나의 유기체로 보았다. 이 자연관은 만물의 생명을 존중하고 서로 공존하는 정신으로 확장될 수 있었다. 정조가 서학, 천주교에 대해 비교적 개방적이고 포용적인 정책을 편 바탕에는 이런 사고가 있었다.

3장은 과학(천문학)을 통해 본 정조 시대 학문의 성격이다. 정조 시대에 천문학은 국가 천문학의 전성기라 부를 만했고 서울의 사대부들에게도 필수적인 교양 지식이 되는 등 조야에서 왕성했다. 물론 경학에 종속하거나, 길흉 택일 등의 전통적 성격도 굳건했다. 그렇지만 이 시대의 성과는 국가와 개인 차원에서 19세기 중반까지 이어졌고 새로운 성취의 기반이 되었다.

2부는 4~6장이고 주제는 '정조와 세도정치'인데, 이는 애초에 전체 제목으로 고려했을 정도로 문제의식의 출발점이었다. 탕평과 세도정치의 단절과 연속성을 사회, 19세기의 기억, 현재의 입장에서 살펴보았다.

4장은 19세기 '향중공론(鄕中公論)'의 대두 현상과 그 의미에 대해서이다. 향촌의 민인들은 국가의 부세 운영에 조정, 타협하는 과정에서 점차 그들만의 공론을 만들어냈다. 이렇게 형성된 향중공론은 기존의 '위로부터의 공(公)'과 별도로 독자적인 여론 영역이 만들어지는 변화였다. '공' 담론의 분기는 향촌민의 정치의식이 성장하고 정치 주도 세력이 다양하게 분화하고 있다는 증거이다.

5장은 19세기 전개된 정조에 대한 기억이다. 정조는 19세기에도 살아있는 아이콘이었다. 국왕들은 정조의 왕권 강화책을 강조했고, 신료들은 학문에 매진하고 신료들을 경청하는 국왕으로 자리매김했다. 그것은 자신들에게 유리한 방향의 소환이었을 뿐이지, 실제의 정조와 그 시대가 그렇지는 않았다. 결국 '완벽한 군주로 재현된' 정조의 이미지는 반성과 성찰을 부재하게 했다. 지금도 그 오류가 반복되고 있지 않은지 반문해야 한다.

6장은 탕평정치와 세도정치에 대해 현대의 역사학이 지녀야 할 입장을 주장했다. 1장에 대한 반론이기도 하다. 갈등의 조정, 붕당의 관리 등을 정치 이해의 핵심으로 볼 수는 없으며, 당시의 정치와 현대 민주주의 정치와의 동질성을 쉽게 가정하고 교훈을 추출할 수도 없다. 정치사 연구의 중심 주제는 정치세력과 정치체제의 시대적 본질과 변화를 해명하는 것이어야 한다. 그 점에서 탕평정치와 세도정치는 조선 후기 정치사의 시대적 계기성(繼起性)에 부응하는 형태이고, 탕평에서 세도로의 이행은 조선 통치체제의 역사적 시효가 다하고 있음을 보여주는 일이다.

3부는 7~8장이고 주제는 '세도정치기의 이질적 시공간'이다. 세도정치기는 국가의 구심력이 약화하고 사회와 지식의 격차와 이질성이 강화되었다. 그 분화 양상을 사회와 사상 방면에서 추적했다.

7장은 18세기 이래 심화된 서울과 지방의 격차, 이른바 '경향분기(京鄉分岐)'의 추이와 이에 대한 지식인들의 비판이다. 이 추세는 '향암(鄉闇, 시골뜨기)'이란 용어에서도 드러나는데, 특히 세도정치기 정부에서 지방 출신 관료가 빈약해졌음을 보여준다. 한편 서울과 지방의 차이에 대해 지식인들은 지속적으로 문제를 제기했다. 그들의 비판은 문벌, 이익, 서울이 한 덩어리로 고착화하고 사회 구성원의 불균등이 심화하는 데 맞추어졌다.

8장은 19세기 조선 사상계와 지식인들의 이질적인 지형에 대한 연구이다. 19세기의 사상계는 주자학의 해체, 여성·중인·농민 계층의 지식 역량이 강화되는 역동성이 있었다. 반면 지역 간의 불균형을 비롯한 경제, 문화, 신분 계층 사이의 격차도 촉진되었다. 바야흐로 역동성과 경화(硬化)가 공존했던 것이다. 서울과 지방 사족 사이의 심리적 연대감이 균열되어 가는 대신 지식의 보급을 통하여 사(士) 의식을 갖춘 중인층, 농민 계층이 대안 세력으로 새롭게 성장하고 있었다.

이상의 글들은 대체로 처음 제안한 취지에 부응했다. 그러나 몇몇 글은 더 근본적인 취지, 즉 '달리 보는 것을 환영한다'는 취지를 살려 논쟁적인 지점을 드러냈다. 그 지점은 정조와 정조 시대의 현재성에 대한 견해 차이인데, 1~2장이 정조에 대한 긍정적 소환을 시도했다면, 5~6장은 반성과 경계를 언급했다. 이 글들은 최근의 연구 동향과도 관련해서 시사하는 바가 상당하므로 필자 나름대로 의미를 정리해보았다.

정조를 가장 적극적으로 해석한 글은 2장이다. 정조의 사상을 생명 존중과 공존의 정신으로 독해할 수 있다는 주장이다. 전근대 사상에서 탈근대의 가능성을 추출하는 문학계 혹은 사상계 일각의 경향을 보여준다. 1장은 조금 복잡하다. 1장의 주장 가운데 하나는 정조를 탈맥락하여 해석하는 경향에 대한 비판이다. 이 점에서는 2장에 비판적이다. 그러나 1장은 현재에 통용되는 정치 개념에 문제를 제기하고, 통합과 조정 정도로 영역을 축소했다. 이것은 근대적 정치 개념에 대한 필자의 의구심을 드러내면서 한편으로는 정조의 리더십, 즉 군주의 합의와 조정 능력을 부각하기 위한 장치이기도 하다. 그 결과 조정과 리더십이 제법 볼 만했던 정조 시대의 정치 경험이 현재에 시사하는 바가 있다고 했다. 이 점에서는 1~2장이 상통한다.

좀 크게 본다면 1~2장 모두에서 '내재적 발전론' 이래의 근대를 의식하며 형성된 전제에서 벗어나려는 의지를 읽을 수도 있겠다. 벗어나서 도달한 지점은 물론 다르다. 하나는 생태주의와 같은 새로운 문명적 가치를 강조하고, 다른 하나는 전통에서 새로운 정치 모델을 이끌어낸다. 그러나 동양의 전통 사상과 정치가 현재에 적극적으로 소환되고 있는 점이 인상적이다.

5장은 19세기에 '성인 군주 정조'에 대한 소환이 현재에도 되풀이된다면 그것은 성찰의 기회를 거두게 된다고 하여, 정조의 현재적 소환을 에둘러 경고했다.

6장은 정조의 부활에 대한 전면 비판이다. 주로 정치를 다룬 1장에 대한 반론이 주를 이루었다. 비판은 '정치'에 대한 개념 설정의 오류를 지적하는 데서 출발했다. 정치가 조정과 관리라는 좁은 영역으로 제한하는 것은 정치 이해의 핵심을 놓치고, 현대 민주주의와의 표피적 비교에 그치게 된다고 경계했다. 따라서 비판의 하이라이트는 '군이 정조에게 배울 것이 있다면 국왕의 붕당 관리를 오늘날 정치에 적용하거나 연결하려 해서는 안 된다' 그리고 '근대 역사학의 본령'을 다시 상기하자는 지적이다.[012] 이 지적은 정조의 리더십을 현재와 직결시키는 유혹, 위에서 소개했던 『영원한 제국』 스타일의 리더를 소환하는 현재의 욕망에 대한 정면 비판이라는 점에서 더욱 묵직하다. 사실 이 욕망은 사회에서는 너무나 강렬하므로, 정조를 다루는 연구는 언제나 자신들의 입맛대로 취사되거나 선정적으로 부각된다. 따라서 6장의 주장은 연구자들에 대해 정조 연구의 휘발성을 환기하는 지적으로도 되새길 만하다. 사족이지만 정조 연구의 오용은 필자도 경험한 바가 있다. 정조 통치의 이면을 지적한 『역사비평』(2016, 여름호)의 총론이, 모 신문에서 '국가 기강을 문란하게 한 박근혜'에 정조를 대입해서 물타기하는 데 활용되어버린 것이다.[013]

한편 1~2장과 6장의 지향은 근대성과 관련해서도 생각할 거리를 던진다. 1~2장은 오리엔탈리즘 스타일의 왜곡된 근대 혹은 내재적 발전론으로 역사를 부조(浮彫)시킨 연구들에 대한 반성이자, 탈근대 혹은 역사 복원의 대안을 제시하는 성과이다. 그에 비해 6장은 근대 역사학이 기반하고 쌓아올린 고민과 성과가, 현재에 대한 비판과 개선에 여전히 유효하고 시의성 있음을 증명하고 있고, 탈근대와 복고가 불러올 위험성에 대한 재반성의 성격도 있다.

두 경향에 대한 필자의 생각도 복잡하다. 왜곡된 근대에 대한 반성과 전통적 사유의 복원은 물론 중요하다. 그러나 지금의 근대는 비록 서양에서 기원했지만 각국의 역사 경험 속에서 이미 전유되고 자기화했으며 그것이 새로운 다중(多重)의 근대 경험을 만들어나가고 있다. 때문에 그 근대의 한계를 지적하고 쉽사리 복고와 탈근대로 넘어가는 일도 선부르다고 본다.

결과적으로 정조와 세도정치를 연구하는 연구자들은, 전통의 맥락을 복원하거나, 근대 너머의 탈근대를 고민하거나, 전근대의 패러다임과 근대 패러다임의 이행을 고민하는 연구를 지속할 것이다. 이 책이 그 논쟁적인 측면들을 확인하고 전진을 위한 기반이 되길 희망한다.

단절과 연속의 지점 : 맥락, 변화, 국가와 사회

정조와 세도정치기의 연속은 『조선정치사』에서 구조적으로 실증된 바가 있다. 필자는 이 연구 경향이 충분히 보완되어야 한다는 입장이다. 다만 전진을 위한 나름의 방안을 제시한다면 구조를 중시하되, 그 구조의 내포와 외연을 확장하는 작업을 함께 진행하자는 것이다. 이것은 이미 익숙해진 정치·사회·경제·문화 외에 언어, 심성, 환경 등 또 다른 지표를 고려하며 단절과 연속을 풍부히 하는 노력이다. 예컨대 '시간대'를 새롭게 간주해보는 인식은 어떨까. 18세기 후반 이후의 조선은 이전과는 다른 시간대에 들어선다. 이전에 경험하지 못한 복잡한 현상과 관계가 나타나기 때문이다. 경전이 새로 해석되고, 언문이 증가하며, 서학이 유행하며 전통의 사유를 흔들었다. 이익이 중시되기 시작했고, 서울과 지방의 정치·경제·사회 격차가 뚜렷해졌으며, 지식과 문화의 향유가 불균등해졌다. 유학·국가에 대한 개인과 사회의 이탈이 두드러지는 현상은 19세기에도 속도를 더해가고 있었다. 이 같은 구도에서라면 국가·사회의 구조에 여러 차원의 시각과 요소가 가미되어야 한다. 필자는 세 가지 측면을 첨언해본다. 당대 맥락의 중시, 변화의 유동성 천착 그리고 유학-국가로 대표되는 구심력과 원심력을 강화하는 사회의 분리, 비교이다. 몇몇 사료를 들어 간단히 정리해보았다.

당대의 맥락

유만주라는 선비가 있었다. 1755년(영조 31)에 태어나 1788년(정조 12)에 세상을 떴다. 정조보다 3세 연하이니 그 시대의 전형적 인물이라 봐도 무방하다. 만 20세가 되는 1775년 음력 정월 초하루부터 유만주는 일기를 쓰기 시작했고, 34세로 세상을 뜨기 직전까지 거르지 않았다. 이 장편의 일기가 최근 주목받는 『흠영(欽英)』[014]이다. 그런데 첫 문장이 현대인의 예상을 넘는다.

> 요(堯) 임금의 갑진년(B.C 2357)으로부터 지금에 이르기까지 4132년이 흘렀고, 숭정제(崇禎帝)의 갑신년(1644)으로부터는 132년이 흘렀으며, 강헌대왕(康獻大王, 조선 태조) 임신년(1392)으로부터는 384년이 흘렀다.

시간에 대한 기원이 흥미롭게도 세 층이다. 첫째 기원은 유교의 성군(聖君) 요이다. 보편 문명으로서의 유교가 당대인에게 압도적이었음을 보여준다. 둘째는 명의 마지막 황제 숭정제로부터의 기원이다. 명 멸망 이후 조선이 중화의 정통을 이었고 조선을 중심으로 유학이 다시 부흥할 것이라는 인식하에, 선비들이 사적 영역에서 명의 연호를 지속적으로 사용했음은 많이 지적되었다.[015] 세 번째는 조선의 개국 기원이다.

복수 시간대의 공존은 당시에는 우리와는 다른 사유와 가치가 작동하고 있었음을 보여준다. 그것은 유학의 보편 기준, 유학 안에서 조선이 지녔던 특수 기준, 그리고 국가 기준이었다. 단군을 요와 동시대 인물로 가정하고 단기(檀紀)를 설정하는 의식은 희박했고, 다른 왕조였던 명의 연호를 지속하는 데 아무런 거부감이 없었다. 민족을 제일 가치로 두거나 수평적 주권 관계에 익숙한 우리의 통념은 당시와는 한참 거리가 있다. 이 거리감은 그 시대를 바라보는 우리에게 당대 맥락의 중요성을 일깨우고, 현재의 근대성 혹은 근대 가치를 은근히 투사하는 자세에 경종을 울린다. 현재의 개입은 당대를 가능한 한 복원하고 이해한 다음의 일이다.[016]

당대의 맥락을 깊이 고려하면 우리가 정조 시대 개혁의 중심이라고 여겼던 의제조차 복잡한 의미 관계에 있었으리라 감지된다. 당시 만개했던 실학의 주장들도 예외는 없었다. 필자는 기구 개선 및 문물 수용과 관련해 정조 시대에 급부상했던 '이용후생'에 주목한 적이 있다.[017] 애초 이용후생이란 용어는 『서경(書經)』의 「대우모(大禹謨)」 편에서 기원했다. 원문의 요지는 임금이 선정(善政)하고 양민(養民)하면 백성들의 덕이 바로잡히고[正德], 물화가 넉넉해지고[利用], 삶이 윤택해지는[厚生] 세 가지 일이 조화를 이룰 것이라는 뜻이었다. 그러나 성리학에서는 종종 변용되곤 했다.

> 대저 정치는 마땅히 바름[正]을 근본으로 합니다. 그러므로 『서경』에서 '정치는 양민에 있다'고 했고, 또 '정덕, 이용, 후생'이라고 했으니 정덕으로 정치를 행하시면 백성이 스스로 바르게 될 것입니다.[018]

성리학에서는 일반적으로 군주의 수신(修身)을 선정(善政)의 전제로 삼는다. 따라서 정덕은 위 인용문처럼 군주의 영역으로 이동하기도 했다. 그러나 박지원은『서경』과 성리학의 용법을 뒤집었다.

> 이용이 있은 연후에야 후생이 될 것이요, 후생이 된 연후에야 정덕이 될 것이다. 대체 이용이 되지 않고서 후생할 수 있는 이는 드물다. 생활이 이미 넉넉하지 못하다면 어찌 그 마음을 바로잡을 수 있겠는가?[019]

박지원은 정덕, 이용, 후생을『서경』이나 성리학자처럼 선정에 따른 결과로 여기지 않았다. 대신 경제력 향상과 생활 개선이 정덕에 선행하는 개념으로 자리 잡고 정덕은 결과가 되었다. 박제가 역시 급진적인 용례를 선보였다.

> 서양 사람은 기하학에 밝고 이용후생에 정통합니다. 관상감 한 부서를 운영하는 비용이라면 그 사람들을 초빙해 머물게 할 수 있습니다. 그리고 나라의 인재들로 하여금 그들에게 천문과 천체의 운행, 각종 기구, 농잠, 의약, 기후 관측, 벽돌과 건축법, 광산과 유리 제조법, 화포, 관개, 수레, 선박 건조, 산림, 운행의 기술을 배우게 하십시오.[020]

박제가는 이용후생과 서학의 우수성을 결합하고, 선교사 초빙과 기술 수용을 주장했다. 정덕이 아예 실종되어버린 것도 주목할 일이다. 서학이 이용후생을 선점했고 우리가 서양인에게 배워야 한다는 논리는 거의 100년 뒤의 개화 논리와 흡사하다. 당시로서는 참으로 급진적인 논리였다. 그러나 정반대 주장도 가능했다.

대사간 신기가 상소하였다. "전하께서 백성들의 생계가 곤궁한 것을 걱정하신다면 정사에서는 검소함을 숭상하고 이익을 추구하는 것을 엄격히 금지하며, 의식(衣食)에서 사치하는 풍습을 상류층부터 경계하시고 재물을 저축하는 방도를 두루 신칙하소서. (…) 백성의 먹을거리와 생계가 풍족해져서 이용후생의 이로움을 볼 수 있습니다."[021]

군주의 절용을 통해 백성들의 생활이 나아질 수 있다는 주장은 성리학의 전형적인 경제 논리이다. 또 이 상소는 신해통공 6개월 후에 나온 것이었고, 작성자인 신기는 이 주장 뒤에 신해통공을 반대하는 주장을 이어 나갔다. 이번에는 이용후생이 상업과 물자 유통을 반대하는 논리에 동원된 것이다.

이용후생 하나에도 경전의 용례, 성리학적 변용, 경제와 생활 개선에 대한 강조, 서학 수용과 기구 개선 주장, 성리학적 경제 논리 옹호 등이 뒤얽혀 있었다. 이용후생의 다채로운 변신은 성리학의 이상을 바란 군주, 명분과 의리를 중시한 군주, 민생을 걱정하는 군주, 물자 유통과 기구 개선에 적극적인 군주, 서학(西學)에 관대한 군주, 새로운 문체에 알레르기를 일으키는 군주, 전제적이고 시스템을 부정하는 군주 등 여러 얼굴을 가진 정조의 모습과 잘 어울리지 않는가.

당대의 복잡한 관계들은 어떻게 발아되어 나갈지 복수의 가능성을 지니고 있었다. 발화(發話)의 맥락, 과거의 유산과 미래에 대한 기대, 전후 관계 등을 충분히 고려하지 않는다면 현재의 기준이 깊숙이 개입해 구축된 건조한 역사상만이 그려질 것이다.

변화와 대응

유학, 대명의리 등이 사회 통합의 구심력으로 작동한 것은 정조 시대에도 마찬가지였다. 그러나 이 같은 구심력에 반발하는 원심력이 있었기에 정조 시대는 많은 연구자들에게 주목받을 수 있었다. 앞 절에서 예로 들은 이용후생의 빈발, 다양한 분화, 심지어 정조의 구언(求言)에 답해 박제가가 서양 선교사 초빙을 건의할 수 있었다는 사실은 그 시대의 변화폭을 잘 보여준다. 변화의 반대편에는 불안감이 자라나게 마련이다. 1799년(정조 23)에 대사간 송전은 상소를 올려 정조의 이용후생 강조가 어떤 결과를 초래했는지 알렸다.

> 전하께서는 매양 백성들을 보살피는 마음으로 이용후생하는 방책과 고통과 어려움의 실상을 낱낱이 통찰하고 훤히 알고자 하십니다. 그러나 사랑하고 덮어주는 일이 너무 과하여, 상하존비의 차이가 없어져 우매한 무리들이 명분의 엄정함을 알지 못하고 질고를 알리고자 하는 일에만 몰두하고 있습니다.[022]

정조가 내걸었던 이용후생은 기성의 명분 질서에 균열을 냈고, 보수적 인사들은 그 현상을 불안하게 바라보았던 것이다.

이용후생의 사례가 보여주듯이, 역동적이었던 정조 시대의 분위기에 대한 연구는 매우 많다. 가장 관심을 끌었던 분야는 사상과 문학 방면일 것이다. 실학의 흥기, 서학의 전파, 소품문(小品文)과 소설의 유행, 중인문학의 만개, 개인 취미의 다양화 등이다. 변화를 더 저변에서 보여주는 지표들도 있다. 영조 대에 편찬된 『속대전』이 정조 대에 『대전통편』으로 증보된 사실은 변화의 속도감을 실감하게 한다. 시(時)와 속(俗)과 관련된 어휘나 용어가 빈번해진 것도 일상화된 변화상을 보여준다.[023]

정조는 변화에 탄력적으로 대응했다. 시의(時議)를 강조하며 새로운 의리의 필요성을 강변했다. 정조의 시의 강조 때문에 시파(時派)가 생겼다는 지적이 있을 정도였다.[024] 하지만 변화를 통제하려는 보수적 면모 또한 보였다. 대표적인 정책이 유명한 문체반정(文體反正)이다. 어찰에서도 정조는 시체(時體), 시속(時俗), 속습(俗習)을 수차례 경멸했다.[025] 승하 직전에 내린 「오회연교(五晦筵教)」에서는 시와 속에 대한 정조의 이중적 기준이 잘 드러난다. 정조는 '시(時)'에 맞추어 정파를 교체했다고 회고했고, '속(俗)'을 바로잡는 일이 의리의 실현이라 단정했다.[026] 시(時)를 인정하지만 속(俗)을 교정하려 했던 정조는 구심력과 원심력 사이에서 두 얼굴을 가질 수밖에 없었다.

사회의 변화는 거스를 수 없는 대세였다. 정조는 변화를 수긍하거나 고삐를 죄며 대응했다. 그 기조는 순조 대에도 유지되었는가. 이용후생의 경우는 어떨까. 실록·『승정원일기』·『일성록』을 통틀어 정조 대에 이용후생이 등장하는 기사 횟수는 20회이고, 순조 대는 16회이다. 조금 줄긴 했지만 정조 대의 여파가 남아 있다. 그러나 내용을 보면 통계와는 전혀 다른 실상이 드러난다. 정조 대처럼 다양한 용례는 사라지고, 대부분 『서경』의 용례나 성리학적 담론에 불과했던 것이다.[027]

이용후생의 보수 용법으로의 회귀는 이용후생과 관련한 몇 가지 용어를 통해서도 확인할 수 있다. 당시 이용후생과 깊은 연계를 가진 용어는 수차(水車), 수리(水利) 등이었다.[028] 그런데 두 실록을 비교해보면 수차는 '정조 9건, 순조 2건', 수리는 '정조 9건, 순조 1건'이다. 순조 대 조정에서 거론된 이용후생은 기구나 물질 환경의 개선과는 동떨어진 이야기였음이 여러모로 확인된다.

이용후생의 사례에서 보듯 순조 이후의 정부에서 변화에 적극적으로 대응하는 모습을 찾기는 쉽지 않다. 정조의 방식으로 표현하면 '교속'의 면모만 부각되었을 따름이다.

그러나 이것은 변화를 국왕과 중앙정부 차원에서 보았을 경우에 빚어진 시각이다. 사회나 지식인 차원에서 보면 어떨까. 이용후생, 수리 등의 용어가 관찬 사서에서는 보수화하거나 사라졌다고 할 수 있지만, 지식인의 담론을 비롯한 사회 전반에서도 그러했을까. 19세기에도 우하영, 정약용, 하백원, 최한기 등의 수리 담론과 수차 개발 노력은 면면했고, 서유구는 조선 수리학의 종합을 이루었다.[029]

사상 전반에서도 양상은 비슷했다. 순조 초반의 천주교 탄압이 있었지만 사상계에서 북학의 기운과 문물 교류의 기운은 곧 회복되었다. 문물 수용론은 이희경, 이규경, 김정희, 정약용, 최한기 등에서 계속 확인된다. 소설 역시 상품화가 진전되고 한문과 국문의 상호 번역이 활발해지며 독자폭이 넓어졌다.[030] 천주교의 사례가 극적인 보기일 것이다. 순조 초반의 대대적 박해가 있었지만, 안동 김씨를 중심으로 한 시파계 세력이 정권 주류가 되자 관용적인 분위기가 형성되었고 천주교도들은 간헐적인 박해에도 불구하고 점차 교세를 회복할 수 있었다.[031] 특히 철종 대에는 방기가 절정에 달했다.[032]

결국 사회, 사상, 문화는 18세기 후반부터의 변화를 계속 이어가고 있었다. 달라진 것은 국가 혹은 중앙정부의 유연함이나 조정 능력이었다. 그것을 세도정치기 정부의 경화(硬化)라고 부르고 싶다. 탄력을 잃어버린 국가와 변화하는 사회 사이의 괴리, 우리의 연구 또한 국가와 사회의 온도차를 예민하게 반영할 필요가 있다.

국가와 사회의 온도차

국가와 사회 또는 개인의 온도차와 관련해서 유만주의 서술을 하나 더 인용해본다.

> 관동 어사 이기가 어떤 곳에 이르러 보니 밥 하는 연기가 자욱하게 일어나고 비린내가 갑자기 훅 끼쳤다. 살펴보니 마을에 사는 두 노파가 누렇게 뜬 얼굴로 마주앉아서 한창 고기를 먹고 있었는데, 조사해보니 어린아이를 잡아먹은 것이었다. 이기가 관아에 보고하여 두 노파를 가두자 그 노파들은 이틀 후에 죽었다 한다.[033]

때는 1782년(정조 6). 흉작이 빚어낸 참상에 대한 어사 이기의 생생한 증언이다. 그런데 최근 『흠영』을 편역한 김하라는 해설에서 이 기근과 관련한 『실록』의 기사를 인용하고 비교했다.

> 강원도 암행어사 이기가 멋대로 창고를 열어 진대를 실시하고 문서를 올려 처벌을 기다렸다. 이것에 대한 왕의 교지는 다음과 같다. "(…) 편의대로 창고를 열어 진대를 실시하는 조치를 취한 것은 참으로 복무의 체모에 맞는 일이며, 빈사지경의 내 백성들을 살린바 실로 공적이 있다. 무슨 죄를

논하겠는가? 처벌을 기다리지 말라."[034]

어사 이기는 불법을 무릅쓰고서라도 구제에 최선을 다했고, 정조는 그를 용서했다는 내용이다. 유만주는 기근의 생생함을 전했고, 실록은 애쓴 관리와 국왕의 관용에 초점을 맞추었다. 그렇지만 김하라의 평가대로 '누렇게 뜬 노파의 얼굴'이 전해주는 참혹함과 '목민관의 적극적인 대응과 국왕의 관대한 처분' 사이는 천양지차이다. 유만주의 섬세한 붓은 국가 관리 너머에 있는 현장의 맨얼굴을 증언한 것이다.

그러나 독해에 조금 유의할 대목도 있다. 김하라는 "영조와 정조 시대의 풍경은 국사 시간에 배운 것과는 사뭇 다르게 비관적이다."라고 했다.[035] 세종이나 정조처럼 긍정적인 이미지의 지도자에 뒤이어 '좋은 시대'가 부지불식간에 연상되는 경우가 많다. 그러다가 위에서처럼 다른 일례를 찾으면 '의외로 이런 일도 있었더라'라는 평가가 나온다. 아마 정조 시대에 국가 시스템의 작동을 긍정적으로 평가했던 학계의 노력이 당대 사회 전반에 대한 일정한 선입견을 씌웠기에 나오는 표현일 터이다. 하지만 정조 시대가 '만사가 문제없었던 시기'는 물론 아니었고, 반대로 국가기구가 제대로 기능하지 못했다 해서 사회의 활력마저 떨어지는 것도 아니었다.

정조 시대의 명암이 일정한 프레임에 걸려 밝은 면으로만 비춰지거나, 순조 이후 국가기관·정부의 난맥상이 사회 전체의 난맥상으로 오버랩되는 경향은 재검토되어야 한다. 문제가 국가와 사회를 뭉뚱그린 데서 비롯되었다면 이를 분리하는 게 대안이다. 그 시각에서 19세기를 보면 어떤가.

유만주가 전한 참혹한 실상에 대한 증언은 19세기에는 양과 질 모두 증

강한다. 정약용의 유명한 시 「애절양(哀絶陽)」이 대표적이다. 수십 년 뒤에 저술된 중인 지식인 최성환의 『고문비략(顧問備略)』에도 「애절양」과 흡사한 이야기가 나온다.[036] 정약용의 증언은 지속되고 일종의 이야기로 굳어진 느낌이다. 고통과 부조리에 대한 고발과 감시는 작동하고 있었다. 하지만 국가는 어떨까. 삼정(三政) 문제를 해결하기 위한 기구는 고식을 면치 못했고, 매관매직과 소수 가문의 요직 독점에 대한 비판은 차고 넘쳤다. 이쯤 되면 정조 대에 국가가 어사를 파견해 기근에 대응하고 비상한 권한을 용인했다는 사실이 안도감을 줄 정도이다.

또한 18세기 후반~19세기 전반의 문인, 지식인들의 개성 넘치는 저술도 증가하고 있었다. 그들에 대한 정보가 증가할수록, 섬처럼 고립되어 있는 것처럼 보였던 지식인 사이의 네트워크가 복원되고 다양한 양상이 실감될 듯하다. 이런 활력 역시 기존처럼 국가나 중앙 정치를 기준 삼아 개혁과 보수로 단순화한 구도 속에서는 잘 포착되지 않는다.

결국 국가와 사회를 분리해서 보면 연결과 단절이 더 잘 보인다. 국가는 정조 대까지 유교·의리 등의 구심력과 변화라는 원심력에 탄력적으로 대응할 수 있었다. 그러나 19세기로 접어들면서 국가는 탄력을 잃었지만 사회는 변화를 중단하지 않았다. 사회는 오랜 구심력에 연연하지 않고 새롭게 탈바꿈하고 있었다. 그 방향은 여러 가지였다. 국가에 대해서 사회의 자율성이 커졌고, 서울과 지방의 격차가 벌어졌으며, 유학에 대해서 새로운 사상 조류가 분화하고 있었다. 바야흐로 이질성이 강화되기 시작한 것이다. 그 이질성을 담아내는 틀은 복수일수록 좋다.

다시 '정조와 그 이후'를 생각하며

마지막으로 필자 또한 정조란 누구인가를 질문해본다. 사실 필자 개인에게도 정조는 매력적인 군주였다. 익히 알려진 학식, 정치력, 업적 때문만은 아니었다. 어찰을 보았을 때는, 공작을 주도하는 모습보다는 민생 때문에 '밤잠을 이루지 못하고 서성댄다'는 고뇌의 토로가 더욱 인상적이었다. 아마 그런 면모 때문에 정조는 사후(死後)부터 지금까지 끊임없이 소환되고 있을 것이다. 바른 지도자에 대한 기대가 존재하는 한 현재의 대중이 정조를 호출하는 일은 중단되지 않을 것이다. 연구자가 그것을 막을 방법도 없고 권리도 없다.

그러나 연구자에겐 연구자의 몫이 있다. 정조를 손쉽게 호출할 때의 위험을 항상 경고해야 한다. 그의 이면에는 왕조, 전제, 공작, 이데올로기의 억압 등의 어둡고 습한 영역이 존재하고 있기 때문이다. 이제 철지난 것들이라고 긴장을 늦추는 순간, 그것들은 정조의 등에 슬그머니 업혀 들어온다.

생각해보면 역사는 입맛에 맞는 결론을 보여주는 학문이 아니라 끊임없는 반성과 성찰을 제시하며 우리가 어디에 서 있는지를 보여주는 것으로 소임을 다하는 학문이었다. 상쾌한 결말이 없는, 때론 고통스럽고 지겨울 정도로 느릿느릿한 그 과정을 보며 현재의 전망을 이끌어내는 것은 엄연한 우리의 몫이다. 때문에 정조의 개혁과 그 이후 시대에서 배우는 교훈이란 사회구조의 변화와 그 기저를 이루는 많은 영역 그리고 개인의 중요성에 대한 자각이고, 변화는 오직 풀뿌리 같은 많은 이들에 기반했을 때만이 지속한다는 평범한 진리의 확인일 뿐이다.

이경구

한림대학교 한림과학원 HK교수로 재직 중이다. 조선 후기 정치사, 사상사를 전공했다. 주요 저서로 『조선 후기 안동 김문 연구』, 『조선 후기 사상사의 미래를 위하여』 등이 있다.

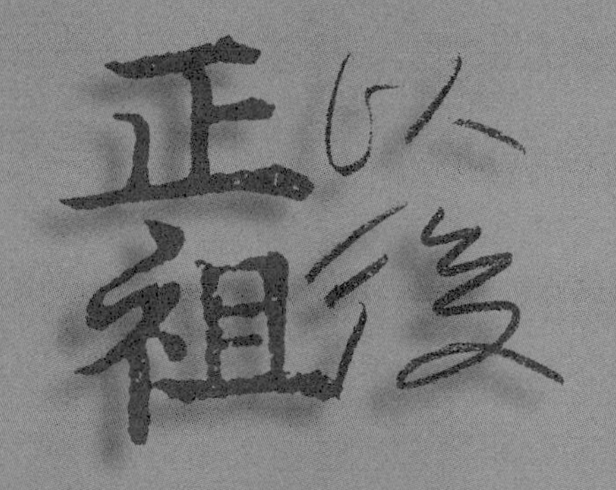

1부

정조 시대의 다학문적 접근

1장
조선 후기 정치의 맥락에서 탕평 군주 정조 읽기

머리말

조선 후기 정치사 연구의 역사에서 볼 때, 탕평정치는 봉건정치에서 근대정치로 이행하는 과도기로서 매우 중요한 정치 형태였기 때문에 탕평정치의 주체로서 영조·정조와 그 시대에 대한 학계의 관심은 구한말 이래 매우 높았으며, 그에 따라 대중들 역시 큰 흥미를 보였다.

대체로 역사학계는 내재적 발전론이라는 거대 담론에 입각한 구조적 접근이 정치사 연구의 주된 흐름이었다. 그 결과 붕당정치→환국정치→탕평정치→세도정치라는 틀에서 조선 후기의 정치 변동을 설명하는 커다란 성과를 거두었다.[001] 이러한 가운데 탕평정치 혹은 탕평 군주에 대한 평가도 중요한 논점이었다. 탕평 군주가 근대적 실학 이념에 입각하여 민국(民國)의 정치를 지향한 유교적 계몽 절대군주라는 평가가 제기되었는가 하면,[002] 조선 후기에 빈번히 등장하는 '민국'이란 단어는 엄밀하게 말하면 민과 국을 의미하기에 민국 지향을 논할 수 없다는 반론도 있었다.[003] 그 지향에 대한 정의는 견해차가 있었지만, 역사학계는 탕평정치가 사대부가 주도하는 붕당정치의 폐해를 극복하고 군주권이 강화되는 새로운 체제 개혁을 모색한 것에 대해서는 대체로 합의했다고 판단된다. 이러한 평가를 따른다면 탕평정치를 무너뜨리고 등장한 세도정치는 정치의 퇴보 내지 반동이다.

그러나 탕평정치 위주의 잣대를 기준으로 세도정치를 부정 일변도로 평가하는 시각에 대하여 강한 반론이 제기되기도 했다. 세도정치를 봉건사회 해체기의 발전적 정치 형태로 보는 시각이다.[004] 봉건사회를 지탱하는 군주제로는 근대국가로 이행할 수 없기 때문에, 군주가 아닌 근대적 민중의 성장에 따른 새로운 체제를 모색해야 한다는 주장이다. 이처럼 세도 정치 또는 근대국가와 관련하여 탕평정치를 어떻게 평가할 것인지에 대해서는 커다란 시각 차이가 존재하지만, 탕평 군주의 개혁성에 대해서는 대체로 합의한 것으로 판단된다.

그런데 조선 후기에 대한 관심은 역사학계에 국한되지 않는다. 특히 1990년대 이후에는 문학계의 관심과 연구성과 역시 매우 뛰어나다. 이는 동시기 한국 사회에 대한 자신감의 상승과 결부되어 조선 후기의 정점이라 할 정조와 그 시대에 대한 대중적 관심을 증대시켰다. 대체로 문학계는 역사학계의 거시적 접근에 의존하여 개별 작품에 대한 연구를 진행하다가, 근래에는 문학계 자체의 시각에 입각하여 역사학계가 구축한 틀에 박힌 역사상의 한계를 비판하며 새로운 역사 해석을 적극 시도하는 경향을 보인다. 예컨대, 개혁군주로 평가받았던 정조에게서 자유로운 사상 발전을 억압한 보수적 군주상을 추출한다든지, 성리학에 철두철미한 정조의 이면에서 상스러운 욕설도 마다 않는 인간 정조의 모습을 부각시키는 것 등이다.[005] 성군(聖君)에서 세속군주로 추락한 정조상이라 할 만하다.

여기에 근래에 들어 다양한 목소리를 내고 있는 대중문화계의 활발한 출판물까지 더해지면 정조와 그 시대에 대한 역사상은 더욱 혼란스럽다. 현재는 이러한 제반 성과들을 종합하고 정리할 필요가 있다. 그러나 이는 지면 관계와 필자의 능력상 접어두고, 일단 정조 대의 정치에 대하여 1990년대 이후 증대된 대중적 관심의 방향과 이에 영향을 주었던 학계의 기존 연구 동향을 소개하고, 이에 대한 필자의 비평을 덧붙이는 방식으로 논의를 전개해보고자 한다.

근래의 새로운 시각들

인간 정조에 대한 관심의 증대

1990년대 이후 정조에 대한 관심이 새롭게 증대하는 가운데, 그 정점을 찍은 사건은 2009년 '정조 – 심환지 어찰첩(이하 어찰첩)'의 발굴이었다. 이로 인하여 한동안 고착되었던 정조의 인간상과 통치술에 대한 재조명이 이루어졌다. 대개 정조가 적대 세력이라고 여겨졌던 벽파와 친밀한 교류를 가지면서 배후에서 이들을 조종하기도 하는 모습이라든가, 정조가 비속어까지 구사하면서 시파를 비롯한 주요 정치 세력들을 능숙하게 다루는 모습이 적지 않은 충격을 던져주었다.[006] 이로 인하여 그간 심증의 차원에서 확산되어 있었던 정조 독살설은 근거 없는 것으로 정리되었고, 새롭게 인간 정조의 면모가 관심 대상이 되었다.

어찰첩으로 인하여 정조에 대한 근거 없는 논란이 정리되고, 새로운 차원의 관심이 증대된 것은 매우 반길 만한 현상이었다. 그러나 그 방향이 정조가 '성리학적 성군(聖君)인가 비속한 언설까지 구사하는 욕망의 정치가인가?'라든가, 정조의 통치술이 권도까지 서슴치 않고 구사하는 마키아벨리즘에 해당하는지 여부 등으로 설정되는 것은, 흥미롭기는 하지만 낯설게 다가온다. 필자는 어찰첩에 보이는 정조의 '새로운' 면모는 한편으로는 충격적이지만, 객관적으로 보면 이는 실상 『정조실록』에 이미 드러나 있는 정조의 언행과 정치적 행보에서 크게 벗어나지 않으므로 정조의 '새로운' 면모를 과장할 필요는 없다고 보았다.[007] 그러나 정조 개인의 캐릭터에 대한 역사학계의 연구가 워낙 부실했기 때문에 문학계가 주도한 새로운 설명은 대중들의 흥미를 한껏 불러일으켰다.

정조를 근엄하기만 한 성군 혹은 고지식하게 정도만 걷는 유학 군주로 생각한 기존 통념이 깨진 것이야 흥밋거리로서 충분하지만, 실제의 정조가 고지식하거나 정도만 걷지 않았다는 것은 『정조실록』의 정치 관련 기사만 읽어도 알 수 있는 사실이었다. 사실 정치사 연구자들은 정조 개인의 캐릭터보다는 당시의 정치 세력과 길항하는 정조의 정치력과 그 지향에 주목하고 있었기 때문에, 어찰첩으로 인하여 정조와 벽파의 관계를 재평가하게 된 것 이외에 정조에 대한 역사상을 근본적으로 바꾸어야 할 이유는 없었다.

그런데 문학계는 어찰첩 발굴을 계기로 기존의 한국사학계가 구축해 놓은 정조와 그 시대의 역사상에 대한 회의론을 굳힌 듯하다. 아마도 1990년대 이후 독자적으로 축적하고 있었던 조선 후기 문학작품들에 대한 연구 성과에 기반한 자신감의 발로이기도 할 것이다. 이제 문학계는 작품 분석을 넘어서서 영·정조 대의 역사상을 바로잡으려는 시도를 하고 있으며, 그 정점은 『권력과 인간』이 장식했다.[008] 이 책은 한국사학계의 주된 설명틀이었던 당쟁사적 시각을 부정하고 철저히 인간 영조, 사도세자, 정조의 관점으로 임오화변 전후 영·정조 시대를 분석한 연구 성과이다. 영조는 편벽증, 사도세자는 광병으로 부친을 죽이려 한 미치광이, 정조는 생부를 추숭하려 하는 사적인 욕구에서 역사 조작까지 시도했던 세속적 군주 정도로 설명되었다. 그 파급력은 매우 커서, 현재는 임오화변에 관한 대중의 인식에 큰 영향력을 행사하게 되었으며,[009] 2015년에 개봉하여 흥행한 영화 〈사도〉에 중요한 참고문헌이 되기도 했다.

임오화변을 둘러싼 논란

사실 영·정조 대 탕평정치에 대한 올바른 이해를 위해서는 임오화변에 대한 정리가 선행되어야 한다. 임오화변의 원인으로는 일찍부터 당쟁설, 성격갈등설, 광병설이 모두 제기된 바 있었다.[010] 이 세 가지 원인은 서로 상승작용을 일으켜 임오화변이라는 결과를 낳았으므로, 모두 실체가 있는 역사적 사실이었다. 물론 연구의 초기에는 가장 중요한 원인을 둘러싼 논란이 있었고, 어느 한쪽이 진실일 것으로 오해할 여지도 충분히 제공했으나, 이는 정치사 연구의 초창기에 있을 수 있는 미숙함의 결과였다. 애당초 이 사안은 어느 한쪽으로 결론을 내릴 수 없는 것으로서 논쟁의 대상이 아니었다.

그러나 이렇듯 복합적인 사안을 이덕일은 『사도세자의 고백』이라는 역사소설을 통해 노론과 소론의 흑백 대립으로 단순화시켜, 마치 사도세자가 노론의 희생양인양 서술해놓았다.[011] 이는 임오화변에 대한 소론 위주의 당론적 시각을 최대한 소설적 수법으로 증폭시킨 것이었다. 당시 임오화변에 대한 미진한 연구에 비하여 그 대중적 파급력이 워낙 컸기 때문에, 학계는 대중서의 그럴듯한 역사 오도(誤導)를 심상치 않게 받아들이되 역사소설을 대상으로 논쟁할 필요성을 느끼지는 못했다. 이는 그보다 앞서 정조에 대한 대중들의 폭발적 관심을 불러일으켰던 이인화의 『영원한 제국』 역시 정조 독살설을 전제로 한 남인계의 유신군주(維新君主) 대망론을 증폭시킨 역사 오도이기는 마찬가지였으나, 이에 대해서도 역사학계가 심각하게 대응하지 않았던 것과 같은 차원이었다.

그런 가운데 역사학계는 임오화변에 대하여 당쟁설과 성격갈등설을 종합하는 시도를 꾸준히 진행하면서 임오화변에 대한 객관적 연구를 위하여 노력했다.[012] 이러한 연구들 역시 당쟁설을 버리는 것은 아니었기 때문에, 이덕일의 소설은 임오화변에 대한 그럴듯한 상상으로 계속 유포되었다. 『영원한 제국』의 줄거리 역시 변형을 거듭하면서 대중매체에서 계속 확산되기는 마찬가지였다. 엄밀히 말하면 두 책 모두 소설과 역사의 경계를 오가는 사이비(似而非)한 상상력에 기반한 것이었다.

마침 어찰집 공개를 계기로 역사학계와 문학계는 만연해 있던 정조 독살설을 정면으로 배척했다. 특히 문학계는 이덕일의 저술을 소설이 아닌 역사 서술로 규정하며 정면으로 배척했다. 정병설의 『권력과 인간』은 그 성과라고 할 수 있다. 그런데 정병설은 이 책에서 이덕일뿐 아니라 역사학계의 당쟁설을 전면으로 부정하면서 그 대안으로서 사도세자의 반역죄인설을 제기했다. 그는 영조의 처분을 세자의 반역 시도에 대응한 당연한 조치로 보았을 뿐 아니라, 영조가 자신의 처분을 후회하며 남겼다는 「금등」 문서는 정조의 조작일 수 있다며 논의의 방향을 바꾸어놓았다.[013] 이는 임오화변의 원인에 대한 전통적 설명 가운데 유독 당쟁설을 배제하는 가운데, 반역죄인설을 사실로서 주장했다는 점에서 논란을 야기할 만한 주장이다.

영조와 사도세자 모두 성격뿐 아니라 정국 운영 방향에서도 다소의 견해차가 있었다는 것, 세자가 당초에는 건강했으나 영조 33년 전후로 심각한 광병(狂病)이 생겼다는 것, 그리고 광병 발생 이전부터 세자에게 도전하고 그 지위를 흔드는 척신과 관료들이 있었다는 것은 당파를 불문하고 인정하는 사실이었다. 광병으로 인한 살인 등 각종 비행들까지 『영조실록』에는 상세히 기록되어 있다.[014] 그러나 반역은 차원이 다른 문제로서, 부왕을 죽이고 싶다는 마음이나 광병의 발작만으로 반역죄가 성립할 수는 없다. 반역이 추진되었다는 증거는 없었으며, 영조 역시 세자의 반역 기도를 조사했지만 증거가 없어서 결국 공식화하지 않았다. 반역을 역사적 사실로서 단정해서는 안 된다. 물론 임오화변 당시 영조가 극도의 흥분 상태에서 「폐세자반교(廢世子頒教)」를 내리면서 세자가 자신을 해치려 했음을 공표하기는 했지만,[015] 세자의 장례를 치를 때는 그 지위를 회복시켜 시호까지 내려주고 신하들에게는 세자를 향하여 죄자(罪字)는 꺼내지도 못하도록 했기 때문이다.[016] 「폐세자반교」는 영조에 의해 결국 철회된 것으로 보아야 한다.

영조의 후회나 「금등」 문서 역시 사실로 보아야 한다. 물론 화변 당시에 영조는 세자의 변란, 곧 자신에 대한 시해 가능성을 제시하기도 했으나, 시간이 한참 지난 영조 40년대 중반 이후에는 후회의 감정을 표출한 것도 사실이다. 후회의 표현은 『영조실록』 곳곳에 등장한다.[017] 이것은 영조가 임오화변의 처분을 바꾼다는 의미가 아니다. 이미 임오화변과 그 파장이 완전히 진정된 시점이므로, 자식을 죽인 부모의 처지에서 자연스럽게 나오는 뒤늦은 회한의 감정이다. 영조는 그러한 감정을 시로써 표현해두었던 것이다.

「금등」이 공개된 것은 정조 16년의 일이었지만, 그 존재는 이미 정조 즉위 직후에 채제공에 의해 보고된 바 있었다.[018] 정조 즉위 초는 정국의 향방을 가늠할 수 없고 임오화변과 관련된 부적절한 언급으로 자칫 목숨까지 잃을 수 있는 시점이었으므로, 채제공이 조작된 문서를 정조에게 보고했을 리가 없다. 채제공이 정조에게 특별한 대우를 받았던 것 역시 영조 대의 사도세자 보호 노력과 함께 「금등」의 존재를 유일하게 알고서 정조에게 알려주었기 때문이었다고 판단된다.

조작의 정황이 있었다면, 정조의 임오의리 변경 시도에 비판적이었던 많은 신하들이 의문을 제기했을 것이다. 그러나 「금등」의 실재를 둘러싼 논란은 사료에 전혀 등장하지 않는다. 조작설에 의거한다면, 정조가 16년에 「금등」을 공개한 이후 10여 년간 정국을 운영하고, 신하들이 그에 대해 아무런 의구심을 제기하지 않았다는 것이 된다. 이는 정조 대 후반기의 정국을 허무로 돌리는 것이다. 역사는 기억이고 기억은 만들어진다는 관념이 주문처럼 되뇌어지면서 역사인식의 상대성이 강조되기도 한다. 그러나 역사는 사실에 기반한 기억이며, 사실의 조작은 기억 만들기와는 차원이 다른 문제라는 점에 유념해야 한다.

임오화변과 당쟁

근래에는 임오화변에 대한 설명에서 당쟁의 요인을 부각시키는 것이 구태의연한 시각인 것처럼 되었다. 임오화변은 당쟁이 원인이 아니라 제정신이 아닌 부자(父子)가 벌인 비극에 불과하다는 것이다. 영화 〈사도〉가 '이것은 나랏일이 아니고 집안일'임을 전면에 내세웠던 것도 그 영향 때문이리라. 영조는 아들에게 편집증을 부려 구박했고, 아들은 그런 부왕을 죽이는 반역을 도모하다가 도리어 죽음을 당했을 뿐이므로, 당쟁은 임오화변의 원인과 관계없다는 시각이다.[019] 사실 이는 새로운 시각은 아니고, 순조 5년에 집필된 「한중록」에서 유독 강조된 주장[020]을 '사도세자 반역설'에 의거해 재해석한 것이다. 그러나 이렇게 보면 임오화변은 일회성 해프닝에 불과하게 된다. 게다가 정조 대까지 임오화변 문제를 둘러싸고 벌였던 정치적 갈등들은 모두 의미가 없거나, 군주 정조의 부친에 대한 지나친 명예회복 욕심 때문에 벌어진 한바탕 촌극에 불과하게 된다.

정조의 의리탕평에서 핵심은 영조가 확립했고 정조도 계승의 전제로 인정했던 임오의리, 곧 '영조의 임오의리'를 수정하는 것이었다. 이는 임오화변이 단순히 부자 갈등 혹은 세자의 정신질환이라는 개인사=가정사의 문제로 환원될 수 없는, 군주제 아래서의 군신관계 재정립과 관련된 문제였기 때문이다. 정조가 '영조의 임오의리'를 수정하는 데 따르는 정치적 갈등과 부담을 무릅쓰고서 '정조의 임오의리'를 확립하려 했던 이유는 신하들의 당쟁이 군주 또는 저군(儲君, 예비군주)의 계승권에 간여하지 못하게 하려는 것이었다. 이 문제의 연원을 거슬러 올라가면 숙종 대 후반 당쟁의 폐단, 즉 왕세자와 연잉군(훗날 영조) 가운데 적당한 군주를 선택한다는 택군(擇君)으로 인하여 야기된 정치적 갈등을 해결하고자 추진되었던 영조 탕평책의 과제와 같은 것이다. 정조는 임오화변의 주요원인이 잘못된 당쟁의 습속에서 발생했다고 보고 그 해결책을 강구하고자 평생 노력했던 것이다.

사실 동아시아의 왕조체제에서 세제·세자·세손 등 저사(儲嗣)의 계승을 둘러싼 각 당파의 대결은 피할 수 없는 숙명이었다. 세자의 지위가 당쟁의 대상이 되었던 것은 불행한 일이지만 불가피한 면이 있었던 것이다. 이러한 상황에 처한 세자의 스트레스는 상상을 초월하는 것이므로, 이로 인한 정신질환의 가능성도 상존했다. 사도세자의 광병은 이러한 맥락에서 이해할 수 있으므로, 영조·혜경궁·정조는 물론 신료들 역시 광병을 결코 부인하지 않았다.[021] 광병은 내놓고 말하지만 않았을 뿐 비밀이 아니었다. 당쟁 희생설과 광병설 중 무엇이 진실인지를 둘러싸고 논란하는 것은 의미가 없다. 두 가지 모두 사실이었기 때문이다.

문제는 세자를 질병 상황으로 몰아넣어 폐세자 사태를 초래하게 한 정치적 책임 소재를 둘러싼 공방에 있었다. 광병 발생 이전부터 세자 교체의 의지가 있었던 영조는 누구의 책임도 묻지 않고 세손을 책봉함으로써 이 사태를 적당히 봉합하고자 했다. 그러나 '제 아들을 죽였는데, 손자라고 무사할까'라고 우려했던 혜경궁의 말처럼 세손도 세자와 같은 상황에 놓이게 되었다. 이제는 세손의 지위를 둘러싼 당쟁이 세손 보호를 자처하던 홍봉한을 대상으로 변형된 형식으로 전개되었다. 공홍파인 남당(南黨)과 부홍파인 북당(北黨)의 대결 구도였다. 이들은 본래 세자 위해론과 세자 보호론으로 대립하던 세력이기도 했다. 영조 대 후반을 특징짓는 남·북 외척의 당쟁이 발생한 원인은 여기에 있었다.

임오화변을 노론-소론의 대결 구도로 설명할 수는 없지만, 이를 배제하고 설명할 수도 없다. 다만, 노론-소론의 구도 이외에 세자를 지키려는 보호론과 세자를 흔들어 교체하려는 위동론(危動論)이 더해지므로 당파 내에 새로운 분파(分派)가 생겨나, 당쟁의 구도가 더욱 복잡해졌던 것이다. 게다가 당쟁을 조정하려는 탕평책이 노·소론 탕평당(蕩平黨)을 창출하여 당쟁을 더욱 복잡하게 만들어놓은 면도 있었다. 이것이 보호론과 위동론을 노·소론 대립 구도로 설명할 수 없는 이유이기도 하다. 영·정조 대의 당쟁과 그로 인한 사건들을 숙종 대 노론-소론의 단순 구도로 설명할 수 없는 것은 당연하다. 그렇다고 해서 당쟁의 구도가 무의미하다고 여기는 것은 분명한 착오이다. 탕평 정국에서 당쟁은 더욱 다양한 양상으로 전개되었기 때문에 탕평정치를 제대로 설명하기 위해서 당쟁의 복잡한 구도를 이해하는 것은 필수적이다.

이상에서 살펴본 최근의 새로운 쟁점들은 문학계 혹은 대중문화계에서 거론되고 확산된 것으로서, 역사학계가 적극 문제를 제기하거나 가담한 것은 아니다. 적어도 정조 대 서사에 관한 한 근래의 역사학계는 과거와 달리 의제(議題) 주도력이 상당히 축소된 듯하다. 그러나 역사학계의 기존 연구 성과가 이러한 쟁점들이 형성되는 과정에 많은 영향을 미쳤던 것도 분명하다. 문학계 혹은 대중문화계는 한국사학계의 성과를 필요에 따라 증폭시키거나 정면으로 비판하는 가운데 자신들의 담론을 형성했기 때문이다. 이러한 이유로 필자는 정조 대 연구에서 한국사학계의 주요 연구 시각을 비판적으로 재검토할 필요성을 느낀다.

정조 대 연구의 주요 시각에 대한 비판적 재검토

탕평은 붕당정치 혹은 당쟁의 부정인가?

앞에서 살펴본 대로 임오화변을 설명할 때 영조와 세자 개인의 갈등을 부각시키는 것은 노론과 소론의 단순 대립 구도에 의한 당쟁사적 구도에 대한 비판 의식이 작용했다. 여기에서 더 나아가 최근에는 식민사학 극복을 이유로 당쟁의 틀을 극복한다면서 당파의 틀로 영·정조 대 정치사를 해석하는 것에 대하여 냉소적인 시선을 보내는 경우도 많다. 이러한 시각은 조선 후기 정치의 핵심이라고 할 수 있는 당쟁이라는 역사적 실체를 무시하는 것이다. 정권 투쟁을 본질로 하는 정치의 세계를 붕당과 당쟁을 배제하고 설명할 수는 없다.

붕당의 대립인 당쟁은 동서고금을 막론하고 발생한다. 당쟁을 국정 관리 능력의 부재와 동일시하여 망국의 원인으로 규정하는 것은 식민사학이다. 그러나 붕당·당쟁의 실체를 인정하고 그 정치·경제·사회적 영향력과 국정 운영의 변동상을 연구하는 시각까지 식민사학의 영향이라고 매도하는 것은 잘못된 비판이다. 당쟁이 문제가 아니라, 당쟁을 관리하는 시스템이 문제이기 때문이다. 특히 현대의 정당정치와 연계까지 생각한다면 당파의 생성과 경쟁은 정치에 커다란 활력을 부여하는 요소이다. 이러한 맥락에서 일찍부터 붕당정치는 한국사 연구자들에게 조선의 중요한 정치 전통으로 주목된 바 있었다.

조선 후기에서도 당쟁이 극성했던 숙종과 영조와 정조 시대에 조선은 국왕이 환국(換局) 혹은 조제·보합의 방식으로 이들 당파를 관리하면서 전성기를 구가하고 있었다. 물론 이 시기에 당쟁의 폐단이 나라를 망하게 한다는 인식도 있었지만, 당시의 군주들은 이들을 적절히 관리 할 능력이 있었다. 이러한 관리 능력이야말로 정당정치가 당연시되는 현대 정치의 국정 담당자들이 조선 후기 당쟁사의 경험에서 얻을 수 있는 중요한 자산이다.

또한 동서고금을 막론하고 현재 권력인 국왕과 미래 권력인 세자를 둘러싼 인재의 결집과 그로 인한 갈등과 당쟁 역시 언제나 발생할 수 있는 현상이다. 강희제와 표트르 대제가 후계자인 아들을 죽이거나 폐위시킨 일은 너무도 유명하며, 이와 유사한 사례는 군주제의 역사에 흔하다. 임오화변과 같이 뒤주에 가두어 죽인 일은 전무후무하지만, 그보다 잔인하게 혹은 온건하게 폐세자한 사례는 많다. 그 이유 역시 영조가 자당(子黨)과 부당(父黨)의 대립을 의심했던 것[022]처럼 현재와 미래 권력의 갈등·의구심에 기인한다. 이러한 사실을 무시하고 사안을 부자 간의 성격 갈등으로 단순화해서는 역사적 경험에서 어떠한 의미도 찾을 수 없다.

영·정조 대 정치사의 객관적 서술을 방해하는 원인은 당쟁 그 자체가 아니라, 영·정조 대 당파의 분화 양상과 당쟁의 쟁점을 제대로 파악하지 못한 연구자들에게 있다. 당시 사람들은 이러한 사정을 너무도 분명히 알고 있었다. 이른바 '세자 보호론'과 '세자 위동론'을 둘러싼 새로운 분화 현상이다. 기존의 당파는 새롭게 분화·재편되고 있었다. 대체로 노론 동당(東黨)과 소론 준론(峻論)과 남인 청론은 보호론자들이었고, 노론 남당(南黨)과 소론 완론(緩論) 탕평파는 위동론에 가담했으며, 노론 북당에서도 홍봉한계는 보호론으로, 홍인한은 위동론으로 분화했다.[023] 이는 붕당 타파를 목표로 했던 영조 대 탕평정치 이래 발생한 당파의 분화 현상이다. 여기에 정조 대에는 정조 대 초반의 정국 주도권을 둘러싼 대립과 '영조의 임오의리'를 수정하려는 정조의 노선에 찬동하는지 여부를 기준으로 재차 시파와 벽파가 분립했다. 영·정조 대의 탕평은 이러한 복잡다기한 정파 분화의 여건 속에서 추진된 것이다.

정조는 붕당의 현실을 부정하거나 인위적으로 타파하려 하지 않았다. 영조 대의 경험을 통해서 이러한 시도는 '탕평당' 같은 새로운 당만 탄생시킬 뿐 불가능하다고 보았기 때문이다. 정조 대에는 초반부터 후반까지 일관되게 붕당 단위의 정치가 활발히 전개되었다. 정조는 노론, 소론, 남인의 원칙론자들인 준론·청론을 중용했지만, 그렇다고 완론을 배제하지도 않았다. 이들이 정조의 정국 운영을 기준으로 다시 시파와 벽파로 결집하기도 했다. 정조는 정국 운용의 방향에 따라 이들을 안배하며 적절히 등용하거나 물러나게 했다. 말 그대로 황극(皇極)=군극(君極)의 작동방식이었다.

따라서 정조의 탕평책은 여러 붕당들과 공존할 수 있었고, 견제와 균형의 원리로 작동되었던 조선 후기 특유의 붕당정치 질서도 존중되었다.

그러나 세도정치 시기에는 도리어 붕당의 활동이 지극히 위축되었다. 벽파는 정순왕후의 권위를 빌어 시파 가운데 사도세자 추숭에 동조했던 노론·소론·남인 세력을 제거 혹은 축출했다. 그야말로 황극의 붕괴 상황이었고, 정치는 실종되었다. 이에 대한 반발로 정권이 무너지자, 시파는 벽파를 완전히 제거했다. 시파의 집권은 순조의 친정(親政)에 의해 가능했기 때문에 황극은 다시 회복되었다. 그러나 순조는 재위 기간 동안 정조와 같은 황극의 역할을 하지 못했다. 그 공백을 세도가들의 연합이 메꾸었다. 세도정치는 황극의 붕괴나 부진을 배경으로 가능한 것이었다. 붕당질서 부정의 원인은 군주의 자질에 따라 황극이 제대로 작동하지 못할 수 있는 군주제 자체의 약점에 기인하지만, 19세기의 현실에서는 정순왕후나 세도가들이 황극의 작동을 가로막았던 것이다.

세도가들 역시 군주제를 부정하지는 못하고 그것에 의존했기 때문에 명목상이나마 황극은 존재했고, 고종이 친정을 하자 세도정치는 막을 내렸다. 고종이 정조를 이상적 모델로 계승하고자 했던 것은 조선 후기의 군주제 전통에서는 당연한 선택이었다. 고종의 등장으로 다시 개화 세력이 '개화당'을 형성하여 활약했고, 이에 맞서는 '사대당'이 등장하여 개화의 방향과 속도를 제어했다. 여기에서 파생된 친청파·친일파·친러파·친미파 등의 붕당들 역시 고종의 지지를 얻기 위하여 경쟁했다. 개화정책을 척사(斥邪)의 차원에서 거부하던 유림(儒林) 역시 재래의 당론을 견지하던 세력이었다. 조선의 군주제는 개항 이후의 급변기에도 여전히 신하들의 다양한 붕당을 매개로 작동했던 것이다. 이 방식은 국가 간 약육강식의 경쟁이 전개되던 새로운 조건에서 대단히 비효율적인 것으로 판명되었으나, 고종은 이러한 조건에서 근대국가 건설을 꾀해야 했다.

조선 후기 정치사에서 붕당정치·당쟁은 가장 특징적인 현상이고, 당파는 정치 세력을 파악하는 가장 유용한 기준이다. 이 실체를 무시하는 것은 정치사 인식을 포기하는 것과 같다. 다만, 당파는 고정된 것이 아니라 정국 변동에 따라 새롭게 분화 재편되는 것이기 때문에, 우리는 정치·사회적 쟁점에 대한 정확한 이해를 바탕으로 당시 인물들이 어떤 기준으로 이합집산하고 있었는지 정밀하게 파악해야 한다. 이를 위해서 실록 등 관찬 사료는 물론 문집·당론서 등 사찬 사료들까지 꼼꼼히 그리고 종합적으로 검토해보아야 하는 것이다.

정조는 일군만민의 대동사회를 지향한 절대군주였는가?

주체적 근대화에 실패한 이후 한국 사회는 강력한 지도자에 의한 일사불란한 국가·사회혁명을 기대했다. 이러한 지도자상에 가장 가까운 것 같은 탕평 군주는 어느덧 양반·서리 등 중간 수탈자를 배제하고 일군만민(一君萬民)의 대동사회를 지향했다는 통념까지 자리 잡게 되었다.[024] 일군만민의 이념에 입각하여 사민(士民)이 평등하고 토지의 균분(均分)을 지향하는 대동(大同)세계를 건설하기 위한 개혁군주 혹은 절대군주로서 탕평 군주를 해석하는 것이다. 이는 대동법(大同法), 균역법(均役法), 통공책(通共策), 서얼허통, 노비제 혁파 등에 면면히 깃들어 있는 이념으로 설명되기도 한다.[025] 이 구도에 따르면 탕평파=시파는 개혁 세력이고 반(反)탕평파=벽파는 반개혁 세력이며, 탕평 군주 정조는 수원 화성의 새로운 기지에 장용영 군사를 양성하여 힘으로 반개혁 세력을 제압하려다가 불의에 사망한 군주이다. 이는 좌절된 근대 국민혁명의 꿈을 아무런 매개 없이 탕평 군주의 개혁에 투사하는 관점이기도 하다.

그러나 과연 정조는 물론이고 시파 인사들이 그러한 체제를 지향했던가? 필자는 단연코 아니라고 판단한다. 정조가 각종 개혁사업을 추진한 것은 사실이나, 그 지향은 평등과 균분을 내용으로 하는 대동의 이상이 아니라 18세기 조선의 현실에서 도출된 지극히 현실적인 개혁이었다. 예컨대, 정조 대에도 일각에서는 일군만민의 지향과 유사한 제안이 있었다. 소론계 지식인 양주익(梁周翊)이 빈·부, 병·농, 양·천(良·賤), 과거·천거, 붕당의 분열 혹은 분리를 철폐하고 일극(一極)의 확립에 의한 합일을 강조한 상소가 그것이다. 이에 대하여 정조는 정전제는 종이에 쓰인 학설에 불과하며 과거제는 불가피하고 붕당의 혁파도 현재로서는 인위적으로 할 수 없다고 답변했다.[026] 양주익과 같은 소외된 사대부의 견해는 존중하되, 현실을 들어서 시비를 가려준 것이다. 이는 국정을 총괄하여 관리하는 국왕의 처지에서 대단히 상식적인 태도로서, 개혁은 추구하되 그 방식은 대단히 점진적이었다.

실제로 정조는 공노비 혁파나 서얼 허통 확대 등 신분제 완화 정책을 취했지만, 신분제 자체를 철폐하려는 문제의식은 없었다. 정조는 더욱 심해지는 경향분기(京鄕分岐) 추세를 완화하여 경화벌열을 견제하고자 지방의 사대부를 교목세신(喬木世臣)으로 육성하고자 했다. 정조에게는 실력있는 사대부가 정치의 파트너였지, 중인 이하 일반백성들은 여전히 애민(愛民)의 대상이었을 뿐이다. 서얼 허통이 확대되기는 했지만 여전히 서얼의 청요직 진출은 불가능했고, 노비제 혁파는 공노비에 제한되었을 뿐 사노비는 여전히 재산으로 인식되었다. 또한 육의전은 애당초 통공에서 예외였을 뿐 아니라, 사상인들이 주도하는 통상적인 매점(買占) 행위 정도는 대개 시장(市場)의 불가피한 현상으로 인정되었다.

한마디로 말하여 영·정조 탕평 군주는 재정 운용 주체를 일원화하여 집권력을 높이기 위해 세원(稅源)의 파악과 징수체제를 단순한 방향으로 정비하는 균부(均賦)·균역 정책을 취하고 관권을 빙자한 사상인 침탈을 방지하여 좀 더 자유로운 상업체계를 구축하려 한 것은 맞지만, 이를 『예기』「예운」편에 등장하는 대동(大同)세계의 이상 실현이라는 차원으로 설명하는 것은 유학적 이상에 대한 잘못된 이해에서 비롯된 것이다. 「예운」편에 등장하는 대동세계는 유토피아적 이상일 뿐 현실세계는 사(私)와 가(家)의 세계이므로, 「예운」편 역시 현실세계의 차등을 전제로 예라는 사회규범으로 소강(小康)사회를 구현하기 위한 것이었다.[027] 중국의 근대 개혁기에 새롭게 주목된 대동의 이념은 공상적 사회주의의 유토피아를 지향한 것이었다.[028] 탕평 군주의 지향을 혁명의 유토피아 차원에서 설명하는 것은 논리 비약이다.

흔히 대동의 또 다른 표현으로 흔히 거론되는 만물일체(萬物一體) 사상을 표현했다고 하는 「서명」의 세계는 주자 성리학의 근본원리인 '리일분수(理一分殊)'의 세계, 즉 현실은 친소와 귀천이 분립(分立)되어 있지만 위아(爲我)의 사사로움에 구애되지 않고 군주와 신하를 중심으로 공정한 정사를 펴는 것으로 풀이된다.[029] 주자에 따르면 장횡거의 「서명(西銘)」에 등장하는 '민오동포론(民吾同胞論)' 역시 현실의 차별적 세계를 전제로 하되, 이를 친친(親親)→인민(仁民)→애물(愛物)의 동심원적 원리로 다스리기 위한 것이었다. 유학 본래의 지향이 예라는 차별의 원리를 전제로 악(樂)이라는 화합의 원리를 동시에 보존하는 데 있었다. 주자가 '균하면 빈곤이 없다[均無貧]'는 공자의 말을 풀이할 때 균을 균산(均産)이 아니라, 단지 '각기 그 분수를 얻는 것'으로 풀이한 것[030] 역시 이러한 맥락이었다.

조선 후기의 부세 정책에서 관철되었던 대동의 원칙이란 상하와 빈부의 현실적 차이를 전제하면서 대소의 부역을 함께 내는 것[大同],[031] 구체적으로는 토지의 대소나 호구의 다과 등 동일한 원리에 의하여 부과되는 세법을 의미할 뿐이었다. 이러한 방식이 천리와 인정에 부합하여 위로 왕후(王后)·경사(卿士)에서 아래로 필부(匹夫)까지 모두 찬동하여 자연히 따르는 대동(大同)의 상태인 데서 그 유래를 설명하기도 했다.[032] 그마저도 관철하기가 쉽지 않았기 때문에 대동법은 100여 년이 걸렸고, 본래는 호포제로 대동할 것을 지향했던 균역법에서 사대부는 결국 면제되는 특권이 유지된 채 양인이 부담하는 각종 군역의 균일에 그쳤다. 이 정도의 균세 정책이 토지와 같은 생산수단의 균일화를 의미하는 것은 결코 아니었다. 「예운」편의 대동과 조선 후기 부세 정책에서의 대동은 그 본래의 연원은 물론 현실에서도 하등 관련이 없었던 것이다.

이러한 맥락에서 볼 때 탕평 군주의 균세 정책은 군주와 사농공상으로 엄연히 구분되어 있던 '리일분수'의 조선 후기 사회와 모순되는 것이 아니었다. 정조는 양반 사대부나 유력 농상공인으로 대표되는 다양한 중상층(中上層)의 존재와 역할을 인정하면서 그들이 주어진 조건에서 공정하게 제 실력을 발휘하도록 유도했을 뿐이다. 그런 의미에서 '리일분수'의 세계는 정조가 지향하던 황극탕평의 정치 및 그 문학적 표현인 만천명월주인옹(萬川明月主人翁)의 세계와 정확히 일치하기도 한다. 정조가 차용했던 만천명월의 군주는 성리학의 이기론에서 흔히 등장할 뿐 아니라 조선 전기 세종이 꿈꾼 월인천강(月印千江)의 세계를 다스리는 군주에 대한 은유이다. 이것은 성리학 군주를 수식하기 위한 것으로서 전제군주 혹은 절대군주의 표방으로 간단히 해석되어서는 안 된다.

따라서 탕평의 세계를 일군만민(一君萬民)의 대동사회 지향으로 설명할 수는 없다. 일군만민론은 메이지유신 무렵 현존의 태양신으로 격상된 천황을 빙자하여 유신의 주체인 군부(軍府)로 권력을 귀일시켜 근대 군국(軍國)을 건설했던 일본식 전통에서 형성된 이념이다.[033] 만천명월주인으로 상징되는 탕평 군주상은 외형상 일군만민론과 유사하다. 그러나 만천명월주인은 '리일분수론'의 변형으로서 군주로부터 신민에 이르기까지 보편적 '리'를 기준으로 유학적 이상을 추구한 데 비하여, 일군만민론은 막부 휘하의 신료층을 배제하는 천황권의 절대화를 추구했다는 점에서 중대한 차이가 있다.

이러한 이유에서 사대부의 공론을 중시했던 군신공치(君臣共治) 전통을 배경으로 탄생한 조선 후기 탕평정치의 군신관계와 그 정책들은 군국주의 일본 근대의 천황제를 형상화한 일군만민의 개념이나 공상적 사회주의의 유토피아로 재해석된 대동사회의 이념으로 설명되어서는 안 된다.

의리탕평과 주자학, 그리고 국가·사회개혁론

정조의 탕평정치가 붕당정치 질서의 부정이라는 인식의 연장선에서 역사학계에는 정조를 반(反)주자학자, 즉 주자학적 의리론을 부정한 군주로 설명하는 시각이 널리 퍼져 있었다. 정조의 탕평을 의리탕평과 반대되는 실리(實利)탕평으로, 정조의 학문을 반주자학이라는 의미의 실학으로 설명하는 시각이 전형적이다.[034] 이렇게 명확히 대비하지는 않더라도 대체로 영·정조는 황극탕평의 주체로서 주자학 정치이론의 핵심인 시비명변(是非明辨)의 의리론을 벗어나는 새로운 군주상을 만들어냈다고 설명하는 경우가 많다.[035]

그러나 정조는 주자와 송시열의 학문을 정학(正學)으로 존숭한 철저한 주자학자이며, 공적(公的) 의리를 확립해야만 탕평을 구현할 수 있다고 믿었던 의리탕평론자이다. 이때의 의리는 군주와 신하의 공치(共治)를 가능케 하는 매개로서 주자학에서 강조했던 그 의리였음은 두말할 것 없다. 주자학자인 정조가 탕평정치를 통하여 다양한 개혁을 시도했던 것이 증명하듯, 주자학 역시 개혁론의 준거가 될 수 있다. 대부분의 실학자들이 주자학에 기반하고 있었듯, 실학이 반(反)주자학은 아니었다. 주자 자신이 왕안석과 신종(神宗)의 의기투합에 의한 개혁의 정신만은 높이 평가했을 정도로 국가·사회개혁론에 지대한 관심이 있었으며,[036] 정조 역시 주자가 왕안석을 송대의 명신(名臣)으로 인정한 것을 높이 평가했다.[037]

탕평정치에서 공론의 주도권은 판서 이상의 상층 사대부로 집중되는 양상을 띠었지만, 그렇다고 낭관 이하의 사대부가 공론 형성 과정에서 배제되지는 않았다. 이전보다 군주권이 강화되었던 것은 분명하나, 군신공치의 원리가 부정되지는 않았기 때문이다. 주자의 정치론에서는 군신의 관계를 공적(公的) 의리로 맺어진 관계라고 보았다. 이미 주자의 시대에는 국가 차원의 의리를 국시(國是)로 확정하는 군신공치의 시대가 열렸고, 송대의 정치를 모범으로 했던 조선 후기의 정치에서도 이 원칙은 흔들리지 않았던 것이다.[038] 탕평정치 시기에도 국가의 중대사에 대한 공론을 확정하기 위하여 의리 논쟁이 치열하게 전개된 것은 당연했다. 영조의 즉위와 관련된 충역의리인 신임의리(辛壬義理)가 최종의 국시로 확정되기까지 30여 년이 걸렸던 것이 그 단적인 사례이다.

영조는 임오화변을 겪은 후에도 임오년 처분의 정당성을 확정하는 의미에서 임오의리를 정했다. 그 내용은 '사도세자가 의리 죄인(罪人)은 아니지만, 실성광역(失性狂易)했기 때문에 종사의 대의(大義)를 위하여 부득이 처분했다'는 것으로 요약된다. 정조는 신임의리는 물론 '영조의 임오의리' 준수를 거듭 다짐하며 즉위했다. 그러나 정조는 「현륭원지문」 작성, 「금등」 공개, '장륜륭범기명창휴(章倫隆範基命昌休)'의 8자 존호 추시(追諡) 등으로 알 수 있듯이, 생부가 단순한 미치광이가 아니라 대리청정 기간에 분명한 공덕(功德)을 드러냈다고 밝히는 작업을 주도면밀하게 진행했다. '정조의 임오의리'는 '영조의 임오의리'를 전제로 하되 생부의 공덕을 추가한 것이므로, 엄밀히 말하면 '영조의 임오의리'를 수정한 것이다. 이 과정에서 조야(朝野)가 일대 의리 논쟁에 휩싸이기도 했으나, 결국 신료들의 동의를 얻어 정조의 의리는 관철되었다.

만천명월의 주인인 정조는 '정조의 임오의리'에 신료들의 합의를 얻기 위하여 답답할 정도로 애썼다. 그런데 정조가 이렇듯 신하들의 합의를 얻으려 했던 것은 국시의 수정이 단지 군주 개인의 문제가 아니었기 때문이다. '정조의 임오의리'는 임오화변을 초래한 책임을 둘러싸고 노·소론의 각 분파와 청남(淸南) 세력이 상호 간에 토역(討逆)의 의리까지 제시하며 대립·갈등하고 있던 정국을 타개하여 신하들을 더 넓게 포용하기 위한 탕평책의 일환이기도 했다. 이를 위해서 기존 '영조의 임오의리'보다 한 단계 더 초월적인 통합의 의리를 제시할 필요가 있었던 것이다.[039] 의리론은 탕평론과 배치되지 않는다고 설파했던 정조의 의리탕평론은 재위 기간 내내 관철되고 있었다.

그런데 정조는 '정조의 임오의리'에 입각하여 사도세자를 국왕으로 추숭하는 추왕(追王)을 궁극의 목표로 삼았다. 추왕은 국시의 수정과는 차원이 다른 문제였다. 주자학적 정치론에서 추왕은 군주의 사사로운 효심을 충족하기 위하여 공적인 종통(宗統)을 변경하는 것으로 금기시되었기 때문이다. 영조는 애초에 그 가능성을 차단하기 위하여 손자의 종통을 변경하여 효장세자 곧 진종(眞宗)의 후사가 되게 했다. 사도세자를 추왕하면 종통을 다시 변경해야 한다. 이로 인한 국론의 분열은 명약관화했다. 기존 연구와 대중서들에서 정조가 추왕에 극력 반대하던 노론 벽파와 한판 대결 구도를 각오했다고 당연시했던 것은 이 문제가 그만큼 폭발력을 지닌 사안이기 때문이었다. 그러나 정조는 이러한 정면 대결은 염두에 두지 않았다.

정조는 추왕의 과제는 후계자에게 맡기고, 자신은 세자가 성인이 되는 갑자년(1804)에 왕위에서 물러나 상왕(上王)이 되고자 했다.[040] 추왕은 자신의 시대에는 이루어질 수 없다고 보고 그 과제를 후왕에게 넘겨준 것이다. 시대가 바뀌면 의리도 변경할 수 있다는 수시변역(隨時變易)의 원리에 따라, 신왕(新王)의 시대에는 새로운 의리에 따라 추왕도 가능하다고 기대했기 때문이다. 논리적으로 보면 추왕과 자신의 왕위를 맞바꾼 것이다. 이러한 결정의 근저에는 모두 군신 간에 합의한 정치의리는 공적인 것이므로 준수해야 하고 이를 수정할 때도 신하들과 합의하는 절차를 밟아야 하며, 그렇게 해도 정당화되지 않는 추왕 문제는 자신의 왕위를 포기하는 권도(權道)라도 동원해야 한다는 판단이 깔려 있다. 정조는 공적 의리를 제일의 원칙으로 생각하는 주자학적 정치론을 체화하고 있었던 것이다.

정조는 수원에 현륭원을 이장하고 화성(華城) 신도시를 건설하여 상왕으로 물러나 있고자 했다. 상왕의 정치는 왕실 영역의 확장을 의미한다. 그러나 정조는 상왕의 공간을 단순히 왕권 강화의 표상으로서가 아니라, 조선 국가에 필요한 제도개혁의 시험장으로 만들고 그 성과를 전국으로 확산시키고자 했다. 이 역시 국가의 사업은 공적 의리에 투철한 방향으로 진행되어야 한다는 주자학자의 판단에서 나온 것이다. 화성에 북학(北學)·서학(西學)의 최신 성과까지 두루 활용한 성제(城制), 조선 후기 군제개혁의 성과인 장용영, 이를 지탱할 둔전 제도와 수리시설 등이 집중되었던 것은 정조의 이러한 구상과 실행이 있었기 때문에 가능한 것이었다.

그러한 의미에서 정조의 정치·경제·사회에 걸친 탕평의 실험은 주자학을 기반으로 한 것이었다. 이를 실학(實學)이라고 할 수 있음은 물론이다. 그러나 실학을 반(反)주자학이라고 할 수는 없다. 정조가 주도하고 그의 노론·소론·남인 신료들이 합의하여 이룩한 의리탕평과 국가·사회개혁의 성과들은 주자학적 의리론에 기반한 것이었기 때문이다. 물론 이러한 성과들이 오늘날의 잣대에서 보면 불충분하거나 너무 점진적인 방식일 수 있다. 그러나 이를 근대 사상에 의거한 근대개혁의 일환인 것처럼 과장할 수도 없다. 정조가 추구한 개혁의 내용을 정확히 설명할 수 있어야 그 한계와 후대의 과제도 적절히 도출될 수 있기 때문이다. 정조가 주도한 개혁의 실체를 인정하되, 이를 그가 처했던 시대적 조건의 맥락에서 정확히 평가할 수 있는 안목이 필요하다.

맺음말

필자는 정조와 그 정치에 대한 대중문화계의 부적절한 서술에는 학계의 책임도 있다고 생각한다. 학계의 연구가 정조의 탕평정치를 개인 혹은 당파적 애증관계로 축소하거나, 근대적 사회 혁명의 전사(前史) 정도로 취급하는 경향도 있었기 때문이다.

바야흐로 정치의 역할이 다시 주목되는 시대이다. 정치는 정치에 참여하는 다양한 정치 세력 사이에 벌어지는 갈등을 관리하고 공적 운영의 체제를 조직하는 국정 운영체계에 관한 것이다. 개인이 정치에 참여했을 때 그는 더 이상 순전한 개인이 아니다. 정치사는 개인사로 환원될 수 없다. 또한 혁명은 특정 시기의 정치체제가 더 이상 작동할 수 없을 때 새로운 판을 짜는 사회적 행위이다. 정치와 혁명은 본질적으로 다르다. 근대 정치체제는 근대적 국민혁명을 직접 경험하거나 그 영향을 받아서 새롭게 구축되었다. 새로운 정치체제가 정착된 이상, 혁명의 경험보다는 정치의 경험이 더욱 중요하다. 이러한 맥락에서 정치는 개인이나 사회혁명과 같은 비(非)정치의 영역으로 환원될 수 없다.

탕평 군주 정조 역시 조선 후기 정치의 맥락에서 설명되어야 한다. 조선에서 수용한 중국의 성리학은 태생부터 정치사의 맥락에서만 이해할 수 있다. 여영시(余英時)가 『주희의 역사세계』에서 역설했듯, 주자학은 송대 사대부의 정치론을 핵심으로 하는 사상체계였다. 주자학의 이상을 가장 충실하게 구현했던 조선, 그리고 그 정점이었던 정조 대의 정치사는 조선뿐 아니라 동아시아 정치의 시험대이기도 했다. 당쟁과 탕평의 정치 역시 이러한 관점에서 재해석될 수 있다.

조선 후기의 정치적 경험과 그 정수로서 탕평정치는 근현대의 정치를 더욱 풍부하게 이해하는 데 도움이 될 것이다. 집권적 봉건군주체제인 조선 후기의 사회·정치적 갈등은 천민(天民)을 대변한다는 국왕에 의하여 조정되고, 근대적 공화제 혹은 의회제인 현대의 그것은 국민을 대표한다는 대통령 혹은 총리에 의해서 조정된다. 갈등 조정의 원리는 근본적으로 다르다. 그러나 국왕이든 대통령이든 총리든, 최고의 권력자가 해당 시기의 정치 참여층과 더불어 갈등을 조정해야 한다는 정치의 본질까지 다르지는 않다. 정치를 경제·사회·개인·혁명과 같은 비정치로 환원하려는 시각이야말로 정치의 영역·역할을 부정하는 것이다. 그 결과는 파시즘이나 전체주의가 아니면 개인의 수양 문제로 귀결된다. 무릇 제대로 된 정치를 꿈꾼다면 정치의 경험을 제대로 복원하는 작업이 필요하다. 정조의 탕평정치를 온전히 설명하는 과제는 현재 우리의 정치를 온전하게 복원하는 과제와도 닿아 있다.

최성환

수원시정연구원 부설 수원학연구센터에서 연구위원으로 재직 중이다. 조선 후기 영·정조 대의 정치사를 전공했고, 현재는 수원학과 정조학을 연구하고 있다. 주요 논저는 『정조대 탕평정국의 군신의리 연구』, 「한중록의 정치사적 이해」 등이 있다.

2장

정조의 자연·만물관과 공존의 정치

머리말

18세기 영조와 정조의 시대에 '실학'이 만개했음을 부인하는 사람은 아마도 없을 것이다. 그런데 또한 이 시기는 공교롭게도 이른바 조선의 통치이념인 유가–성리학이 집대성된 시기이기도 하다. 특히 정조는 자신의 통치시기에 박제가(朴齊家, 1750~1805)와 정약용(丁若鏞, 1762~1836) 등을 발탁하여 그들의 실사구시적 학문 실천을 적극 후원함으로써, 이후 실학의 대표적 저술로 평가되는 『북학의』와 일표이서(一表二書: 『경세유표』·『목민심서』·『흠흠신서』) 등을 저술할 수 있는 계기를 만들어주었고 그 밑거름을 제공하는 역할을 했다. 동시에 정조는 유가의 정전인 육경과 사서를 신하들과 함께 읽으면서 지속적으로 토론을 벌이고, 통치 기간 내내 주자의 글들을 여러 번 선집하여 그 최종적 결실로 『주자전서』를 편찬하기도 했다.

결국 그는 한편으로는 조선 후기 실학의 실천적인 추동자이자 적극적인 후원자였고, 다른 한편 원시유학(原始儒學)은 물론 한(漢)·당(唐) 유학과 송대(宋代) 주자학까지 섭렵하여 그 정수를 계승하고자 했던 유가–성리학의 충실한 수호자이기도 했던 것이다. 그리고 바로 이런 모순적 측면이 그를 '성리학적 이념을 탈피하여 실학을 열어젖힌 인물'로 규정하기 어렵게 만들어왔다. 하지만 '실학'에 대한 최근 연구의 한 시각처럼, 만약 실학이 성리학의 안티테제로 성립한 것이 아니라 오히려 그 이전까지의 유가–성리학을 수렴하고 융합하면서 당대(當代)의 현실 문제를 해결하는 가운데 새롭게 구성된 학문으로 인식될 수 있다면, 유가–성리학의 계승자이면서 이탈자인 정조의 면모는 이행기적 성격을 갖는 실학의 가장 전형적인 모습을 체현한 것이라고 할 수 있다.

따라서 이 논문은 정조의 상반된 지향을 염두에 두면서 우선 사고의 가장 기초적인 토대라 할 수 있는 자연과 만물을 대하는 그의 태도를 점검하고, 자연과 만물에 대한 그의 태도가 인간사회의 갈등을 조정하는 정치 방면에서 어떤 식으로 실천되었는지 함께 점검해보고자 한다. 그 과정을 통해 정조로 대변되는 18세기 지식인들의 '실학적 사고'가 지닌 중층적 측면이 환기되고, 아울러 자연·만물과 인간사회를 관통하고 있는 그의 '생명존중'의 정신과 '공존을 지향'하는 정치가 오늘을 사는 우리에게도 전수(傳授)될 수 있기를 희망한다.

재이·해충 교지와 자연·만물관

정조의 자연관을 포괄적으로 이해하기 위해서는 그의 이기론(理氣論)과 태극설(太極說) 및 음양오행설(陰陽五行說) 등에 관한 언급을 검토해야 하고, 그의 만물관을 이해하기 위해서는 인물성(人物性)에 관한 논의를 살펴보는 것이 요긴할 것이다. 그런데 이런 원론적 검토는 이미 철학 연구자들 사이에서 이루어져왔고, 앞으로도 지속적인 논의가 있을 것이라고 기대하기에,[001] 필자는 한문학 연구자로서 사서삼경과 『근사록(近思錄)』 등 경서(經書) 자체를 직접 다루고 있는 텍스트를 분석하기보다는, 정조가 자신의 생각을 정치적으로 실천하는 과정에서 쓰거나 말한 그의 교지(教旨) 및 윤음(綸音) 등을 통해 거꾸로 그의 자연관 및 만물관을 살펴보고자 한다.

필자가 이런 방법을 택한 이유는 물론 필자의 전공상 경학적(經學的) 텍스트보다는 일반 산문적 텍스트를 다루는 데 익숙한 탓도 있다. 하지만 또한 정조의 철학적 세계관을 통해 그의 정치적 실천을 예견하거나 예단하기보다는, 오히려 그의 실천 속에서 그의 사상을 살펴보는 것이 정조가 실제로 이룬 공과(功過)를 보다 객관적으로 살피는 방법이 되지 않을까 생각해서이다. 실생활과 연구 과정에서 종종 경험하듯, 어떤 사람의 '철학적 세계관'과 '정치적 실천'은 일정한 관련을 맺고 있지만, 그렇다고 그 둘의 관계가 완전한 정합성을 띠지는 않는다. 따라서 그가 몸소 실천한 일들을 통해 그의 생각을 추론해 내고, 그가 실제로 행한 정치행위로부터 그가 현실화했던 사상의 폭과 깊이를 가늠하는 것이 오히려 "실제 사실에 근거해 진리를 추구하는" 보다 실사구시적(實事求是的)인 방법이 될 수도 있을 것이다. 아울러 서로 다른 전공자들의 다양한 접근이 정조의 사상과 실천을 이해하는 데 보다 풍성한 시각과 자료를 제공하리라 기대한다.

다음은 1777년(정조 원년) 10월 2일, 정조가 신하들에게 내린 교지로, 이상기후 등 천재지변에 대처하는 그의 태도를 통해 그의 자연관을 엿볼 수 있는 글이다.

> 임금은 하늘 섬기기를 아비 섬기듯 해야 하니 그 섬기는 방법은 '공경함[敬]'과 '두려워함[畏]'이라는 두 글자를 벗어나지 않는다. 이 때문에 하늘이 혹 재이(災異)를 내리면 두려워하고 반성하기를, 마치 부모가 화를 낼수록 더욱 조심하면서 공경과 효심을 발휘해야 하는 것과 같다. (…) 하늘이 크고 작은 일로 경고할 때면 나는 매번 스스로 이렇게 생각했다. '어질고 사랑하셔서 나무라며 훈계하는 것이니 사랑하는 아버지께서 길을 잃고 헤매는 자식을 가르치는 것과 같다. 하늘의 꾸짖음에 우러러 답하는 길은 오직 두려운 마음으로 행실을 갈고 닦아 하늘이 감응하길 바랄 뿐이다.' 어찌 감히

> 그 사이에 터럭만큼이라도 헛된 말로 꾸미겠는가? 그러므로 재난이 없어도 마치 재난을 만난 것처럼 하고 재난을 만나면 재난을 그치게 할 방책을 강구하여 '공경하고[敬]' '두려워한다[畏]'는 두 글자를 재난에 대처하고 극복하는 근본으로 삼아야 할 것이다.[002]

윗글은 「겨울 우레에 자신을 꾸짖는 교지(冬雷責躬敎)」의 일부이다. 예로부터 겨울철에 천둥이 치면 혼란이 일어날 징조로 여겼던 까닭에 통치자인 정조가 자신을 반성하며 백성과 신하들을 안심시키기 위해 교지를 내린 것이다. 교지의 내용은 실상 전통적인 재이관(災異觀)에 입각해 재이를 내린 하늘의 경고를 받들어 통치를 잘못한 자신을 반성하고 경계하는 마음을 표현한 것이니 별로 특별할 것은 없다.

그는 "하늘이 혹 재이를 내리면" "마치 부모가 화를 내는" 것처럼 생각해서, 스스로 재이를 당했을 때 마치 "길을 잃고 헤매는 자식"을 위해 하늘이 "나무라며 훈계하는 것"으로 여겼다고 말한다. 이 점은 정조가 하늘을 하나의 인격적 존재로 여기는 '인격천(人格天)'의 '천관(天觀)'을 가진 한당대(漢唐代) 자연관에 입각하여 재이를 바라보고 있는 것처럼 보인다. 하지만 그는 재이를 당한 뒤 제천의식을 거행해서 화를 내는 하늘에게 용서를 구하기보다는 "두려운 마음으로 행실을 갈고 닦는" 자기반성의 기회로 삼고 "재난을 그치게 할 방책을 강구"하는 것이 근본적 해결책이라고 강조했다. 이를 통해 우리는 결국 정조가 재이의 원인과 해결을 모두 '인간 중심'으로 사고하는 송대 이후의 주자학적 이법천관(理法天觀)에 입각해서 재이를 바라보았음을 알 수 있다. 다시 말하면, 자연 재해나 이상기후는 하늘의 의지에 따라 발생하는 것이 아니라 인간의 행위가 하늘의 이법(理法)에 어긋났을 때 일어나는 것이고, 따라서 그 해결책도 천리에 어긋난 인간의 잘못된 행위를 반성하고 그것을 고치면 되는 것이다. 그 과정에서 '하늘'은 다만 수동적으로 반응하는 존재일 뿐, 의지를 가지고 주체적으로 인간 세상에 개입하는 대상으로 설정되어 있지는 않다. 따라서 인용된 글의 처음과 끝에서 반복되고 있는 자연에 대한 정조의 외경심은 비록 비유적으로는 '하늘을 부모와 같은 존재'로 설정하고는 있지만, 실제로는 의지도 감정도 지각도 없이 운행되고 있는 자연적 질서, 곧 천리에 대한 공경심과 두려움이라고 해야 할 것이다.

물론 17세기 중·후반부터 보다 과학적인 서양의 천문학과 우주론이 조선에 도입 소개되기 시작해서,[003] 1770년(영조 46)에 발간된 『동국문헌비고』에는 이미 전통시대에 대표적인 재이로 생각되었던 일식과 월식을 예측 가능한 자연현상으로 보고 있었다.[004] 그럼에도 여전히 당시의 과학 수준으로는 예측하거나 해명할 수 없는 자연현상이 많았던 까닭에, 송대 이래 정립되었던 주자학적 이법천관의 틀은 계속 유지되었던 것으로 보인다. 따라서 정조 역시 자연의 운행질서[天理]와 인간사회의 도덕질서[人倫]가 서로 호응한다고 생각하는 주자 이래의 이법천관을 가지고 있었다. 그런 까닭에 그는 자연 재해를, 자신을 포함한 인간사회의 잘못과 연결시켜 사고했고, 바로 이 점에서 그는 '자연'과 '사회'를 하나의 통일적인 유기체로 보는 자연관을 지니고 있었다고 하겠다.

인간과 자연을 하나의 유기체로 보았던 정조는 또한 인간을 둘러싼 만물도 인간과 똑같은 생명을 지닌 존재임을 민감하게 자각하고 있었다. 그 자각은 단지 인간에게 유익한 동물에만 국한되지 않고, 인간에게 해를 끼치는 벌레의 생명까지도 소중하게 여기는 것이었다. 다음은 해충까지도

차마 죽일 수 없었던 정조의 마음과, 그 마음에 따라 이전까지의 모든 해충 관련 문헌들을 검토한 뒤 해충 처리에 관한 새로운 실천적 방안을 제시했던 정조의 실사구시적 정치의 일단을 엿볼 수 있는 글이다.

(1) 상서로운 벼와 원침(園寢)의 나무를 벌레가 손상시키니 어찌 잡아 없애지 않을 수 있겠는가? 경전과 역사서를 보아도 예전부터 그렇게 했으니 『주례』의 서씨(庶氏)나 전씨(翦氏)의 직책이 모두 이를 위하여 마련된 것이었다. 벼 이삭을 먹는 벌레는 명(螟)이고, 잎을 먹는 것은 특(螣)이며, 뿌리를 먹는 것은 모(蟊)이고, 마디를 먹는 벌레는 적(賊)이다. 이들을 '잡아 타는 불속에 던져달라(秉畀炎火)'고 농사를 관장하는 신(田祖之神)에게 빌었었는데, 당(唐)나라의 요숭(姚崇)은 백성들에게 구덩이를 파서 벌레를 태우고 파묻게 했다. 대대로 그것을 따라하니 마침내 법이 되어 지금은 모두 벌레잡이에 백성의 힘을 쓰고 있다. 자양(紫陽) 선생도 "어찌 사람을 부리지 않고 가만히 앉아 성공할 수 있겠는가? 식견이 있는 사람만이 실제적인 이해득실을 볼 수 있으니, 나를 수고롭게 하는 것이 곧 나를 편안하게 하는 것임을 알아 스스로 원망하지 않을 뿐이다."라고 말씀하셨다.

(2) 근래 원침의 뽕나무와 가래나무에 벌레들이 해를 끼친다고 하여 나무를 심었던 열 개 고을의 수령들로 하여금 관가의 하인들을 거느리고 벌레를 잡아 없애도록 하니, 이는 '잠시의 수고로움으로 길이 편안하도록 했던' 선생의 뜻에 의탁한 것이다. 하지만 관가에 예속된 이들도 또한 백성인데, 뜨거운 햇볕 아래에서 일할 것을 생각하니 거의 침식을 잊을 정도였다. 이에 구양수(歐陽脩)의 시 가운데, "관전(官錢) 스무 냥으로 한 말(斗)을 사들이면", "잠깐 사이에 가마니가 산처럼 쌓이겠지"라는 구절을 끌어와 특별히

벌레를 사들이는 법식을 만드니 다행히 일은 반으로 줄고 효과는 배가 되었다.

(3) 그런데도 내 마음에 여전히 스스로 편치 않은 점이 있었다. 이 벌레들이 비록 벌이나 누에 같은 공로도 없고 모기나 등에의 해독보다 더 심하기는 해도, 또한 꿈틀거리며 움직이는 생물이다. 성인이 그 공을 기록하고 그 독을 밝혔던 뜻을 따른다면, 참으로 잡아서 제거해야 할 것이나, 없애야 할 때도 응당 방편이 있어야 할 것이다. 마땅히 살리려는 덕이 그 사이에 병행되어야 한다고 말해야지, 해가 되니 그 물성에 따라야 한다고 말하지 말아야 한다. 크고 작음이 각각 다름이 있으니 내몰아 습지에 놓아주는 것이 불태워 죽이는 것보다 나을 것이다. 더구나 '잡아서 던져 달라(秉畀)'고 읊은 것은 가탁한 말이고, 태워서 파묻은 행동은 실제의 일이니, 먼 옛날과 후세 사람의 차이를 또한 충분히 볼 수 있음에랴? 일찍이 듣건대, 벌레가 날아 바다로 들어가 물고기와 새우로 변한 일은 복파(伏波) 장군이 무릉(武陵)을 다스릴 때인데, 그 분명한 증거가 아직까지 전하고 있다. 이에 여러 날을 깊이 궁리한 끝에 결단을 내려 법령을 만들었으니, 이후로는 벌레를 모아서 구포(鷗浦) 해구(海口)로 던지도록 하라.[005]

윗글은 1798년(정조 22) 4월 25일, 정조가 경기도 화성(華城) 사도세자의 원침 주변에 심은 뽕나무와 가래나무에 벌레들이 들끓자 이를 걱정하며 스스로 대책을 마련하여 신하들에게 내린 윤음이다. 무심코 읽으면 일국의 제왕이 하찮은 벌레를 처리하는 데 뭐 이렇게 고심을 하는가 하는 생각이 들기도 하지만, 당시 벌레들이 농사에 막대한 피해를 주고 원침이나 왕릉의 나무를 손상시켰음을 상기하면, 농업을 근본으로 하는 왕조국가의 통치자로서 세심하고 신중한 결정이 필요했으리라 짐작이 간다. 어쨌든 이 글은 평소에 경전과 역사서를 중심으로 각종 서적을 탐독하며 당대의 누구보다 폭넓고 깊은 학식을 가졌던 정조가 "원침의 해충"이라는 실질적인 문제에 부딪쳐 실제적인 대안을 마련해가는 과정을 여실히 보여주고 있다. 그의 폭 넓고도 깊은 공부와 실사구시를 추구하는 실학적 사고가 결합되어 어떻게 창조적이고 구체적인 대안을 낳을 수 있었는지 보여주는 전형적인 사례라 하겠다.

윗글에 드러나듯 정조는 원침의 해충 문제를 해결하는 대안을 제시할 때까지 크게 세 단계의 생각의 변화를 거쳤다. 처음 생각한 조처는 윗글 (2)에 나와 있듯 그저 관례대로 "관가의 하인들을 거느리고 벌레를 잡아 없애도록" 하는 것이었다. 그리고 이 조처는 정조 스스로 말한 것처럼 "잠시의 수고로움으로 길이 편안"할 수 있다는 자양(紫陽) 주희(朱熹)의 생각과 가르침에 따른 것이었다. 그러니까 잠시 동안 벌레를 잡아 죽이는 수고를 하면, 그 이후로는 벌레로 인한 나무와 곡식의 피해에서 벗어날 수 있으니 영원히 편안할 수 있다는 상식적인 생각이다. 해충으로 인해 피해를 입고 있는 사람들은 누구나 동의할 법한 이 생각은, 그 생각이 상식적인 만큼 (1)에서 보이듯 역사가 오래된 사고방식이다. 『주례』에 이미 독충 등 벌레들을 몰아내는 "서씨나 전씨의 직책"이 기록되어 있는 걸 보면, 주(周)나라 때부터 벌레 방제 대책을 세웠던 것이고, 『시경』에 "농사를 관장하는 신"에게 벌레를 "잡아 불속에 던져 달라."라고 축원하는 노래가 「대전(大田)」이라는 제목으로 실려 있는 것을 보면,[006] 대략 공자가 살았던 춘추시대(春秋時代)까지도 농사에 피해를 주는 명(螟)·특(螣)·모(蟊)·적(賊) 등의 각종 해충에 백성들이 골머리를 앓았음을 알 수 있다. 시간이 흘러 당나라 때에 이르면, 명재상으로 평가받는 요숭(650~721)이 시의 내용을 축원이 아닌 실제 사실로 받아들여 아예 백성들에게 "구덩이를 파서" 벌레를 "태우고 파묻"도록 독려해서 벌레로 인한 농사 피해를 어떻게든 줄여 보려고 했다. 『시경집전』의 「대전(大田)」 주자(朱子) 주(注)에서도 요숭의 일을 기록하며 "불빛으로 해충을 유인해 죽이는 기술"이 삼천 년의 오랜 전통을 가지고 있다고 소개한 것을 볼 때[007] 주희 역시 요숭의 해충 처리 방식에 대체로 동의했던 것으로 보인다. 그런 까닭에 정조도 처음에는 별 생각 없이 오래된 전통과 관례에 의탁하여 관가의 하인들을 시켜 벌레를 잡아 죽이도록 명령을 내렸던 것이다.

하지만 그렇게 조치를 취하고 보니 정조의 마음에 한 가지 걱정되는 일이 있었다. 그것은 (2)의 중간에 나와 있듯 "관가의 하인들"이 "뜨거운 햇볕 아래에서" 고생을 하게 된다는 것이었다. 마음이 편치 않아 밥맛도 없고 잠도 못 이룰 정도여서 뭔가 좋은 방법이 없을까 고민하던 차에 문득 생각난 것이 바로 황충(蝗蟲)과 관련된 구양수의 시 「답주채포황시(答朱寀捕蝗詩)」였다. 그 시구에는 벌레를 잡을 때 관청에서 무보수로 노역을 시키지 말고 "벌레 한 말에 관전(官錢) 이십 냥"의 대가를 치르자는 구양수의 생각이 표명되어 있었다. 정말 그렇게만 하면 "일은 반으로 줄고, 효과는 배가 될" 터이니 백성들에게도 관청에도 다 좋은 일이라고 그는 생각했던 것이다. 그러니까 정조는 처음에는 옛 방식을 계승한 주자의 가르침에 따라 노역을 통해 벌레를 잡는 일을 시키다가, 이제 구양수가 제안한 새로운 방식에 따라 노동에 따른 일정한 대가를 지급하면서 백성들에게 벌레잡이 일을 시키고자 한 것이다. 비록 주자도 미처 생각지 못한 일이었지만, 백성들의 노고를 조금이나마 덜어주고자 했던 구양수의 마음에 그 역시 공감이 갔기에 이제 주자가 아닌 구양수의 생각을 따라 벌레잡이의 새로운 정책을 취하고자 했다. 이 글에 거론되지는 않았지만, 화성 성역 때 이미 노임(勞賃)을 주어 백성을 고용했던 정조 자신의 경험 역시 새로운 결정을 하는 데 알게 모르게 도움이 되었을 것으로 판단된다.

하지만 그러고 나서도 정조의 마음에는 왠지 편치 않은 점이 있었다. 그것은 (3)에서 밝히고 있듯 한낱 미물에 불과한 벌레들에 대한 생각 때문이었다. 정조는 벼와 나무를 해치는 이 벌레들이 "벌이나 누에처럼" 사람에게 유익한 것도 아니고, 지엄한 왕릉과 원침의 나무를 훼손시키고 한 해의 농사를 망치고 있으니, 오히려 사람이나 가축의 피를 빠는 "모기나 등에"보다 해독이 심하다고 여기면서도 차마 이들을 죽이고 싶지는 않았다. 그런 까닭에 정조는 당나라의 요숭 이후로 벌레를 불태워 구덩이에 매장하는 일이 관행처럼 시행되었고, 주자는 물론 구양수까지도 별다른 의문 없이 동의했던[008] 이 잔혹한 방식을 개선하고자 했다. 그에게는 아무리 인간에게 해를 끼칠지언정, 벌레들 역시 인간과 다를 바 없는 "꿈틀거리며" 살아 "움직이는" 생명체였고, 그렇다면 부득이 해충들을 "없애야 할 경우에도" 반드시 그것을 "살리려는 덕"을 병행해야 한다고 생각했다. 정조가 내면화하고 있었던 이 '생명을 중시하는 덕[好生之德]'은 물론 『서경』이나 『맹자』 등 유가 경전의 가르침에 바탕한 것이겠지만,[009] 대체로 유가 성현의 '사랑[仁]'과 '정의[義]'가 사람과 백성에 국한되거나 사람 중심, 인간 위주인 것에 반해, 정조의 사랑은 벌레와 같은 미물에까지, 그것도 인간의 입장에서는 의롭지 못한 해충에까지 미치고 있었던 것이다. 그런 점에서 정조가 실천하고자 했던 인의의 폭과 깊이는 기성의 유가 윤리의 범위를 초월하는 측면이 없지 않았다.

정조는 자신이 내면화하고 있는 이 민감한 생명존중의 감정 속에서, 유가의 아성(亞聖)인 맹자도 간과했던 익(益)과 우(禹)가 짐승과 사룡(蛇龍)을 퇴치했던 방식을 굳이 구별하여 우열을 평가한다. (3)의 중간에 표명한 것처럼, 정조는 사람들에게 불편과 피해를 주는 사룡을 "내몰아서 습지에 놓아주는[驅而放菹]" 우의 방식이, 산택에 "불을 질러" 짐승을 "태워 죽이[烈而焚之]"는 익의 방식보다 더 낫다고 분명히 생각하고 있었다. 또한 단지 농사를 관장하는 전조(田祖)의 신에게 '잡아서 던져 달라'고 마음속으로 기원했던 먼 옛날 사람들과 달리, 벌레들을 실제로 "태워서 파묻은" 후세 사람들의 행위에 대해서도 그 잔혹함의 차이를 민감하게 느끼고 있었다. 그랬기에 그는 공자·맹자·주자의 가르침에서 보면 허무맹랑한 이단에 가까운 불교의 윤회설과 유사한 복파 장군 마원(馬援)의 고사(『後漢書』에는 馬棱의 고사로 되어 있음)를 들어 "벌레가 날아 바다로 들어가 물고기와 새우로 변했다."는 사실이 역사 기록에 있음을 환기시키면서 이런 사실들이 "분명한 증거"가 있음을 애써 강조하고자 했던 것이다. 그리고 마침내 그는 사람뿐만 아니라 해충마저 사랑하는 자신의 마음에 따라 벌레들을 "모아서 구포해구로 던지도록 하라"는 명령을 최종적으로 내렸다.

정조의 이 최종 판단이 과연 올바른 것인가에 대해서는 물론 사람마다 의견이 갈릴 수 있다. 하지만, 그 판단이야 어찌 되었든 해충 문제를 해결하는 과정과 두세 번의 반성을 거친 최종 결단을 통해 우리는 인간뿐 아니라 하찮은 벌레의 생명마저 소중히 여기고자 했던 정조의 자비로운 마음과 인간에게 해를 끼치는 독충까지도 죽이지 않고 그들과 공존하고자 했던 정조의 포용력을 분명히 확인할 수 있다.

그리고 또한 해충 문제를 풀어내는 정조의 이 결정 과정은 정조의 학

〈표 1〉「벌레를 잡아 물에 던지라는 윤음」의 원문과 관련 내용의 출전

「拾蟲投水綸音」 원문	관련내용 및 전거	
	관련내용	출전
周官庶氏, 翦氏之職, 皆爲是而設耳.	"庶氏, 掌除毒蠱, 以攻說禬之, 嘉草攻之. 凡毆蠱, 則令之比之." "翦氏, 掌除蠹物, 以攻禜攻之, 以莽草熏之. 凡庶蠱之事."	『周禮』秋官
食苗者螟, 食葉者螣, 食根者蟊, 食節者賊, 秉畀炎火, 祝于田祖之神, 掘坑焚瘗, 行於唐時姚崇.	旣方旣阜, 旣堅旣好, 不稂不莠, 去其螟螣, 及其蟊賊, 無害我田穉, 田祖有神, 秉畀炎火.	『诗经』 小雅「大田」
	賦也. 方, 房也, 謂孚甲始生而未合時也. 實未堅者曰阜, 稂, 童粱, 莠, 似苗, 皆害苗之草也. 食心曰螟; 食葉曰螣; 食根曰蟊; 食節曰賊, 皆害苗之蟲也. 穉, 幼禾也. ○言其苗旣盛矣, 又必去此四蟲然後, 可以無害田中之禾. 然非人力所及也. 故願田祖之神, 為我持此四蟲, 而付之炎火之中也. 姚崇, 遣使捕蝗, 引此為證, 夜中設火, 火邊掘坑, 且焚且瘗, 盖古之遺法, 如此. 這說明以火光誘殺害蟲的技術在三千年前的西周時代已經萌芽了.	『詩經集傳』 朱子 注
	開元四年, 山東大蝗, 民祭且拜, 坐視食苗不敢捕. 崇奏: "詩云: '秉彼蟊賊, 付畀炎火.' (…) 請夜設火, 坎其旁, 且焚且瘗, 蝗乃可盡.	『新唐書』 「姚崇傳」
紫陽之訓有云: "豈能不役人徒, 而坐致成功? 但有見識人, 見得利害之實, 知其勞我者, 乃所以逸我, 自不怨耳."	禹治水, 益焚山, 周公驱猛兽, 岂能不役人徒, 而坐致成功? 想见當时亦须有不乐者, 但有见识人, 须自见得利害之实, 知其劳我者, 乃所以逸我, 自不怨耳."	『朱熹集』 「答王子合」
乃引歐陽脩詩: '官錢二十買一斗', '頃刻露積如京坻'之句, 特刱買蟲之式, 幸得事半而功倍.	吾尝捕蝗见其事, 较以利害曾深思. 官钱二十买一斗, 示以明信民争驰. 敛微成众在人力, 顷刻露积如京坻. 乃知孽虫虽甚众, 嫉恶苟锐無难为, 往时姚崇用此议, 诚哉贤相得所宜. 因吟君赠廣其说, 为我持之告采诗."	『歐陽脩集』 「答朱寀捕蝗詩」
宜令曰生之德, 竝行於其間	以佚道使民, 雖勞不怨; 以生道殺民, 雖死不怨殺者.	『孟子』 「盡心」上
	與其殺不辜, 寧失不經, 好生之德, 洽於民心.	『書經』 虞書「大禹謨」
驅而放菹, 勝於烈而焚之. ※ 禹之驅而放之, 尙且勝於益之烈而焚之(『承政院日記』).	當堯之時, 天下猶未平. 洪水橫流, 氾濫於天下. 草木暢茂, 禽獸繁殖, 五穀不登, 禽獸偪人, 獸蹄鳥跡之道, 交於中國. 堯獨憂之, 擧舜而敷治焉. 舜使益掌火, 益烈山澤而焚之, 禽獸逃匿. 禹疏九河, 瀹濟, 漯而注諸海, 決汝, 漢, 排淮, 泗而注之江然後, 中國可得而食也. 當是時也, 禹八年於外, 三過其門而不入, 雖欲耕得乎?"	『孟子』 「滕文公」上
	當堯之時, 水逆行, 氾濫於中國, 蛇龍居之, 民無所定. 下者爲巢, 上者爲營窟, 書曰: "洚水警余." 洚水者, 洪水也. 使禹治之, 禹掘地而注之海, 驅蛇龍而放之菹, 水由地中行, 江, 淮, 河, 漢, 是也. 險阻旣遠, 鳥獸之害人者, 消然後, 人得平土而居之.	『孟子』 「滕文公」下
嘗聞蟲飛入海, 化爲魚鰕, 伏波之治武陵, 明驗尙傳.	馬棱, 字伯威, 爲廣陵太守, 郡界常有蝗蟲傷穀, 穀價貴. 棱有威德, 奏罷鹽官, 振貧羸, 薄賦稅, 蝗蟲飛入海, 化爲魚蝦.	『东汉观记』 「馬棱傳」
	東觀記曰: '棱在廣陵, 蝗蟲入江海, 化為魚蝦.(李贤 注)	『後漢書』 「馬援列傳」附: 「馬棱傳」

문적 실천이 실사구시의 실학정신과 어떻게 만나고 있는지를 여실히 보여주고 있어 재삼 음미해볼 가치가 있다. 「벌레를 잡아 물에 던지라는 윤음(拾蟲投水綸音)」의 본문과 그와 관련된 전거들을 도표로 제시하면 〈표 1〉과 같다.

〈표 1〉을 보면 정조가 올바른 해충 처리 방식을 고민하는 윤음을 작성하면서 참고했던 내용들과 그 내용과 관련된 구절들이 애초에 쓰여져 있었던 책들이 무엇인지를 간단히 확인할 수 있다. 물론 정조는 어렸을 적부터 경전과 역사서 등을 암송하는 교육을 받았기에 벌레를 처리했던 고사들과 관련된 이 구절들을 단지 기억을 통해 연상했을 수도 있다. 하지만 어찌 되었든 현안에 대한 올바른 대책을 강구하는 과정에서 정조는 『주례』·『시경』·『맹자』 등의 경서와 『신당서』·『동한관기』·『후한서』 등의 역사서, 그리고 『주희집』·『구양수집』 등 개인 문집까지 모두 참고하여 가장 적절한 대안을 찾고자 했다. 그 과정에서 그는 자신이 가장 존경하는 인물인 주자마저 미처 생각하지 못했던 노역이 아닌 노임을 지불하는 방식의 벌레잡이를 구양수의 생각을 빌려와 새롭게 도입할 수 있었다. 그리고 더 나아가 당의 요숭 이래 송대 구양수나 주자도 칭송하거나 동의했던 벌레를 태워 죽이는 방식을 철회하고, 『맹자』에 있는 익과 우의 금수(禽獸)와 사룡(蛇龍)의 처리 방식을 스스로 가늠해본 뒤, 사룡을 몰아 습지로 놓아 보내준 우의 일을 본받아 벌레들을 모두 구포의 바닷가로 방생하도록 했던 것이다. 이로 보면 정조는 실제 사안을 처리할 때 주자학자로서 도그마에 빠져 주자의 방식만을 고수하지 않고, 육경에서부터 한·당·송의 모든 관련 서적을 탐독하여 그 속에서 참고할 만한 선례가 있으면 그것을 현실에 맞게 수용함으로써 자신에게 부닥친 문제를 해결하는 새로운 대안들을 찾아 나

갔던 것이다. 현실의 문제를 해결하기 위해 옛 제도와 방법들을 조목조목 검토한 뒤 백성을 넘어 자연·만물에까지 유가적 인(仁)의 범위를 확대하면서 현실에 부합하는 올바른 대안들을 실제로 마련하고 있다는 점에서, 정조의 풍부한 학식이 뒷받침된 이러한 개혁과 개선이야말로 '법고창신(法古創新)'에 기반하여 참다운 '실사구시(實事求是)'의 정신을 구현한 '실학의 정치'를 보여 주었다고 할 것이다.

'타자'들과의 공존과 생명의 정치

자연과 교감하며 재이를 통해 자신을 반성하고 인간사회의 잘못된 부분을 개선할 기회로 삼았던 정조는, 또한 인간에게 해를 끼치는 벌레들의 생명도 함부로 죽이지 않고 오히려 그들과의 공존을 추구하려 했음을 앞 장에서 살펴보았다. 그렇다면 자연과의 교감, 만물과의 공존을 지향했던 정조의 마음이 인간사회의 갈등을 조정하는 정치의 장 속에서는 어떻게 발휘되고 있었을까? 이 장에서는 조선 사회에서 유가 – 성리학이라는 이념에 의해 배제될 수밖에 없었던 이단 사상에 대해 정조가 어떤 태도를 취하고, 어떤 생각과 실천을 했는지 간략히 되짚어보면서 그의 자연만물관이 정치적으로 어떻게 발현되었는지 살펴보고자 한다.

먼저 1794년, 정조와 한 신하가 『주자대전』을 읽고 의견을 나누던 장면을 소개한다. 토론의 대상이 되었던 글은 상서(尙書) 왕응진(汪應辰)에게 보낸 주자의 편지인 「여왕상서서(與汪尙書書)」로, 이는 『주자대전』 권24에 실려 있다. 편지 내용 중 문제가 되었던 부분은 "공자·자사·맹자·정자의 책이 아니면 앞에 펴놓지 말라[非孔子, 子思, 孟, 程之書, 不列於前]"는 주자의 말이었다.

유이좌(柳台佐) : 인(仁)을 돈독히 하고 의(義)를 넓히며, 성(性)을 따르고 도(道)를 닦아 앞선 성인의 도통(道統)을 잇고, 이단을 분변하여 물리치며 맹자가 전수한 것을 이어 우리 도를 강론하여 밝힌 것은 네 성인께서 서책에 남겨주신 큰 가르침입니다. 삼가 듣건대, 명청 이래로 양명(陽明)과 백사(白沙), 모기령(毛奇齡) 등의 저서들이 근래에 간혹 우리나라의 여항(閭巷)에까지 흘러 들어오니, 떠돌아다니며 신기함을 좇기 좋아하는 무리들이 서로 다투어 읽으며 물들어가고 있습니다. 성학(聖學)을 닦아 밝혀야 할 때, 어찌 이런 글들이 붉은색을 어지럽히는 자주색처럼, 곡식의 싹을 해치는 잡초처럼 되도록 내버려둘 수 있겠습니까? 지금 마땅히 나라 안팎을 널리 뒤져 이러한 책들을 찾아내 '가져다가 불 속에 던짐[秉畀炎火]'이 마땅할 것입니다.

정조 : 우리 도가 행해지고 바른 학문이 밝아져서 온 세상 사람들이 집집마다 공자와 정자와 주자를 알게 된다면 저 편벽되고 방탕하며 간사하고 회피하는 말[詖淫邪遁之說]들이 곧 햇살에 눈 녹듯 사라지고 말 터인데, 하필 그 책을 불태운 뒤에야 그 사람들을 사람답게 만들겠는가? 양명의 학문으로 말하자면 진실로 못나고 어긋난 견해가 있긴 하지만 그 사람 자체는 세상에 드문 호걸이었으니, 만약 그가 주자의 시대에 태어났더라면 반드시 창을 버리고 항복했을 것이다. 모기령도 마땅히 유비(有庳)에 보내져 사문(斯文)을 바르게 했을 것이다.[010]

윗글에 보이는 두 사람의 대화는 간단한 내용이지만, 여기에 제시된 정조의 발언은 소위 이단에 대한 그의 기본적인 태도와 생각을 보여주고 있다는 점에서 재삼 음미할 필요가 있다. 또한 앞장에서도 어느 정도 확인되었듯, 외형상 주자학의 독실한 계승자를 자처하고 있었던 정조가 실제로는 자신의 호한한 학식을 바탕으로 주자의 협소한 생각의 틀을 확장하거나 때로는 그로부터 이탈하면서 독창적인 자기만의 생각을 펼쳤음을 확인할 수 있다는 점에서 세심한 독서가 필요한 부분이기도 하다.

선행 연구에서 이미 여러 번 밝혔듯이 정조는 평생 주자의 글을 애독했고, 자신의 독서 내용을 지속적으로 책으로 간행하거나 필사본으로 정리해놓았다. 『주자회선(朱子會選)』·『양현전심록(兩賢傳心錄)』(1774), 『자양자회영(紫陽子會英)』(1775), 『주자선통(朱子選統)』(1781), 『주서백선(朱書百選)』(1794), 『주문수권(朱文手圈)』(1798), 『아송(雅誦)』(1799), 『주부자시(朱夫子詩)』·『주자서절약(朱子書節約)』(1800) 등,[011] 당대의 어느 누구도 정조를 대신해서 이처럼 다양한 주자의 선집을 기획할 사람은 없었을 것이다. 이 중 위에 인용한 대화는 「여왕상서서」의 일부 내용에 관한 토론인데, 이 편지가 1794년 12월에 간행된 『주서백선』에도 수록되어 있고 그 시기도 대략 일치하는 것으로 보아, 정조가 『주서백선』 편찬을 염두에 두고 신하들의 견해를 듣는 기회를 마련했던 것으로 보인다.

윗글에 보이듯 유이좌(柳台佐, 1763~1837)는 "공자·자사·맹자·정자의 책이 아니면 앞에 펴놓지 말라"는 주자의 말을 이단을 제거하는 벽이단(闢異端)의 관점에서 해석했다. 특히 조선에서 이단으로 배척되었던 양명(陽明) 왕수인(王守仁, 1472~1528)과 백사(白沙) 진헌장(陳獻章, 1428~1500) 및 주자를 비판했던 모기령(1623~1716)을 예로 들면서 이들의 책이 조선에 확산되는 것을 막기 위해 "가져다가 불 속에 던져버려야 한다[秉畀炎火]."라고 주장했다.

그가 사용한 "병비염화(秉畀炎火)"라는 말이 앞에서 살핀 대로 『시경』「대전」의 한 구절임을 상기하면, 그는 농사를 망치는 해충을 태워버리듯 주자학에 해를 끼치는 이단적 경향의 학술 서적들을 불태워야 마땅하다고 주장한 것이다.

반면, 정조는 해충의 생명까지 소중히 여겼던 바로 그 마음으로 이단의 문제를 바라보았다. 왕양명의 학술이 비록 "못나고 어긋난 견해가 있지만" 사람 자체는 호걸이고, 모기령 역시 비록 주자의 학문을 해치고는 있지만 순(舜)임금이 자신을 죽이려 했던 이복동생 상(象)을 오히려 "유비(有庳)에 보내" 살게 했던 것처럼, 설령 해악을 끼치는 점이 있다고 해도 그 사람의 생명을 빼앗거나 책을 불태우는 극단적인 처방을 삼가려 했다. 한낱 미물인 해충의 생명마저 보존하고자 했듯이, 정조는 이단과 사설(邪說)이라도 억압적으로 금지하고 배척하기보다는 정도(正道)에서 어긋난 상대방을 설득·감화시키고자 했다. 그렇게 해서 정조는 "온 세상 사람들이 집집마다 공자와 정자와 주자를 알게 되어" 정도에 어긋난 "편벽되고 방탕하며 간사하고 회피하는 말"들이 눈 녹듯 사라지길 바랐던 것이다.

그런데 정조의 이 발언에서 우리가 재삼 음미해야 할 것은, 그의 이단에 대한 포용적인 조치가 과연 "공자·자사·맹자·정자의 책이 아니면 앞에 펴놓지 말라"는 주자의 뜻을 온전히 계승하고 있는가 하는 점이다. 실상 이 구절이 포함된 주자의 편지는 이단에 대해 말하고 있는 게 아니라, 유·불·도를 넘나들며 자유분방한 사상을 가졌던 문장가 소식(蘇軾)을 주자가 폄하하고 배척하는 내용이다. 주자는 이 편지에서 실천궁행하는 군자인 동주 이선생(東州二先生)을 "허황되고 실제적이지 못하다[矯誕無實]."라고 비난한 소식에 대해 못마땅해 하면서, 이처럼 이치에 어긋난 말을 하는 소식의 문장을 도용한 사람들을 발탁한 명공(明公: 상서尙書 왕응진汪應眞)의 행위가 천하의 정치를 해치고, 선비들로 하여금 부화(浮華)한 문장을 숭상하게 만든다고 비판했다.[012] 그러면서 주자는 왕응진에게 "성현들이 전한 바른 도리"를 깊이 생각하면서 "공자·자사·맹자·정자의 글이 아니면 보지도 말고" "밤낮으로 자신을 반성하고, 세상 이치에 대해 생각해보라"[013]고 권유했던 것이다. 이 밖에도 왕상서에게 보낸 또 다른 편지에서 소식의 도를 제외하고 그의 문장만을 취하려는 행위가 도(道)와 문(文)을 분리하는 행위라고 주자가 신랄하게 비판한 것을 보면, 소식의 문장에 사람들이 경도되는 것을 극히 경계하고 있었음을 알 수 있다.[014] 반면 정조는 이와 달리 그 스스로 당송 팔대가(唐宋八大家)의 문장 선집을 두 번이나 편찬했는데, 소식 문장의 변화무쌍함을 칭송하면서 소식 및 팔대가의 문장을 세도(世道)를 진작시키는 데 없어서는 안 될 문장으로 여겨 그 각각의 문장에 합당한 가치를 부여하고 있었다.[015]

또한 주자는 그가 편찬한 『근사록(近思錄)』에 특별히 「변이단(辨異端)」이라는 항목을 두어 맹자가 양주(楊朱)와 묵적(墨翟)을 배척한 내용과 정명도(程明道)·이천(伊川)이 불가(佛家)의 잘못된 점들을 지적한 글들을 선별해 놓음으로써, 유자(儒者)와 '비슷하지만 다른[似而非]' 이단 경향의 사상들을 명백히 분별하여 물리쳐야 함을 분명히 보여주었다. 따라서 "공자·자사·맹자·정자의 글이 아니면 읽지도 말라"는 말을 "도통(道統)을 세우고" "이단을 물리치는" 것으로 해석한 유이좌의 말이 주자의 본뜻에 더 가까운 해석일 수 있다. 반면 정조는 "공맹(孔孟)의 글이 아니면 읽지도 말라"는 주자의 가르침을 준신하기보다는, 오히려 윗글에서 사이비 학설로 지목된 모기령 등의 설을 포함하여 한·당에서 명·청까지의 주석본을 모두 검토하며 『시경』에 관한 자기 나름의 견해를 확립하고자 했다. 그리고 그 과정에서 실제로 정조는 주자와 모기령의 시경 해석을 견주어본 뒤 모기령의 '자음시설(刺淫詩說)'과 '작시자(作詩者)의 사무사설(思無邪說)'을 비판적으로 흡수했고, 각 시의 해석과 관련된 자구(字句)·명물(名物)에 대해서도 모기령의 견해를 다수 취했다.[016]

이처럼 정조는 주자의 학문을 당대(當代) 누구보다 존중하고 탐독했으면서도 비판적 식견을 가진 학자로서 주자학에만 안주하지 않고 주자를 비판한 다양한 학설들에 대해서도 개방적인 태도를 취하고 있었다. 특히 정조는 서학(西學)에 대해서도 처음에는 호기심 어린 개방적인 자세를 취했는데, 그것이 유가적 풍속을 해치는 사건으로 비화된 뒤에는 불가피하게 당사자들을 처형하거나 해당 책들을 불태우고 금지하는 조치를 취하기도 했다. 하지만 그럼에도 그는 서학이라는 가장 이질적인 이단적 사상에 대해서까지도 배제보다는 포용과 공존을 통해 문제를 해결하려 했다. 아래의 기록들을 간략히 살피면서 서학에 대한 정조의 입장 변화와 기본 원칙들을 살펴보도록 한다.

(가) 명나라 때의 이마두(利瑪竇)가 수정한 역법(曆法)은 지극히 정묘하다. 이마두는 외국인으로서 어떻게 혼자 그 묘리를 이해하여 완전히 다 터득할 수 있게 되어 다시는 어긋날 염려가 없도록 할 수 있었던가?[017]

(나) 이마두가 이른바 야소교(耶穌敎)를 부르짖어 우리 도를 좀먹는 해충이 되었으나, 우리나라만은 예의의 나라로서 사대부들이 공자와 맹자를 높이고 신봉하여 이단에 현혹되지 않았다. 근래에 와서 일종의 사학(邪學)

이 그 설을 견강부회하여 가르침을 손상시키고 인륜을 무너뜨리고 백성들을 해치고 있는데, 그 화가 지극히 참혹하다. 그중에서도 그들의 이른바 제사를 폐지해야 한다는 설은 더욱이 차마 말할 수 없는 것이다. (…) 이단을 물리치려면 정학(正學)을 붙들어 세우는 것보다 좋은 방도가 없으니, 이것이 오늘날 사대부들이 마땅히 두려워하며 힘써야 할 바이다.[018]

(가)는 1778년 2월 14일, 정조가 문신(文臣) 제술(製述)에서 수석을 한 이가환(李家煥, 1742~1801)을 접견한 자리에서 한 말이고, (나)는 1797년에 남공철(南公轍, 1760~1840)이 기록한 『일득록(日得錄)』의 한 부분이다. (가)·(나)에는 공히 마테오리치(利瑪竇, Matteo Ricci, 1552~1610)에 대한 정조의 평가가 들어 있는데, (가)에서는 그가 수정한 역법에 대해 "지극히 정묘하다."라고 감탄하면서 어떻게 외국인으로서 그렇게 완벽하게 역법을 이해할 수 있었는지 신기해하는 마음이 드러나 있다. 이 말을 듣고 이가환이 서양의 역법에 대해 보충 설명하고 정조가 천문에 관한 몇 가지 사항을 더 묻고 있는 것으로 보아,[019] 정조는 당시에 비로소 서양의 천문역법에 대해 호기심을 가지고 알아가고 있었던 것으로 보인다. 그 후 정조는 1782년에 천세력(千歲曆)을 간행·반포하면서 그 서문에 고역법(古曆法)과 천세력이 다른 이유가 태양의 움직임에 따른 서양의 역법을 도입한 것임을 설명하고 있으며,[020] 1789년에는 규장각 각신들을 대상으로 '천문'이라는 제목으로 일식·월식 및 천체의 움직임 등 천문에 관련된 각종 지식을 테스트하는 시험을 냈고,[021] 1791년에는 서양의 역법을 토대로 하여 북경을 기준으로 제정된 시헌력(時憲曆)을 다시 한양을 기준으로 개정하기 위해 절기의 때와 해가 뜨고 지는 시각을 측정·보충하도록 하는 등,[022] 중국을 통해 들어온 서학의 우수한 천

문역법을 주체적으로 수용하여 자기화하는 모습을 보이고 있다.

정조에게 마테오리치가 건네준 서양은 처음에는 이처럼 천문역법 등에 관한 우수한 과학기술로 다가왔던 것인데, 어느덧 (나)의 시점에 이르면 정조에게 마테오리치는 "우리 도를 좀 먹는" 한낱 해충에 불과한 존재가 되어버렸다. (가)·(나)가 쓰여진 1778년과 1797년 사이에 어떤 일이 있었기에 정조의 서양에 대한 생각이 이처럼 백팔십도 달라졌을까? 윗글 (나)에서도 드러나 있지만, 정조뿐 아니라 당대의 많은 지식인들에게 서양 혹은 서학에 대한 인식을 한순간 바꾸게 한 사건은 다름 아닌 1791년의 진산(珍山) 사건이었다. 진산 사건이란 전라도 진산(현 충남 금산군 진산면)에서 천주교도인 윤지충(尹持忠, 1759~1791)과 권상연(權尙然, 1750~1791)이 모친상을 당했을 때 신주(神主)를 태워버리고 제사를 폐한 일을 가리킨다. 정조 역시 (나)에서 사학(邪學)의 설을 비판하는 과정에서 차마 말할 수 없는 것이 "제사를 폐지해야 한다."는 설이라고 하면서 이마두가 전한 야소교를 경계하는 마음을 가졌다.

물론 진산 사건 이전에도 1785년의 추조적발(秋曹摘發) 사건과 1787년의 반회(泮會) 사건처럼 이벽(李蘗, 1754~1786)·이승훈(李承薰, 1756~1801)·정약용(丁若鏞, 1762~1836) 등이 참여한 천주교도들의 비밀집회가 적발되거나 알려져 물의를 빚긴 했지만 국가적으로 큰 문제가 된 것은 아니었다. 정조는 이러한 사건 이후 비변사의 의견을 받아들여 북경 사행단의 일원들이 천주교 등 이단 잡서를 몰래 구입해 들여오는 것을 적발하여 엄단한다는 조치를 취하지만,[023] 오히려 이 사건의 탄핵 대상이었던 정약용이 1789년 대과에 합격하자 그를 규장각 초계문신으로 발탁했고, 그 이듬해인 1790년에는 이승훈에게 음서제도에 따라 의금부 도사의 벼슬을 내리기도 했다.

당시까지만 해도 보유론적(補儒論的)인 차원에서 천주교 교리 공부와 신앙생활이 이루어졌기 때문이기도 했지만, 이단에 대한 정조의 기본적인 생각이 유학인 "정학(正學)을 밝히면" "사설(邪說)은 자멸한다."[024]는 것이었으므로 배제와 처벌보다는 포용적인 입장에서 천주교도들을 감화시키고자 했던 것이다.

따라서 정조는 천주교 관련 사건들이 조정까지 확대되어 논의되는 것을 원하지 않았고, 국가적인 금령(禁令)을 통해 이 문제를 해결하기보다는 '경학을 등한시하고 소설에 탐닉하는' 당대 지식인들의 기습과 문풍을 쇄신하고 혁신하는 것을 통해 자연스럽게 천주교 등 사설을 물리쳐야 한다는 논리를 펼치고 있었다.[025] 물론 정조의 이런 논법은 익히 알려져 있듯, 천주교에 빠져든 남인계(南人系) 사인(士人)들의 잘못을 소설에 빠져들었던 노론 지식층의 허물에 견주어 당파적 탄핵의 빌미를 사전에 차단함으로써 왕권 중심의 탕평정국을 계속 유지하고자 하는 고도의 정치적 판단에서 비롯된 것일 수 있다.[026]

그런데 정조의 이러한 판단과 정치행위가 어떻게 해석되든 본 논문의 주제와 관련하여 이 대목에서 유의할 점은 천주교에 대한 강제적 금지나 탄압보다 정학(正學)의 선양을 통한 교화의 방법으로 천주교 문제를 해결하고자 했던 정조의 생각이 한낱 미물인 해충의 목숨까지 살리고자 했던 「습충투수윤음」에 보이는 생명존중의 태도와 맞닿아 있다는 것이다. 또한 이는 옥사(獄死)와 환국(換局)으로 상대편 당을 죽음으로 몰아넣었던 당쟁의 정치를 지양하고, 의견이 다른 상대방과 공존하는 탕평의 정치를 실현하고자 했던 정조의 오랜 바람과도 상통하는 것이었다.

그런 까닭에 윗글 (가)·(나)에서 볼 수 있듯, 진산 사건을 계기로 '마테오리치'로 대변되는 서학에 대한 정조의 태도가 비록 존경 섞인 긍정에서 경계 섞인 비난으로 바뀌고 있긴 하지만, 천주교를 극복하는 해법으로 정조는 여전히 유학인 "정학(正學)을 붙들어 세우는 것보다" 더 좋은 방도가 없음을 일관되게 주장하고 있다. 실제로 정조는 조상에 대한 제사를 거부한 진산 사건을 접하고 나서 천주교가 유교적 강상(綱常)을 위협하는 위험한 사상임을 깨닫게 되지만, 문제를 일으킨 당사자들인 윤지충과 권상연에 대한 처벌을 넘어 더 큰 옥사로 번지는 것을 원하지 않았다. 그런 까닭에 정조는 진산 사건을 통해 드러난 또 다른 천주교 신자인 양반 출신 권일신(權日身, 1751~1791)과 중인 출신 최필공(崔必恭, 1766~1801)을 사학(邪學)의 괴수로 지목하면서도 스스로 회개하여 돌아오길 바랐고,[027] 이 밖에도 다수의 중인(中人) 출신 천주교 신자들이 교화를 통해 스스로 깨우쳐 감화되도록 했다.[028]

진산 사건에 대한 정조의 최종 판결문만 보면 두 죄인을 사형에 처하고 서학서를 불태우라고 하는 등[029] 서학을 전면적으로 부정하는 듯한 모습을 보이지만, 이는 사헌부·사간원 등 여러 대신들과 사건을 관할했던 전라도 관찰사 및 형조의 관리들, 그리고 유생들의 상소문이 올라오는 상황에서 극형에 처해야 한다는 의견이 조정의 공론으로 제기되자 국정을 담당하는 왕으로서 고심 끝에 일벌백계의 단안을 내린 것이었다.[030] 하지만 이러한 결론에 이르는 논의 과정에서 정조가 일관되게 주장했던 것은 해당 관청이나 관리로 하여금 윤지충과 권상연처럼 "드러난 자들을 법대로 처벌"하되, 이단사학(異端邪學)에 빠진 자들을 "낱낱이 조사하여 사람마다 따져" 처형해서는 안 된다는 것이었다. 이단을 막기 위해 불가피하게 극단적인 처벌이 필요하다면 "살리는 도리로 사람을 죽여" 한 사람의 처벌로

백 사람이 경계하는 효과를 봄으로써 아직 죄상이 "드러나지 않은 자"들이 잘못을 고쳐 "스스로 갱신하는 길을 열어주어야 한다."는 것이 정조의 기본적인 생각이었다.[031]

따라서 진산 사건 이후에도 1795년의 주문모(周文謨) 신부 실포(失捕) 사건, 1797년의 강이천(姜彛天) 유언비어 사건 등 대규모 박해로 이어질 수도 있는 천주교 관련 사건이 일어났지만, 정조는 오히려 천주교 반대론자들에게 은폐와 축소 의혹을 받으면서도 사안을 더 이상 확대시키지 않음으로써 정조 사후 일어나는 1801년(순조 1)의 신유박해와 같은 천주교도에 대한 대규모 학살을 막을 수 있었다.[032] 그런 까닭에 정조 대 천주교 박해 사건을 정리·보고한 구베아(湯士選, A. de Guvea, 1751~1808) 주교의 서신에서도 정조는 "천성이 평화를 사랑하고, 또 그리스도교에 대해 그렇게 적의가 없"[033]는 임금이라는 평가를 받을 수 있었던 것이다.

맺음말

지금까지 겨울철 우레 등의 기상이변을 계기로 자신의 정치를 반성하고, 나뭇잎을 갉아먹는 해충들의 생명까지 함부로 죽이려 하지 않았던 정조의 자연만물에 대한 태도를 살펴보았다. 아울러 천주교 등 이단사설을 주장하는 이들에 대해서도 억압과 금지, 처형보다는 상대방을 설득·감화시켜 스스로 깨우쳐 정도(正道)로 돌아오게 하고자 했던 정조의 이단에 대한 태도도 검토할 수 있었다.

이 과정에서 필자는 유가-성리학에 정통한 국왕 정조가 해충을 다루고 이단을 교화시키는 구체적 사안에 대한 해법을 찾고자 할 때, 관련 사안을 다루고 있는 기존의 주자학 및 유학의 언술들을 사려 깊게 검토했음을 자료를 통해 확인할 수 있었다. 그리고 과거의 경험을 기억 속에 폭넓게 공유하면서도 그가 어떤 문제에 부딪혔을 때 선인들의 해법을 그대로 답습하기보다는, 문제가 발생한 자기 시대의 현실을 고려하고 자신만의 깊은 고민을 담아 실사구시적으로 문제를 해결하고자 했음을 알 수 있었다.

필자는 또한 인간을 괴롭히는 해충과 조선 사회의 근간을 무너뜨릴 수 있는 천주교도까지도 분소(焚燒)나 처형 등의 폭력적인 방식이 아니라 그들의 생명을 최대한 보호하고 공생하는 방식의 해법을 택했던 정조의 모습을 확인하면서, 적대적인 타자까지 포용하는 그의 생명존중과 공존에의 열망을 느낄 수 있었다. 이 팽팽한 긴장감 속에서 정조는 의견이 서로 다른 상대 정파를 인정하는 준론 탕평의 정치를 펼쳤고, 서학과 천주교라는 이질적인 문명을 끌어안으며 인간과 만물을 포괄하고, 동아시아와 서양의 지식을 융합하는 드넓은 지평의 새로운 학문과 정치를 펼쳐 나가고자 했다.

하지만 이 과제는 한 사람이 이루기에는 너무도 크고 벅찬 것이어서, 오십이 채 못 되어 서거한 정조는 그중 일부만을 당대에 실현했고, 여전히 많은 부분은 동서양 문명의 대회전을 지나 우리 시대의 과제로 이월되어 있다. 우리 앞에 놓인 여러 문제 — 환경·분단·계층갈등·문명충돌 — 를 해결하기 위해, 우리는 과거와 현재의 경험을 빠짐없이 살펴보려 했던 그의 '끝없는 학구열'과 그럼에도 문제가 발생한 현재의 시점에서 올바른 해법을 찾으려 했던 그의 '실사구시 정신', 그리고 모든 갈등과 적대를 끌어안으려 했던 '타자와의 공존'의 정신을 계승해야 할 것이다.

박경남

현재 고려대학교 민족문화연구원 조교수로 재직 중이다. 조선 후기 한문학을 전공했고 최근의 관심 주제는 보다 폭넓은 시각에서 정조를 재인식하는 것이다. 논문으로 「18세기 서울 편중 人事와 정조의 지역 인재 선발 – 정조 대 人事 관련 傳敎文을 중심으로」와 「淸과 朝鮮의 御製集 편찬과 聖祖·正祖의 『大學』 논의」 등이 있다.

3장

천문학사의 관점에서 정조 시대 다시 보기

정조 시대는 조선 전기 세종시대의 문화적 부흥기라 불릴 정도로, 과학사 분야에서도 많은 성취를 이룬 시기라는 점은 분명한 사실이다. 당대인들은 국왕 정조를 중심으로 자신들이 이룩한 여러 과학적 성취에 자부심을 지니고 있었다. 서호수(徐浩修, 1736~1799)가 중심이 되어 편찬한 『국조역상고(國朝曆象考)』(정조 20, 1796)는 당대에 이루어진 다양한 천문학적 활동들이 상찬되어 마땅한 문화적 성취라 전하고 있다. 시헌력 운용 체제의 안정화, 새로운 천문기구의 제작과 활용, 팔도 관찰영 소재지의 경위도 산정, 현지·현재 기준의 시각표준 제정과 시각 제도의 운영 등이 당대인들이 생각한 성취들이다. 정조 당시에 이룩한 이러한 성취가 사실이었음은 현대의 과학사 연구에 의해서도 분명하게 확인되고 있다.[001]

그럼에도 불구하고 정조 시대의 과학, 좁게는 천문학에 관한 현대적인 연구에는 몇 가지 맹점(盲點)이 있음을 지적할 필요가 있다. 첫째, 최근의 연구는 역산(曆算), 천문학 운영 제도, 천문기구, 계산 및 관측 데이터 등 정통적(orthodox)이고 합리적(rational)인 지식과 활동에서 확인되는 정밀성 혹은 정확성 같은 과학적 성취에만 초점을 맞추고, 추길피흉(諏吉避凶)하여 일시(日時)를 얻는 선택(選擇)과 같은 비정통적이지만 천문학과 불가분의 관계에 있는 지식과 활동에서 나타난 당시의 변화는 주목하지 않거나 오히려 부정적으로 평가하고 있다. 둘째는, 전통시대 천문학이 국정의 일부로 수행된 '국가천문학'이라는 사실을 중시하여 이 부분의 연구에 집중하는 반면, 관료사회 바깥 사대부 지식인사회에서 형성된 '천문학의 경학적 교양지식화'라고 부를 만한 독특한 현상이 정조 시대에 일어났다는 사실을 도외시하거나 주목하지 못하고 있다. 셋째, 정조 당시에 이루어진 성취에만 연구가 편중되면서, 정조 시대의 역사가 이전과 이후의 흐름에서 격리되는 문제가 발생하고 있다. 정조 시대의 천문학은 이전의 역사를 기반으로 형성되었고, 나아가 19세기 중반까지 지속된 흐름의 기반이 되었음에도, 최근의 연구는 이러한 장기적인 흐름을 주시하지 못하고 있다.

선행 연구에 기초를 두면서도 연구 시각의 재조정을 통해 정조 시대의 천문학을 새롭게 이해하고 평가하는 작업이 필요하다고 생각한다. 과학이라는 창을 통해 역사를 이해하려는 과학사의 관점에서, 천문학이라는 창을 통해 정조 시대에 이르기까지, 정조 당시에, 그리고 그 후까지 이어진 한국 과학사의 한 흐름을 확인해보자.

시헌력 도입의 역사

정조 시대 천문학의 실상을 이해하고 이를 평가하기 위해서는 전통시대 천문학을 구성하는 지식과 활동의 범위, 구조, 특징에 대해 먼저 이해할 필요가 있다. 전통시대 천문학은 크게 역법(曆法)과 천문(天文)이라는 두 부문의 지식과 활동으로 구성되었다. 전통시대의 천문학은 이른바 '국가천문학'이었다. 때문에 역법과 천문의 두 분야 모두 제왕(혹은 국가)의 허가를 얻은 사람들만 수행할 수 있었고, 관련된 모든 지식과 활동은 국가 운영에 기여해야 했다.

먼저 역법은 연월일시(年月日時)라는 시간규범을 만들고 이것을 백성에게 반포하기 위해 필요한 지식과 활동이다. 시간규범의 수립과 반포는 '하늘을 관찰하여 백성에게 시간을 내려준다'는 동아시아 특유의 '관상수시(觀象授時)'라는 제왕의 이념을 실천하는 일이었다. 시간규범은 태양, 달,

그리고 별자리의 위치를 관측하고 계산하여 얻어지는 것이므로, 역법은 '천체 운동을 계산하는 방법'과 동의어라고 할 수 있다. 시간규범은 그것을 수립되고 반포되는 과정상의 특성과 제약 때문에 현실에서는 연월일(年月日)과 시(時)로 분리되어 수립되고 반포된다. 연월일은 미리 계산되어 1년분의 역서(曆書)에 담겨 반포되는 반면, 하루 중의 시간은 천체의 위치를 시각표준으로 삼아 실시간으로 측정하여 보시(報時) 제도를 통해 반포된다.

한편 천문(天文)은 천상의 변이(變異)를 관찰하고 그 점성술적 의미를 파악하여 천변(天變)이 드러내주는 하늘의 뜻을 이해하는 데 필요한 지식과 활동이다. 전통시대의 관념에서 하늘의 뜻은 제왕만이 알아야 하는 것이기 때문에 천문 또한 어용(御用)의 학문이었음은 두말할 필요가 없다. '관상수시'의 관상(觀象)에는 천변을 관찰하는 것도 포함되었다. 천문의 대상은 천상의 모든 변이이기 때문에, 하늘에서 움직이는 태양, 달, 그리고 오행성이 모두 관찰대상이다.[002] 나아가 혜성, 유성, 객성(초신성), 햇무리, 달무리, 태양의 흑점 등도 마찬가지다. 태양, 달, 오행성은 하늘에서 위치가 변하기 때문에 이들 천체가 위치하는 별자리와 천체의 관계, 혹은 천체들 상호 간의 위치관계는 점성술적 의미를 지니게 된다. 연월일시라는 시간규범의 수립 목적에 한정한다면, 역법에는 태양, 달, 그리고 별자리의 위치를 계산하는 방법만 있으면 충분하다. 하지만 천문의 영역에서 필요한 계산이 요구되기 때문에, 역산서(曆算書)는 일월식(태양과 달의 상호 위치관계)과 오행성의 위치(행성과 별자리의 위치관계, 행성과 행성의 상호 위치관계)를 계산하는 방법도 포함하고 있다.[003]

'관상수시'는 하늘로부터 명을 받은 천자(天子)에게만 허락된 정치였다. 조선은 천자의 나라인 중국과 맺은 조공책봉관계의 제약 때문에 공공연하게 중국의 그것과 다른 독자적 역법을 운용할 수가 없었다. 하지만 조선은 한중관계의 형식적 제약에도 불구하고, 독자적인 시간규범을 수립하고 반포하는 유교군주국을 지향했으며, 중국 또한 조선의 특수한 입장을 인정하고 이를 묵인했다. 한중관계의 제약과 관상수시의 실천을 절충하는 방법으로 조선이 택한 것은, 중국에서 채용한 역법을 수입하여 이것을 국내에서 운용하는 일이었다. 중국의 역법을 따름으로써 한중관계의 형식에 충실하면서도, 자국의 시간규범을 스스로 수립함으로써 유교적 제왕의 정치 이념을 실현하는 것이다.

조선 시대의 천문학사가 전기에는 명에서 채용한 대통력(大統曆)을, 조선 후기에는 청에서 채용한 시헌력(時憲曆)을 수입·학습·운용한 역사가 된 것은 이 때문이었다. 특히 조선 후기 청에서 채용한 시헌력은 예수회 선교사들이 전해준 유럽의 천문학을 기초로 한 역법이었다. 때문에 조선에서 이를 수입·학습·운용하는 과정은 대통력 같은 전통역법의 경우보다 훨씬 복잡한 양상으로 전개되었다.

조선 후기 시헌력 중심의 천문학사는 『국조역상고』의 첫 번째 편목인 역상연혁(曆象沿革)에 간명하게 정리되어 있다.[004] 또한 현대의 연구를 통해 주요 인물들의 역할, 관련 서적의 구성과 내용, 시헌력 지식의 수입과 이해의 과정 등에 대해 많은 사실이 밝혀졌다.[005] 인조(仁祖) 때부터 한흥일(韓興一, 1587~1651) 등에 의해 시헌력을 도입하려는 노력이 시작되었으며, 이어서 김육(金堉, 1580~1658)의 주도와 천문관원 김상범(金尙範)의 활약에 의해 효종 4년(1653)에 시헌력을 조선에서 처음으로 적용했다. 다만 당시에는 연월일의 날짜를 계산하여 역서를 발행할 수 있었을 뿐, 일월식과 오행성의 위치 계산에는 시헌력 방식을 적용할 수 없었다. 뿐만 아니라 하루의 시간도 시헌력에서 정한 기준항성에 따라서 측정하고 보시할 수 없었다. 숙종(肅宗) 34년(1708)에 처음으로 오행성의 위치와 일월식 계산에 시헌력을 적용할 수 있었다. 이때에 시헌력의 적용 능력이 크게 향상된 것으로 보이지만, 하루의 시각을 측정하고 보시하는 일에는 여전히 시헌력을 적용하지 못하고 있었다. 영조시대에 들어서면, 청조에서 역산(曆算)에 사용되는 기본 수치와 계산 방법을 수정했기 때문에, 조선의 천문관원들은 이것을 따라 배우는 데 급급하다 보니 시헌력 적용 능력이 쉽게 높아지지 않았다.

시헌력은 시행 당시까지 포함하면 크게 세 차례에 걸쳐 기본 이론이 바뀌었다. 원래 예수회 선교사들이 전해준 서양 천문학 이론을 채용한 새로운 역법을 담은 『숭정역서(崇禎曆書)』(1634)가 명나라에서 만들어졌으나 사용되지 못한 채 명은 멸망했다. 이 책은 청으로 넘어가 『서양신법역서(西洋新法曆書)』라는 이름으로 편찬되었고(1646), 여기에 담긴 역법이 시헌력이라는 이름으로 청나라에서 채용되었다(1645). 숙종 때까지 조선의 천문관원들이 습득하여 시행하려 했던 시헌력이 바로 이것이다. 시헌력이 전통시대의 역법과 다른 점 가운데 가장 눈에 띄는 것은 서양 천문학 이론을 채용하여 천체 운동을 계산한 것이었다. 시헌력에 채용된 형식적인 우주의 모형은 천체들을 싣고 있는 동심구가 지구를 중심으로 겹겹이 싸고 있다는 동심천구론(同心天球論)이었다. 또 천체 운동의 계산은 티코 브라헤(Tycho Brahe, 1546~1601)의 천체 운동 모델과 계산법에 기초를 두었다.[006]

청조에서 시헌력이 시행된 후 약 60여 년이 지나면서 부정확한 점이 발견되었다. 청조는 『서양신법역서』의 내용 가운데 천체 운동의 모델, 기본 수치, 계산법 등을 수정하여 『역상고성(曆象考成)』이라는 책으로 편찬하고,

여기에 담긴 계산법을 1726년부터 적용했다. 이 체계는 천체 운동 모델은 기본적으로 티코 브라헤의 것을 유지했지만, 계산에 사용되는 여러 천문 상수를 수정했다.[007] 『국조역상고』에서 영조 1년(1725)에 처음으로 『역상고성』의 계산법을 적용하여 일월오성의 위치를 계산했다고 기술하고 있는데, 이는 조선에서도 1726년의 역서를 만들 때 『역상고성』에 수록된 계산법을 적용했다는 의미이다.

청조에서 『역상고성』을 적용한 후에도 일월식의 예측에서 상당한 오차가 발생했다. 그래서 태양과 달의 운동에 한정해 『역상고성』의 계산법을 수정하여 1742년부터 채용했는데, 이것이 『역상고성후편(曆象考成後編)』의 계산법이다. 여기에는 케플러(Johannes Kepler, 1571~1630)가 제안한 타원 궤도 운동이론이 적용되었다.[008] 또한 청몽기차(淸蒙氣差)와 태양의 지반경차(地半徑差)의 값을 바꾸었으며,[009] 역원도 1723년이라는 비교적 가까운 연대로 개정했다. 다만 오행성의 운동에 대해서는 수정하지 않았기 때문에, 행성의 위치 계산에는 계속해서 『역상고성』을 적용했다. 『국조역상고』에서 영조 20년(1744)에 『역상고성후편』의 계산법으로 바꾸어 적용했다고 한 것은 이것을 말한다.

이상을 종합해보면, 영조 21년(1745) 이후에는 조선의 천문관원들이 『역상고성』과 『역상고성후편』을 적용하게 되었다는 것을 알 수 있다. 일월식과 오행성의 위치 계산법은 이후 10여 년의 노력 끝에 습득했고, 1760년대에 이르러 시헌력 운용 능력이 거의 완전히 갖추어졌다.

정조 시대의 천문학과 그 성취

정조 시대의 천문학적 성취는 장기간에 걸친 시헌력 도입과 운용의 역사는 물론, 정조 자신의 시헌력에 대한 폭넓은 이해와 천문학 진흥 정책에 기초를 두고 있다.[010] 최근의 한 연구에서는 정조 시대 천문학에서 이루어진 주목할 만한 사업을 ① 표준시간 체제의 정비, ② 전국 팔도의 북극고도(위도) 산정, ③ 관상감 운영과 제도의 정비, ④ 명과학(命課學) 우대 등으로 요약했다.[011] ①과 ②에 관련된 기술들은 『국조역상고』의 주야시각(晝夜時刻), 경루(更漏), 북극고도(北極高度) 등의 항목에서 볼 수 있으며, ③과 ④에 관련된 내용들도 『정조실록』, 『관상감이정절목(觀象監釐正節目)』, 『서운관지(書雲觀志)』 등에서 볼 수 있다.

하지만 위와 같은 요약은 각 사업의 경중을 판단하는 기준이 모호하고, 사업들의 상호관계에 대해서도 말해주는 바가 적어서 불만스럽다. 전통시대 천문학의 특성에 기초해 볼 때, 정조 시대 천문학은 조금 달리 정리할 필요가 있다. 우선, 정조 시대에는 국가천문학이 거의 완전해졌는데, 이는 '국정을 위한 시헌력 지식의 완전한 습득과 적용'을 의미한다. 이 관점에서는 정조 시대 천문학적 성취 가운데 가장 중요한 것이 『천세력(千歲曆)』과 『칠정보법(七政步法)』, 그리고 『신법중성기(新法中星紀)』와 『신법누주통의(新法漏籌通義)』의 편찬이라고 할 수 있다. 『천세력』과 『칠정보법』이 시헌력 중심 역산 지식의 완전한 습득과 적용을 의미한다면, 『신법중성기』와 『신법누주통의』는 서울 기준의 시각표준을 정립하고 적용한 것을 의미한다. 이들 책은 정조 시대에 연월일시라는 시간규범을 시헌력의 방식으로 완전히 수립하고 반포할 수 있었다는 것을 증명해준다.

정조 6년(1782)에 편찬된 『천세력』은 정조 1년부터 100년간의 역산 결과를 수록한 미래역서이다. 이는 시헌력의 적용 능력에 대한 완전한 신뢰에 기초하지 않고서는 나올 수 없는 것이었다. 정조의 친찬제문(親撰題文)에서 보는 것처럼, 정조가 시헌력과 그것을 운용하는 천문관원들의 실력을 깊이 신뢰한 결과물이 『천세력』이었다.[012] 『칠정보법』은 한양을 기준지로 삼아 필요한 모든 역산을 수행할 수 있게 해주는 역산 매뉴얼이다.[013] 이 책은 조선의 천문관원들이 『역상고성』과 『역상고성후편』에 있는 이론적 지식을 기초로 조선에서 필요한 역산을 완벽하게 수행할 수 있게 되었음을 보여준다. 세종 때의 『칠정산내편』은 내용 전체가 역산의 방법과 과정을 적은 역산 매뉴얼이다. 그런데 『서양신법역서』, 『역상고성』, 『역상고성후편』은 전통적인 역산서와 매우 다른 편제를 하고 있다. 이들 책은 천체 운동이 어떤 원리로 이루어지는지를 설명해놓은 역법 이론서에 가까워, 실제로 역산을 수행하기 위해서는 여러 이론으로부터 얻어진 각종의 수표와 계산의 알고리듬을 사용해야 한다. 그런 의미에서 『칠정보법』은 시헌력의 이론서들로부터 얻은 지식을 토대로 실용을 위한 역산법과 역산의 과정만을 서술한 역산 매뉴얼이라고 할 수 있다. 이런 책이 조선에서 편찬되었다는 것은, 이론과 실행의 양면에서 시헌력을 중심으로 한 국가천문학의 운영이 완전한 궤도에 도달했음을 의미한다.

나아가 『신법중성기』과 『신법누주통의』의 편찬은 현재·현지(서울) 기준의 시각표준을 정립하고 그것을 실용의 시간으로 보시하는 완전한 체계가 갖추어졌음을 의미한다. 조선에서 시헌력의 기준항성에 따라 현지의 표준시각을 측정하고 보시할 수 있게 된 것이 언제였는지 현재로서는 정확히 알기 어렵다.[014] 세종 때 수시력(授時曆)에서 정한 기준을 사용하기로 한 이후, 시헌력을 채용한 이후에도 한동안 이것을 그대로 사용했던 것 같다. 하지만 장기간의 세차(歲差)로 인해 기준 별자리가 움직였기 때문에 이 기준으로 정한 시각이 정확하지 않다는 것은 조선 후기에 널리 알려져 있었다. 숙종 때 기준항성을 시헌력의 그것으로 변경하고자 하는 노력이 있었으나, 성공 여부는 확인하기 어렵다. 영조 21년(1745)부터 드디어 시헌력에서 정한 1744년(乾隆甲子)의 항성 위치를 기준 삼아 조선의 시각표준을 규정했다는 것이 확인된다. 그러나 이때의 시각표준도 야간시각을 사용하는 경우에는 완전하게 적용하지 못했던 듯하다. 그리고 정조 22년(1789)에 영조 때부터 적용해온 기준항성의 위치를 그동안의 세차만큼 보정하여 새로운 시각표준으로 삼았는데, 『신법중성기』는 바로 이것을 수록하고 있다. 항성을 기준으로 한 시각표준은 물시계의 측정자로 규정되어 야간시각을 측정하게 되는데, 물시계의 시각규정을 담은 책이 『누주통의』이다. 정조 22년(1789)에 편찬된 『신법누주통의』는 『신법중성기』에서 규정한 시각표준을 물시계의 시각으로 변환하여 서울 기준의 현지 시각을 측정하고 보시하기 위한 매뉴얼이었다.

종합하면, 정조 시대는 시헌력을 중심으로 국가천문학의 운용이 완전해진 시기이다. 당시 조선의 천문관원들은 필요한 모든 종류의 역산을 시헌력 방식으로 수행할 수 있었다. 해마다 연월일을 수록한 1년분의 역서를 만드는 것은 물론, 미래 100년간의 역서도 작성할 수 있었다. 최신의 항성 위치를 기준으로 현재·현지의 시각표준을 수립하고, 그것을 물시계의 시간으로 변환하여 조선 팔도에 보시할 수 있었다. 나아가 일월식과 오행성의 위치를 계산할 수 있는 것은 물론이었다. 정조 19년(1796), 청에서 수행한 역산의 결과가 오류임을 지적하고 조선에서 수행한 결과를 따르기로 한

것은 정조 시대의 시헌력 운용 능력이 최고 수준이었음을 증명해준다.[015]

『국조역상고』에서 자랑으로 거론된 조선 팔도 관찰영 소재지의 북극고도(위도)와 동서편도(경도)의 산정, 그리고 이에 기초한 각 지역별 일출입시각(해가 뜨고 지는 시각)과 주야각(밤과 낮 시간의 길이)의 산정 또한 이런 자신감의 표현이었다. 사실 조선 팔도의 경위도 산정은 국가천문학의 운용에서 핵심적인 문제는 아니다. 한반도는 지역이 좁아서 지역 간 시각 차이가 미세하고, 이를 역서에 표시해주는 것은 실용에도 큰 도움이 되지 않는다. 또한 정조 당시에 얻은 조선 팔도의 경위도는 실측으로 얻은 것이 아니라 지도상의 거리를 기준으로 환산한 것이라서 정밀성이나 정확성 측면에서 천문학적인 의미도 크지 않았다. 팔도의 경위도 산정을 정조 시대 천문학의 핵심적인 성취로 거론하는 것은 마땅치 않다고 보는 이유가 이것이다. 그러나 팔도의 경위도와 일출입시각 및 주야각 산정은 조선의 천문관원들이 시헌력의 운용 능력을 완벽하게 갖추었음을 보여주는 증거가 되기에 모자람이 없다.

정조 시대에 제작된 천문의기 또한 주목할 만한 천문학적 성취라 말하긴 어렵지만, 국가천문학의 높은 운용 수준을 보여주는 증거로는 충분하다. 정조 13년(1789)에 천체 위치 관측을 위해 적도경위의(赤道經緯儀)가 제작되었으며 해시계인 신법지평일구(新法地平日晷)도 제작되었다. 적도경위의는 서양에서 전래한 구조와 원리에 따라 제작되었으며, 신법지평일구도 서양에서 전래한 구면삼각법의 투영이론을 적용한 해시계였다. 이처럼 서양 천문학 원리를 채용한 천문의기가 제작·사용된 것도 정조 시대였다.

선택의 수요 확대와 관련 지식의 정비

선택(選擇)이란 어떤 일을 수행함에 있어서 '길을 꾀하고 흉을 피하는' 시간과 방향을 얻는 것이다.[016] 선택의 핵심 요소인 연월일시라는 시간 단위는 천문학적 계산을 통해 얻기 때문에, 전통시대의 천문학적 지식과 활동은 필수적으로 선택에 연결된다. 또한 선택은 그 자체로 독립된 지식과 활동이 아니라, 각종의 행위에 실용하기 위한 것이기 때문에 국가 의례의 수행을 위해서는 필수불가결하다. 이런 이유로 국가천문학을 전담한 관서인 관상감에 선택을 담당하는 전문 부서와 관원을 두었던 것이다.[017]

선택이 전통시대 천문학사의 전개는 물론 국가 의례의 실천에서 매우 중요한 의미를 지니고 있음에도, 지금까지 학계는 이에 대해 별다른 관심을 두지 않았다. 정조 시대에 선택과 관련한 제도의 개혁, 지식의 정비, 다양한 활동이 광범위하게 이루어졌는데, 그에 대한 연구도 상당히 미진한 상태이다. 더구나 선택은 쉽게 미신으로 치부되어 선택과 관련한 위와 같은 변화들은 천문학의 발전과 상반된 방향이었다고 평가되기까지 한다.[018] 선택에 대한 무관심과 오해는 과학사 연구의 일반적인 관심이 정통적이고 합리적인 과학 분야에 치중되었기 때문에 생겨난 것이다. 천문은 점성술적 특성 때문에 한동안 비정통적이고 비합리적인 지식으로 평가되어왔으나, 현재에는 전통시대 천문학을 구성하는 필수 요소로 인정되고 있다. 마찬가지로 사주추명(四柱推命), 육임(六任), 역점(易占) 등 각종 점술(占術, divination)을 포괄하여 지칭하는 '술수(術數)'라는 지식 분야도, 현대과학적 관점에서는 비정통적이고 비합리적인 지식으로 치부되어 한동안 관심을 받지 못했다. 그러나 이들 술수 지식이 전통시대 문화 속에서 수행한 역할은 지대하며, 당대인들의 심리와 사고방식을 이해하는 데 필수적인 지식이라는 것이 최근의 국외 학계에서 널리 인정되고 있다. 선택 또한 국가천문학은 물론 국가 의례와 떼려야 뗄 수 없을 정도로 밀접하게 연관되어 있는 지식이자 활동이다. 때문에 정조 시대를 보다 정확하게 이해하기 위해서는 선택을 중심으로 나타난 당시의 변화가 어떤 것이었는지 반드시 살펴봐야 한다.

국가의 모든 의례는 선택을 통해 얻은 길일과 길시에 행해져야 하기 때문에, 역법의 채용과 이 역법에 잘 조응하는 선택법의 채용은 대체로 병행한다. 청조에서 시헌력을 채용한 후 한동안은 명대의 선택서들이 그대로 이용되었을 것으로 추정된다. 강희역옥(康熙曆獄, 1666~1670)[019]을 계기로 청조에서는 시헌력에 조응하는 선택법을 새로 수립하려는 움직임이 시작된 것으로 생각된다. 명대의 선택서를 기초로 시헌력에 조응시킨 새로운 선택서가 1683년(강희 22)에 편찬된 『선택통서(選擇通書)』이다.[020] 뒤이어 청조에서는 전통적인 선택서에 대한 조사와 교정이 있었는데, 그 첫 번째 결실이 1713년(강희 52)에 편찬된 『성력고원(星曆考原)』이었다. 그러나 여전히 다양한 선택서 사이에 모순되는 점이 많아서 청조에서는 지속적으로 선택법의 통일과 이론적 체계화를 모색했다. 그 결과 1741년(건륭 6)에 『협기변방서(協紀辨方書)』가 편찬되었다. 이것은 시헌력에 조응하는 선택 이론의 완성판이었다. 이후 모든 종류의 의례에 사용되는 선택법은 이 책에 수록된 것으로 통일되었다.

시헌력 채용 이후 조선에서도 선택법과 관련하여 청조에서와 비슷한 흐름이 전개되었다. 조선에서는 시헌력 채용 이전부터 대통력에 조응하는 선택서로 『천기대요(天機大要)』가 널리 사용된 것으로 추정된다. 시헌력을 채용한 뒤 당연히 조선에서도 선택법의 정비가 요구되었는데, 이 때문에 『천기대요』에 약간의 수정을 가한 『증보천기대요』가 영조 13년(1737)과 영조 39년(1763)에 간행되었다. 『협기변방서』에 이르기까지 청조에서 이루어진 선택법의 통일과 이론적 체계화의 흐름 또한 조선에 영향을 미쳤다. 정조 15년(1791)에 명과학의 담당 관원 수를 늘리고 대우를 파격적으로 개선하는 조치가 시행되었는데, 이는 청에서 성립한 『협기변방서』, 즉 '신법방서(新法方書)'의 교육과 전수를 효율화하기 위한 것이었다.[021] 이어서 정조 19년(1795)에 드디어 『협기변방서』를 중심으로 다른 선택서에서 추출한 내용들을 재편집하고, 서울 기준의 시각을 적용하는 선택법을 수록한 『협길통의(協吉通義)』(총 10책 22권)가 편찬되었다. 시헌력에 조응하는 통일되고 체계화된 선택법이 국가의 모든 의례에 적용될 수 있게 된 것이다. 책의 서문에 따르면, "향사(享祀), 연하(宴賀), 조회(朝會), 봉책(封冊), 고융(誥戎), 행행(幸行) 등 국가 대사와 관혼(冠婚), 이사(移徙), 입학(入學), 교우(交友) 등 백성의 대사에 관한 것"을 망라했다.

『협길통의』로 상징되는 시헌력에 조응하는 선택법의 정립은, 시헌력 채용 이후 조선에서 지속적으로 선택의 수요가 증가했으며 아울러 국가 의례에서 선택의 역할과 의미가 중요해진 결과로 해석된다. 우선 조선 후기에 『천기대요』의 간행을 거듭한 것은 선택의 수요 증가와 관련이 있는 것으로 해석된다. 『천기대요』는 인조 14년(1636), 효종 4년(1653), 영조 13년(1737), 영조 39년(1763)에 관상감에서 간행한 기록이 있다.[022] 선택의 수요 증가는 정조 시대에도 계속되었던 듯하다. 이는 정조 15년(1791)에 이루어진 관상감 명과학의 직제 개편과 확대, 그리고 『협길통의』의 편찬으로 확인된다. 정조 15년에 명과학의 담당 관원 수를 대폭 늘리고 대우를 파격적으로 개선하는 조치가 시행되었는데, 선택의 전문 인력이 각종 국가 의례에서의 수요에 비해 크게 부족하다는 것이 핵심 이유였다.[023] 나아가 국가적으로 중요한 의례에 선택을 시행할 경우 서운관의 담당 관원이 아닌 방외지사(方外之士)를 초치하는 규정을 두었는데,[024] 이것은 선택 지식이 이미 민간에서도 널리 이용되고 있었으며, 민간에서도 전문가가 성장하고 있었다는 증거가 된다.[025]

정조 13년(1789)에 이루어진 시각표준의 개정이 사실상 선택에서의 요구로부터 시작되었다는 것도 주목할 필요가 있다. 그해 10월에 사도세자의 묘를 수원으로 이장하는 일이 계획되어 있었다. 이때 하관(下棺) 의례의 길일과 길시가 날짜의 경계인 자정과 멀지 않았기 때문에 만일 시각 측정에서 오차가 있다면 길흉이 바뀌어버리는 심각한 문제가 발생할 가능성이 있었다. 이에 현지 시각을 확정하고자 신법지평일구와 적도경위의를 제작하고, 계산과 확인관측을 통해 『신법중성기』와 『신법누주통의』가 제작되었다.[026] 선택으로부터 얻은 의례의 일시에 천문학적 근거를 마련하려는 요구가 표준시각의 개정을 이끌었던 것이다.

선택은 이처럼 정조 시대 천문학의 성취를 견인할 만큼 중요한 분야였다. 그렇다면 정조 당시에 선택의 수요가 폭증하고 그 역할이 중요했던 이유는 어디에 있을까. 한 가지 주목해야 할 사실은, 선택의 수요와 역할 증대는 국가 의례의 정비 및 체계화와 병진한다는 것이다. 정조 시대에 의례의 확대 및 체계화, 각종 의례서의 편찬 등이 이루어졌다는 것은 잘 알려진 사실이다.[027] 선택이 의례의 실천에 필수적 전제로 요구되는 것인 한, 정조 당시 의례 부문에서 이루어진 변화는 선택의 변화와 밀접하게 연관된다는 점을 간과할 수 없다. 정조 당시 의례의 정비와 의례서의 편찬이 어떤 정치

이념이나 문화적 배경 아래서 이루어진 것인지에 대한 보다 깊이 있는 연구는 그 분야의 전문가에게 맡기기로 하자. 다만 여기서는 시헌력 중심의 국가천문학 완성으로 상징되는 정조 시대 천문학적 성취가 선택이라는 고리를 통해 국가의례의 정치함과 긴밀하게 연결되어 있다는 사실만을 지적하고 싶다.

서양 과학의 경학적 교양지식화

최근까지 조선 후기 천문학사 연구는 국가천문학, 즉 정부 주도로 제도권 내에서 이루어진 활동을 중심으로 이루어졌다. 그리하여 정조 시대에 제도권 밖, 특히 서울 지역의 사대부를 중심으로 이루어진 서양 과학, 특히 천문학과 수학의 광범위한 유통과 확산에 대해서는 그다지 주목하지 않았다. 필자는 정조 시대에 서울의 사대부사회에서 서양 과학이 경학을 위한 교양지식화되었다고 본다. 이 현상은 당시 서양 과학의 성격이 전통적인 과학과 달랐으며, 경학을 위한 학문으로서의 가치도 달라졌기 때문에 일어났다. 나아가 이 현상은 19세기까지 지속되어 천문학과 수학을 중심으로 한 유학자들의 정밀한 연구를 견인했다.

천문학은 오래 전부터 경학에 도움이 되는 지식으로 인정을 받아왔다. 왕응린(王應麟, 1223~1296)의 『육경천문편(六經天文編)』이 보여주는 바와 같이, 경서의 내용 가운데 몇몇 주제들을 이해하기 위해서는 천문학적 지식이 필요하며, 이런 지식들은 경학자들의 교양지식으로 인정받았다.[028] 그러나 서양 과학이 경학과 결합하기 이전 시대에는, 경학에 필요한 천문학

지식은 대체로 수준이 초보적이고 범위 또한 제한적이었다. 천문학적 지식은 경전을 새롭게 이해하도록 하는 중심 지식이 아니라 핵심 구절의 뜻을 해설하는 보조 지식 정도의 의미를 지녔던 것이다.

매문정(梅文鼎, 1633~1721)을 중심으로 한 청대의 경학자들이 서양에서 전래한 천문학과 수학을 '경학적 틀 속에 공존시키는' 데 성공하고 학계의 공인을 얻으면서, 이런 지식은 경학을 위한 필수지식으로 자리 잡았다.[029] 매문정의 천문학과 수학 연구는 그의 손자인 매각성(梅瑴成, 1681~1764)이 중심이 되어 편찬한 『역상고성』과 『수리정온(數理精蘊)』에 채용되면서 서양 천문학과 수학을 전통과학 및 경학에 융합시킨 새로운 지식의 전범으로 인정되었다. 나아가 서양 과학을 통한 경전의 새로운 이해가 가능해지면서, 특히 건륭(乾隆, 1736~1795)·가경(嘉慶, 1796~1820) 연간에 청대 고증학의 여러 경향 가운데서도 전문과학적 논의에 기초한 고증학이 전개된 것은 잘 알려져 있다.[030]

강희 연간에 이루어진 지적 패러다임의 전환과 건가(乾嘉) 연간에 이루어진 고증학의 성과는 『역상고성』과 『수리정온』을 시작으로 매문정의 『역산전서(曆算全書)』와 완원(阮元, 1764~1849)의 『주인전(疇人傳)』(1799)에 이르는 각종 서적을 통해 지속적으로 조선에 전해졌다. 영조시대에 이루어진 빈번한 연행사행을 통한 서적 수입과[031] 청조 지식인들과의 인적 접촉을 통해 조선의 지식인들은 천문학과 수학이 경학을 위한 필수지식이라는 인식을 청조 지식인들과 공유하게 되었다. 그리고 영조 말부터 서울의 지식인사회를 중심으로 앞서 언급한 과학서들이 활발하게 유통되었다.[032] 『서양신법역서』와 『역상고성』에는 『칠정산내편』 같은 전통적인 역산서에서는 대응 부분을 찾을 수 없는 이론적 논의, 즉 '역리(曆理)'가 서술되어 있다는 점이 지식인들의 관심을 끌었다. 여기에는 동심천구론에 관한 우주론적 논의, 지구설에 관한 논의, 천체 운동의 기하학적 원리에 관한 논의, 역원(기산점)에 관한 논의, 황적도와 경위도에 대한 논의, 세차(歲差)의 원리에 관한 논의 등이 포함되었으며, 일월의 운동, 교식, 오행성 운동을 다루는 각각의 부분에도 모두 이론적 논의에 해당하는 역리가 있었다. 이러한 내용들은 이론적 논의를 좋아하는 동아시아 지식인들의 관심을 이끌어냈고, 이런 지식을 동원하여 새로운 차원의 경학적 논의가 가능해졌다.[033] 그 가운데 대표적인 것이 서양 과학이 중국 고대에 이루어진 과학적 성취에 뿌리를 두고 있다고 주장하는 서학중원설(西學中源說)일 것이다.[034]

영조시대 말부터 서울을 중심으로 천문학과 수학을 거의 전문가 수준으로 학습하고 논의하는 지식인들이 다수 목격되는 것은 바로 이런 흐름을 배경으로 한다. 황윤석(黃胤錫, 1729~1791)의 『이재난고(頤齋亂藁)』에 따르면, 대표적으로 서명응(徐命膺, 1716~1787)과 서호수 부자, 이가환(李家煥, 1742~1801), 홍대용(洪大容, 1731~1783), 이벽(李蘗, 1754~1786), 정철조(鄭喆祚, 1730~1781)와 정후조(鄭厚祚) 형제 등이 그들이다.[035] 정조 또한 각종 천문학서에 대한 친찬제문을 통해 시헌력에 대한 신뢰를 표했으며, 앞서 언급했듯이 신하들에게 천문학에 대한 자신의 지론을 제시하고 천문학 진흥책을 세울 것을 지시했다. 정조 사후인 1810년(순조 10) 무렵 작성된 홍석주(洪奭周, 1774~1842)의 독서록은 천문학과 수학이 정조 시대 유가 지식인들의 필수 지식이었음을 재확인해준다. 홍석주는 자격 있는 유학자가 되기 위해서는 『수리정온』 53권, 『신법산서(新法算書)』 100권,[036] 『역상고성』 42권, 『역상고성후편』 10권, 『역산전서』 60권(매문정 작) 등을 읽어야 한다고 강조했다.[037] 이처럼 천문학과 수학은 정조 시대 서울 학계에서 유가 지식인에게 경학을 위한 필수 지식으로 인식되고 있었다.

맺음말 : 19세기로의 지속

19세기는 흔히 세도정치의 시기로, 정치적 퇴행과 함께 문화 전반에서 창조적 기운이 쇠락한 시대로 인식되고 있다. 그러나 학계의 흔한 오해처럼 정조 시대에 이루어진 모든 지적·제도적·문화적 성취가 정조 사후 세도정치의 등장과 함께 종언(終焉)을 고한 것은 결코 아니었다. 천문학에 국한하더라도 정조 시대의 성취는 단절은커녕 19세기 중반까지 지속되었다.[038]

조선 시대의 천문학사는 세 쌍의 천문학자와 그들의 활동으로 대표할 수 있다는 주장이 있다.[039] 세종 시대 역산 연구의 기둥이었던 이순지(李純之, 1406~1465)와 김담(金淡, 1416~1464), 정조 시대 천문학 연구의 대표자 서명응(徐命膺, 1716~1787)과 서호수(徐浩修) 부자(父子), 그리고 19세기 중반의 관료 천문학자인 남병철(南秉哲, 1817~1863)과 남병길(南秉吉, 1820~1869) 형제가 그들이다. 남병철과 남병길을 통해 천문학에서는 정조 시대 이후에 다시 한 번의 큰 성취가 있었다는 것을 짐작할 수 있다.

19세기 초반 홍길주(洪吉周, 1786~1841)의 수학 연구를 통해서는, 한국 과학사의 창조적 기운이 정조 이후로도 지속되고 있었음을 확인할 수 있다.[040] 필자의 소견으로는, 정조 이후 과학사의 지속과 발전은 수학, 의학, 지리·지도학, 풍수학, 그리고 각종 기계기술학 등 다양한 방면에서 확인할 수 있다. 아직 연구가 미진한 상태라서 단정하기는 어렵지만,[041] 천문학에 한정하더라도 남병철과 남병길 형제의 성취는 정조 시대에 형성된 흐름이 1850~60년대까지 장기적으로 이어졌다는 것을 보여준다.[042]

국가천문학의 영역에서 시헌력의 이론적 논의가 지속된 증거는 남병길의 『시헌기요(時憲紀要)』이며, 시헌력 적용법의 매뉴얼화가 더욱 진전된 증거는 그의 『추보첩례』라고 할 수 있다.[043] 그 외 남병길의 『성경(星鏡)』, 『중수중성표(中修中星表)』, 『태양출입표(太陽出入表)』는 천체를 기준으로 한 시각표준의 개정 노력이 지속되었다는 증거이다. 『선택기요(選擇紀要)』는 국정을 위한 선택의 수요 확대와 지식 정비가 지속되었다는 것을 보여주며, 『연길귀감(涓吉龜鑑)』은 민간에서의 선택의 수요가 지속적으로 확대되었고 이에 대응한 선택서가 필요했음을 보여준다. 천문학과 수학의 경학을 위한 교양지식화도 정조 이후로 지속되고 더욱 강화되었다. 이 흐름을 대표하는 것이 남병철인데, 그는 『추보속해(推步續解)』에서 청의 고증학자 강영(江永, 1681~1762)이 모범을 보인 수학과 천문학에 기초한 고증학적 탐구를 보여주었다.[044] 동생인 남병길의 『춘추일식고(春秋日食考)』 또한 경학의 필수지식이 된 천문학이 어떻게 경학의 문제 해명에 기여하는지를 잘 보여준다. 시헌력에 관한 지식은 『춘추(春秋)』에 기록된 일식 기록을 검증하고 그 신뢰성을 판별하는 데 사용되었다.

조선 후기의 천문학은 자유로운 개인의 지적 호기심을 충족시키는 학문이 아니라 국가의 인가를 얻은 제한된 관료들이 국정의 운영을 위해 수행하는 학문이었고, 자연 자체의 탐구를 위한 학문이 아니라 성인됨을 목적으로 하는 최고의 학문인 경학에 복무하는 보조적인 학문이었다.[045] 그러나 비록 전통시대의 천문학이 지적·제도적 관점에서 전근대적이었던 것은 사실이나, 조선 후기에는 그 한계 안에서 가능한 최대치의 성취를 이루었다. 그리고 정조 시대는 이러한 성취를 가능하게 한 지적·제도적 기반이 형성된 시기였다. 이제 정조 시대의 과학사를 사실에 기초하여 새롭게 복원하고 그 가치를 재평가할 필요가 있다.

전용훈

한국학중앙연구원 인문학부 조교수로 재직하고 있다. 한국 과학사를 전공했고, 최근의 관심 주제는 한국의 역서, 한국인의 시간관념 등이다. 대표 논저로 「한국 천문학사의 한국적 특질에 관한 시론」, 「고려시대의 역법과 역서」, 「서양 점성술 문헌의 조선 전래」, 「홍길주의 수학 연구와 그 연원」 등이 있다.

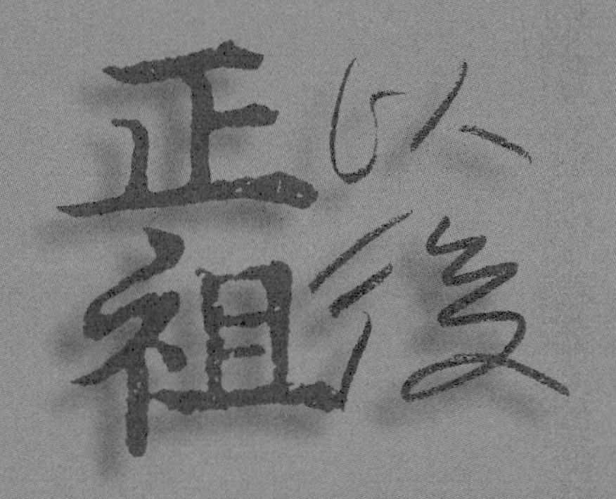

2부

정조와 세도정치

4장

19세기의 부세 운영과 '향중공론'의 대두

머리말

조선왕조의 '공' 이념은 서구는 물론 비슷한 시기 중국·일본의 그것과도 여러모로 이질적이지만, 그중에서도 성리학적 이념에 충실한, 보다 원리주의적 성격이 두드러지는 점은 하나의 특징으로 지적할 만하다. 시기에 따라 다양한 내포와 외연을 드러내고 있는 '공(公)'은 16세기 재지사족층을 중심으로 주로 심성론적 측면에서 제기되었으며, 17세기를 거쳐 18세기에 접어들면 민본주의 이념에 입각한 제도개혁과 정책이념의 근거로 하나의 전형을 이루게 된다.[001] 18세기 후반을 거쳐 19세기에 접어들면 '공'은 담론의 주체와 내용 면에서 앞 시기와 구분되는 또 다른 흐름이 뚜렷하게 포착되는데, 바로 '향중공론(鄕中公論)', '향중공의(鄕中公議)' 등으로 불리는 새로운 움직임이 그것이다. 앞 시기 '공'과 층위를 달리하는 '향중공론'은 복잡하게 얽혀 있는 사족·농민 등 제구성원의 주장이 향촌사회를 무대로 새롭게 대표성을 얻고 있음을 보여주며, 여기에는 국가의 지역지배와 부세 운영 방식 변화가 중요한 배경으로 작용했다.

지금까지 방대한 성과가 축적된 사회사 연구에서는 향회·민회 등 향촌사회 내부의 다양한 조직이 19세기 민란의 기반이 되었음이 다각도로 밝혀졌다.[002] 이 글에서 다루는 문제와 관련해서는 김선경이 19세기 민이 사회발전의 주체로 등장하여 사족 중심의 공적 영역을 무력화하고 정치적 장으로 새로운 공적 영역을 만들어갔음을 지적한 바 있다.[003] 배항섭도 민란과 농민전쟁의 과정에서 기왕의 사림공론이나 '향중공론'과 구별되는 새로운 공적 영역이 만들어지고 있었다고 보았으며, 함안민란과 고성민란의 '민회소' 사례를 통해 소민들의 공론이 형성되었음을 밝히고 이는 아래로부터의 새로운 정치질서의 형성이라는 점에서 의미가 있다고 했다.[004] 한편 김경숙은 등장(等狀) 분석을 통해 18세기 후반 이후 활성화된 연명정소를 문중공론·유생공론·민인들의 '향중공론'으로 나누어 고찰하고 산송과 부세 문제를 중심으로 전개된 안동 진성 이씨가의 연명정소 활동을 통해 사족 가문의 공론 주도층으로서의 면모를 살펴봤다.[005]

이상의 연구는 민란이나 농민전쟁의 전개 과정에서 '공'이 강한 저항성을 동반하면서 사회적으로 새로운 영역을 확보해가고 있었음을 공통적으로 지적했다. 실제로 이 시기 '향중공론'은 '처음에는 통문으로, 다음에는 향회로, 또 그 다음에는 읍소(邑訴)를 하다가 끝내는 의송(議送)을 하는' 방식으로[006] 집요하게 표출되었다. 민란과 농민전쟁은 그 극단적인 형태였다. 국가와 국왕을 중심으로 전유되었던 '공' 담론이 스스로 한계를 드러내는 가운데 새롭게 대두한 '향중공론'이 자기 영역을 넓혀가는 과정이야말로 왕조 '공'의 담론 전개 과정상 새로운 변곡점이었음에 분명하다. '향중공론'의 내용은 여러 가지가 있었지만, 그중에서도 가장 많은 비중을 점했던 것은 바로 부세 운영과 관련된 문제였다. 하지만 '향중공론'의 대두를 부세 운영과 관련하여 계기적으로 이해하기에는 여전히 많은 논의의 여지가 남아 있다고 생각된다. 국가의 지역 지배를 부세 운영 방식의 변화와 이에 대한 향촌민의 대응이라는 측면에서 살펴보는 것도 이 시기 '향중공론'의 대두가 가지는 의미를 이해하기 위한 실마리로 어느 정도 유효하리라 생각한다.

'공'의 층위와 '향중공론' 형성의 배경

조선왕조의 '공'은 인정과 덕치의 이념적 근거이자 지배의 정당성을 재생산해내는 기제로서 당대의 사회현실 속에서 독자적인 정치문화를 만들어내고 있었다. 하지만 '공'을 일의적으로 규정하기에는 그 개념 자체가 매우 상대적이었고 담론의 주체와 주도세력에 따라 다양한 층위를 가지고 있었다.[007] 영조 17년(1741) 신방진사(新榜進士) 이보관(李普觀) 등은 공론의 불가결함을 강조하면서 다음과 같이 말했다.

> 공론이 조정에 있으면 조론(朝論)이 되고 사림에 있으면 사론(士論)이 되며 수레나 끄는 천한 사람들에게 있다면 여론(輿論)이 되니 [모두] 공론이 되는 것은 동일합니다. 자고로 공론이 혹 조정에서 실행되지 못하더라도 유독 초야에서 나올 수 있는 것은 대개 국가가 배양한 힘에서 나왔기 때문이니 또한 풍교(風敎)에 보탬이 있습니다. 초야의 공론이 조정에서 행해진다면 잘 다스려지는 세상이며, 공론이 유독 초야에서 행해지고 조정에서 행해지지 않는다면 망해가는 세상입니다. 아울러 초야의 공론도 없다면 나라는 반드시 위태롭게 됩니다.[008]

이보관 등은 공론을 '조론(조정)', '사론(사림)', '여론(백성)'으로 나누고 '조론'이 제대로 실행되지 못하더라도 초야에서 나와 조정에서 행해진다면 치세로 평가할 수 있다고 했다. 초야의 공론을 주도하는 것은 물론 사족세력이었다. 이 말은 사림의 공론이 조정에 행해져야 함을 강조한 것으로 사족세력의 관점이 강하게 투영된 것이지만, 당시 '공'과 '공론'의 범주가 매우 중층적이었음을 보여주며 한편으로는 기층민의 '여론'도 부정적이나마 공론의 하나로 인정했다는 점에서 여러모로 시사적이라 할 만하다.

국왕·국가 중심의 '공'은 '천리(天理)에 따른 성인(聖人)의 대공(大公)'으로 이른바 '중인(衆人)의 공'이 '작의(作意)가 가해져 사(私)와 관련된 것'으로 치부되었던 점과 크게 대비된다.[009] 일찍이 이이가 공론을 '나라의 원기(元氣)'로 규정하고 "공론이 조정에 있으면 그 나라가 다스려지고 공론이 여항(閭巷)에 있으면 그 나라가 어지러워지며, 만약 위아래에 모두 공론이 없으면 그 나라가 망한다."라고 했던 것은, 그가 공론을 주도하고 집행하는 주체를 국가로 상정하고 이를 바탕으로 하는 정치야말로 치세의 중요한 전제로 간주하고 있음을 보여준다. 그는 공론을 '여항'이 주도할 경우 난국이 초래되고 위아래 어느 곳에도 공론이 없다면 나라가 망할 것이라고 했다.[010] 이보관 등과 비슷한 인식이다.

왕조의 민본이념은 18세기에 접어들어 국가와 국왕 중심의 '공' 이념과 결합하면서 하나의 전형을 구축했고, 그것은 『속대전』, 『대전통편』 등이 표상하는 국전체제(國典體制)로 19세기 사회변화의 와중에서 지켜져야 할 전범으로 인식되었다.[011] 공론의 주재자를 자임한 국왕은 자신의 정치이념과 사상을 '공'의 이름으로 천명했다. 여기에는 '조정(朝廷)'이라는 관료제적 논의 구조에 의해 형성된 '조정공론'이 긴밀히 연관되었다.[012] 주지하다시피 19세기에 접어들면 왕조의 정치는 '세도정치'라는 형태로 중앙의 소수 유력가문 중심의 기형적인 운영 방식을 낳기에 이른다.[013] 국왕을 포위하고 권력을 과점한 유력가문들이 어느 정도 인격화되어 있었던 '공'의 해석권을 장악해감에 따라 왕조의 '공'은 국왕으로 표상되면서도 국왕의 손을 벗어나기 시작했고 국가체제의 자기쇄신 기능도 휘발되어갔다.

앞 시기의 '공'은 박제화되어 회고적으로 인용됨으로써 세도정권기의 각종 모순을 은폐·호도하는 수사학으로 전락해갔다.[014]

한편, 19세기 공 담론의 지형변화를 이해하기 위해 살펴보지 않으면 안 될 것은 18세기 후반 이래 왕조의 부세 운영을 중심으로 한 지역 지배 방식의 변화와 이로 인한 향촌사회 내부의 제세력의 동향이다. 18세기에 접어들어 왕조 정부는 '비총'의 원칙하에 각종 재원을 호조·선혜청 등 재무아문에 집중시키고 개별 기관의 재정권을 적극적으로 규제함으로써 운영의 통일성과 효율성을 높이고자 했다. 그에 따라 군문·아문·궁방 등 각급 기관이 세원을 직접적으로 파악·수취하던 방식이 지양되고 군현제와 면리제를 통해 수령이 주관하는 방향으로 나아갔다.[015]

아울러 주로 중앙재정의 확보에 주안점을 둔 부세·재정정책은 지방재정의 형편을 더욱 어려운 지경으로 몰고 갔다. 공물을 대거 지세화한 대동법은 반 정도의 대동미를 지방 재정분으로 유치하도록 했으나 중앙상납분의 증가로 이 규정은 제대로 지켜지지 않았다. 균역법도 마찬가지였다. 감필에 대한 급대항목으로 지방관청의 재원이 대거 균역청으로 흡수되면서 지방 재정을 둘러싼 환경은 갈수록 악화되어가기만 했다.[016] 하지만 재정난에 시달리면서도 수취기구이자 재정주체로서 지방관청의 역할은 더욱 두드러졌고, 그에 따라 수령과 이서들의 역할과 권한도 한층 강화되었다. 관권과 촌락사회의 접촉면은 전 시기에 비해 크게 넓어졌다. 정약용은 이를 두고 천하국가 차원의 사목(司牧)인 국왕과 마찬가지로 수령도 자신의 관내에서 사목의 임무를 띠고 있기 때문에 군현은 중국의 옛 제후국에 비견되며 이를 다스리는 수령이야말로 해당 지역의 일을 모두 관장하는 '일현(一縣)의 주재(主宰)'로 "수령의 군현 통치는 나라를 다스리는 것과 같다."라고 했다.[017] 이 시기 꾸준히 취해진 관 주도 향촌통제책이 이러한 상황과 표리를 이루면서 관권의 촌락사회로의 침투는 더욱 실체적인 양상을 띠어갔고, 향촌사회는 부세 문제를 매개로 관권과 만나는 접점에서 독자적인 논의 구조를 만들어 대응하지 않으면 안 되었다.[018]

왕조 정부의 지방 지배는 관권의 일방적인 하달만으로는 관철되기 어려웠다. 향촌사회 내부의 자율적 영역을 어느 정도 인정해주고 이와 교섭하면서 통치에 활용하는 것이 읍정(邑政)에 보다 효과적이었다. 향촌사회 내부에는 오랜 기간 동안 다양한 형태의 공동체적 규약과 조직이 존재했다. 각종 계나 향약 등이 그것으로, 이들은 '위로부터의' 면리제와는 별도로 '아래로부터' 형성된 자율적 결사체였다. 이들 조직은 어떠한 형태로든 향촌사회 구성원의 이해를 일정하게 수렴한 호혜적 유대관계를 지향하기 마련이었고, 유교적인 가치관과 도덕률로 분식된 경우가 많았다. 여기에는 아무래도 재지사족 등 유력세력들의 입김이 강하게 작용하고 있을 터였다. '향중공론'의 대두는 이러한 사회적 조건을 배경으로 했다. "일국(一國)에는 일국의 공론이 있듯이 일향(一鄕)에는 일향의 공론이 있어 향선생(鄕先生)이 혼자 마음대로 할 바가 아니다."[019]라는 언급대로 '향중공론'은 국가적 차원의 공론과 구별되는 독자적인 영역이었다. '도내 사람들이 모두 수긍하는 공론',[020] '동내공론(洞內公論)'[021]과 같이 다양한 층차의 여론 영역이 바로 그것이다. 서원·향교·문중·동계 등 향촌사회 내 각종 기구와 조직도 마찬가지였다.

'일향의 공론'은 '동향(同鄕)이 익숙하기 때문에 다 보지 않고 분명하기를 기대하지 않아도 알 수 있'는 것으로 향촌공동체의 '익숙함' 속에서 '자연스럽게' 형성되었다.[022] 국가의 지방 지배에서 이 점은 매우 중요했다. 수령은 왕명의 대행자였지만 목민관으로서 지역민의 요구에도 귀 기울이지 않으면 안 되었다. 중앙정부의 요구에 부응하면서도 민의 요구를 적절히 수용하는 역량이야말로 이 시기 수령의 능력을 가늠하는 중요한 잣대 중 하나였다.[023] '향중공론'의 파악과 수렴은 그러한 점에서 매우 중요했다. 안정복이 "읍사(邑事)는 혹 식견이 있는 향소를 얻으면 일에 많은 도움이 있을 것이니 반드시 일읍의 공론을 취하여 택한다."[024]라고 한 것은 이 때문이었다. "대저 북로(北路)의 각읍은 향강(鄕綱)이 정제되어 무릇 [향임을] 차임할 때도 일향이 모두 모여[齊會] 공의에 따라 처리함에 수령도 매향(賣鄕)의 비방을 듣지 않고 향인(鄕人)도 함부로 소임을 차지하고자 하는 자가 없다."[025]라고 한 모범 사례는 '향중공론'을 어떠한 형태로든 수렴하지 않으면 수령의 원활한 읍정 운영이 힘들다는 점을 반영하는 것이기도 했다.

이는 한편으로 '향중공론'이 관의 입김이나 수령의 능력 여하에 따라 굴절될 가능성도 안고 있음을 보여준다. 예컨대 향회·향약을 두고 "애당초 일향사민(一鄕士民)의 공론에 따르는 것이 아니고 좌수·별감이라고 하는 자들이 수령의 턱 아래 놀면서 그들의 형이나 아우를 시켜 통문을 돌려 불러 모이게 한 것에 불과하다."라고 한 언급[026]이나, 의욕만 있고 재능이 부족한 수령이 향약을 시행할 경우 향족(鄕族)이 집강의 직임을 차지하고 공원(公員)이나 직월(直月) 등의 인사를 좌우하면서 향권을 마음대로 휘두르고 갖가지 침탈과 토색질을 자행한다는 정약용의 말이 그것이다.[027] 이 때문에 '향중공론'은 읍민의 '대동지론(大同之論)'이 아님에도 토호와 향리가 결탁하여 여론을 가장한 것도 있었고,[028] 심지어 향리·군교·향임 등이 자신들의 주장을 '향리공의(鄕吏公議)', '이교향회(吏校鄕會)' 등과 같이 공론의 이름으로 정당화하기까지 했다.[029]

부세 운영의 모순과 '향중공론'의 전개

18세기 중엽을 거치면서 국가의 부세 운영 변화에 따라 수령·촌락 관계의 밀착도가 높아지자 향촌사회의 주요 관심사는 여러 경로로 가해지는 부세 압력에 어떻게 대응할 것인가의 문제로 모아졌다. 17~18세기 중엽에는 향약·동계 등을 비롯한 각종 사회 조직이 성리학적 교화·윤리나 관혼상제 등 촌락 내 상호부조에 주안점을 두고 운영되었던 것이 대체적인 추세였다. 예컨대 17세기 상주 지역의 향약은 환난상휼과 상부상조를 강조했고, 18세기 초 예산현감 김간은 민에게 동계 결성을 지시하면서 계중(契中)의 약속을 '정윤리(正倫理)·돈풍속(敦風俗)·구환란(救患亂)·규과실(規過失)'로 정했다.[030] 하지만 18세기 후반을 거쳐 19세기에 접어들면서 향약이나 각종 촌계류의 결성과 운영은 부세 문제와 관련된 것이 주종을 이루게 된다. 가령 18세기 중엽 대구 부인동 향약은 공세(公稅) 납부를 위한 선공고(先公庫), 무전자(無田者)를 위한 휼빈고(恤貧庫)를 갖추고 있었다. 선공고와 휼빈고는 동답(洞畓)의 일부를 팔아 확보한 자금을 식리(殖利) 운영하여 조성한 것이었다.[031] 향약 운영의 주된 목적이 부세와 진휼 문제에 집중되고 있었던 것이다. 국가의 부세 운영 방식 변화에 따른 '향중공론'의 대두에는 향촌 내부의 각종 규약과 결사를 바탕으로 세역에 응하는 촌락 조직의 활성화가 놓여 있었다. 향촌민은 이제 스스로의 연망과 결속력을 더욱 강화하면서 공동으로 자금이나 전답을 출연, 운영하여 부세 압박에 적극적으로 대응하기에 이른다. '향중공론'은 그 과정에서 극명하게 나타났다. 18세기 말 동래부 동하면의 사례를 보자.

> 우리 잔약한 면(面)이 면으로 된 이래 각양의 부비(浮費)가 다른 면보다 심한데 애초에 공물(公物)이 없어서 민간에서 거두는 것이 한두 번이 아니다. 이 때문에 생기는 극도로 어렵고 고통스러운 탄식을 어찌 이루 말로 할 수 있겠는가? 그러므로 모두 모여 공적으로 논의하여[公論] 동안(洞案)의 각동원(各洞員)들에게 거두거나 본면의 유림(儒林)들에게 나온 것부터 각리에서 모금하여 모은 돈[勸募鳩聚]을 면에서 쓰고 난 여재(餘財)와 합한다.[032]

이 지역의 경우, 면 단위로 부과되는 각종 잡역으로 민간의 부담이 늘어나자 이에 대응하기 위해 '공론'을 통해 동원과 유림 등 면내 각리의 구성원들에게 기금을 내도록 해 '공물(公物)'을 조성하여 운영했다. 이같이 공론을 통해 '공물', 즉 촌락의 공유재를 조성하여 잡역이나 공공부문 등 각종 수용에 충당하는 방식은 이 시기 향촌사회의 공통적인 현상으로 광범위하게 포착된다. 19세기 중엽 경상도 상주 내남면 곡목리의 동계(洞稧)는 '공론', '계중완의(稧中完議)'에 의해 동산(洞山)의 소나무를 금양(禁養)하여 생긴 수익으로 도로 보수 등 각종 공역(公役)과 마을 자체의 비용[洞用]에 충당했다.[033] 비슷한 시기 산청 서하면의 경우, 마을의 계장(契長)이 '이중지물(里中之物)'을 관리하고 '이중지의(里中之議)'를 주도하고 있다.[034] 전라도 고산의 경우, 면계전(面契錢)을 식리 운영하여 군역의 궐액분을 납부했고[035] 능주 호암면의 승호자장계(陞戶資裝契)는 훈련도감 승호(陞戶)에 대한 비용을 충당하기 위해 '한 면이 함께 논의[一面齊議]'하여 만든 면계였다.[036] 삼척부 도하면의 경우 '상하의 뜻을 채용하고[採上下之志]', '근착자(根着者)의 공의(公議)'를 모아 '대소민인이 한목소리로 의송하는[大小民人齊聲議送]' 과정에서 전체 동원(洞員)의 참석을 유도하고 동론(洞論)을 수렴하는 회의체가 존재했다.[037] 심지어 '동내입지(洞內立旨)'라는 형태로 토지매매 과정에서 '동내' 명의의 공증이 효력을 가지는 사례도 보인다. 춘천의 함북산이라는 자가 환자를 내기 위해 토지를 방매하면서 수기와 '동내입지'를 받았다는 소지가 그것이다.[038] 이 또한 '동내' 단위의 공론이 실효적으로 존재하고 있음을 보여준다.

공유재를 통해 부세 압력에 대응하는 각종 사회 조직과 결사가 행정체계나 부세 운영의 속성 상 면리제의 형식으로 수렴하는 경향을 보이는 것도 한 가지 특징이다. 전세 수취 과정에서 나타난 재실(災實)의 면리분등(面里分等), 군역의 면리대정(面里代定), 환곡의 이환(里還) 등 면이나 리가 수취의 완결단위로 강조되면서 '향중공론'의 논의 구조도 이에 조응할 수밖에 없었다. 부세 운영 과정에서 면리의 역할이 강조되고 면계·면약·동계·동약이 활성화되고 있는 점도 이와 무관하지 않았다.[039] 이같이 면리제의 행정 조직이 동계·촌계·향약 등 촌락 수준의 자율적 조직을 강하게 규정하는 가운데, 이를 바탕으로 한 '향중공론'에는 부세 운영 문제를 비롯한 다양한 현안이 포함되었다. 이는 '향중공론'의 대두가 관의 요구와 촌락의 대응이라는 양 방향의 계기성을 가지고 있었음을 보여준다. 부세 수취와 관련된 사안에서 면이나 리의 '공론'·'공의'의 수렴 절차를 거쳐야 한다는 것이 하나의 상식이자 정치문화로 자리 잡아감에 따라 마을 구성원 모두가 참여하는 이회(里會)·동회(洞會)·향회의 '합리적' 절차는 그 자체로 '공동 정치학습의 장'으로서의 면모가 두드러졌다.[040] 여기에 관권의 침투 정도나 촌락사회의 세력 편제 등을 조건으로 한 구성원의 다양한 이해관계가 놓여 있었음은 물론이다.

여기에서 한 가지 지적하지 않으면 안 될 것은, 공유재의 조성과 운영에 수령을 중심으로 한 관권이 어떠한 형태로든 개입된 경우가 많다는 점이다. 중앙으로의 부세 완납 책임 외에 자신의 군현 재정과 관련된 제반 문제에도 대처하지 않을 수 없었던 수령은 지방관청 내에 민고(民庫)를 비롯한 각종 재원을 조성하여 불시의 수요에 대비하거나 관내 면리에 직접 출자하여 기금을 조성·운영하도록 함으로써 부세 수취와 재정 운영 과정에서 닥쳐올 위험과 충격에 대한 안전장치를 마련하고자 했다. 물론 재원 판출의 경로가 마땅치 않을 경우 수령의 이러한 행위는 또 다른 가렴과 수탈로 작용하여 심각한 민원의 대상이 되기 십상이었다. 그럼에도 불구하고 왕조의 부세 모순을 집중적으로 떠안은 향촌사회의 문제는 지방관청과 불가분의 관계였고, 목민관으로서 수령에게 일정한 역할이 기대 또는 강요될 수밖에 없었다. '향중공론'은 그 중요한 매개였다. 이 과정에서 수령이 '향중공론'을 무시하거나 조작할 경우 관·민 간의 균형이 깨지고 극단적으로는 민란과 같은 폭력 사태를 초래할 수 있었다.

'향중공론'의 작동 방식과 추이

'향중공론'의 대두는 종래 일회적·국지적으로 존재하던 민의 이해가 '향회', '향중(鄕中)', '면중(面中)', '이중(里中)' 등의 명목으로 독자적인 영역을 확보해가고 있음을 보여준다. '향중공론'이 향촌사회 현실과 맞물려 스스로의 정체성을 확보하면서 정치사회적 영향력을 높여감에 따라 종래 국가와 국왕이 주도했던 정치 이념적 '공'은 전과 같은 독점적 지위를 기대할 수 없었다. 18세기 중엽 이후 활발히 전개된 상언·격쟁·정소 활동은 이러한 향중공의가 표출되는 또 하나의 통로였다.[041] '향중공론'의 형성은 군현이 중심이 되기도 했지만 그 이하의 면·리 단위일 수도 있고 복수의 면·리를 포괄할 수도 있었다. 물론 아예 이와 무관한 경우도 있었다. 여기에는 읍회, 민회, 유회, 향회 등은 물론 각종 결사체, 규약, 납세·응역을 위한 조직이 강력하게 작용했다. 부세 부과와 관련된 문제는 특히 그러했다.

〈그림〉 19세기 중엽 거제 동남단 촌락의 세역 부과

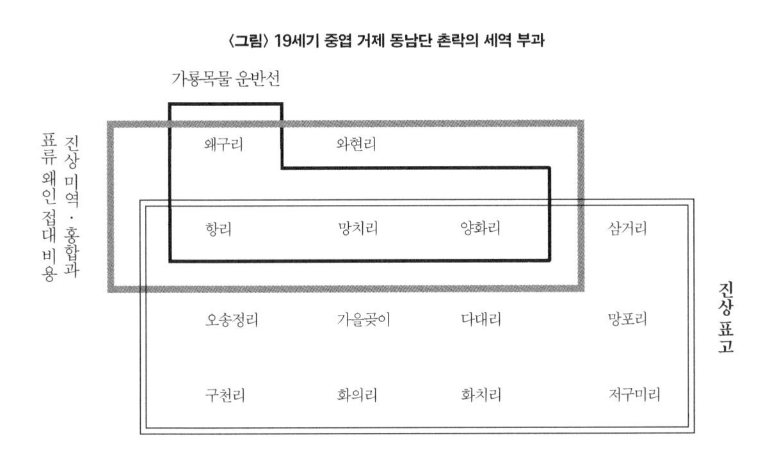

19세기 중엽 거제도에는 '삼정(三政)'을 비롯한 갖가지 세역이 부과되고 있었는데, 그 수취는 촌락사회와 복잡하게 얽혀 이루어졌다. 섬의 동남단 지역에 위치한 촌락군은 이를 잘 보여주는 사례다. 〈그림〉에서 보는 바와 같이 항리·망치리 등 '산저(山底) 12동(洞)'은 진상 표고를 납부했으며 왜구리·항리 등 5개 마을은 진상 미역·홍합과 함께 표류 왜인 접대비용을 부담했다. 지세포진의 통영 전·병선(戰·兵船)에 들어가는 가룡목물(架龍木物) 운반선의 징발은 왜구리·항리·망치리·양화리 4개 마을을 대상으로 했다.[042] 따라서 지역의 13개 마을은 진상 표고 납부 12개, 미역·홍합 상납 12개, 가룡목물 운반 4개, 표류 왜선 접대 5개 마을이 각기 그룹으로 묶여 있었고, 이 때문에 같은 마을이라도 부세 항목에 따라 다른 그룹에 중복 포함될 수 있었다. 각 그룹에 소속된 마을들은 공동의 이해를 바탕으로 '공의', '공론'을 모아 세역에 대응했다. 촌락사회의 '공의'는 위로부터의 부세 분정에 조응해 중층적·다심적으로 얽혀 있었던 것이다.

'산저 12동'의 사례를 보자. 진상 표고를 함께 부담한 '산저 12동' 중 항리는 표고를 구하는 데 어려움을 겪고 있었다. 거제부사는 이 문제를 공동으로 협의하여 자체적으로 해결하도록 했다. 그에 따라 '산저 12동'은 '함께 모여 공적으로 논의한[咸會公議]' 끝에 '공사평균(公私平均)'의 명분으로 '중론(衆論)'에 따라 항리는 표고 대신 돈 60냥을 부담할 것을 결의했다.[043] 하지만 저구·다대·가을곶·망포의 4개 동민은 이것이 항리에만 특혜를 부여한 편파적 처사라고 이의를 제기했다. 이에 항리와 4개 동민을 제외한 오송·화의·화치·구천·망치·양화·삼거 등 7개 동민들이 모여 이 문제를 재의에 부쳤고, 그 결과 애초의 결정을 따르기로 합의했다. 이들은 항리의 어려움을 감안, '한마음으로 발의'하여 '모두 모여 공적으로 논의한' 후 결정한 '민론(民論)'이 일관된 데다가 '다수의 의사를 따르는 것[從重]'이 타당하기 때문이라고 그 취지를 설명했다. 거제부사는 완문을 통해 이를 공증했다.[044] 4개 마을민의 반대 이유가 명확치 않고 마을 간의 역관계도 고려해야겠지만 '산저 12동'의 경우 애초의 결정 취지를 재확인하고 다수의 의견을 따르는 방식으로 갈등을 해소하고 있음을 볼 수 있다. '향중공론'은 관의 입김이 미치지 않는 자율적인 영역에서 마을 공동의 이해를 바탕으로 일정한 조정을 거쳐 이루어졌던 것이다.

다음, 19세기 말 경상도 상주에서는 '대소민통동균포(大小民通同均布)'라는 방식으로 군포를 거두고 있었는데, 이는 '반호(班戶)'가 4,000여 호(1880)→6,800여 호(1888)로 늘어남에 따라 상민호(常民戶)는 8,700여 호→6,000여 호로 줄어들었기 때문이었다. '반호'의 군포 부담은 연간 1.8냥으로 상민호보다 훨씬 가벼웠다. '반호'의 증가로 상민호의 부담이 5냥 이상으로 크게 늘어나자 소민들은 참지 못하고 고종 24년(1887) 봄 31면 연장(聯狀)으로 '반호모록(班戶冒錄)'의 혁파를 요구했다. 이러한 상황에서 이듬해(1888) 돌연 순영에서 각종 명목으로 부과한 1,120여 냥이 상주목에 떨어지자 다급해진 상주목사는 대책을 논의하기 위해 향회를 소집했다. 결렴이 논의되기도 했으나 우여곡절 끝에 '중의(衆議)'를 모은 결과 1,580호에 달하는 모록호(冒錄戶)를 색출해내 이들에게 재원을 징수하기로 결정했다. 모록호에 대한 징수는 '연구모록(年久冒錄)' 3냥, '임술모록'(1862년 모록호) 6냥, '경진모록'(1880년 모록호) 9냥, '추후승부(追後陞付)' 11냥으로 모록 시기에 따라 4등급으로 나누어 차등을 두는 형태였다.

이는 "위로는 군국의 수용에 보태고 아래로는 민포의 폐막을 구(捄)한다."라는 명분으로 '부조(扶助)'라고 명명되었다. '부조'를 통해 조성된 총 14,000~15,000냥의 재원에서 순영징수분 1,120여 냥을 납부하고 남은 것은 식리 운영을 통해 소민의 포전(布錢) 납부분에 보충토록 했다. 모록호에 가장 불만이 많았던 소민들은 이 조치를 크게 환영했고, 구래의 사족인 '반가(班家)'들도 결렴을 피해 다행으로 여겼으며, '부조'의 부담자인 '모록호'들도 사족과 함께 유적(幼籍)에 그대로 남을 수 있었기 때문에 불만이 없었다. 그 과정에서 상주목사도 중요한 거중조정 역을 수행했다. 상주목사는 이에 대해 모록호를 색출하는 과정에서 불거질 수 있는 복잡한 분쟁을 피할 수 있었을 뿐만 아니라 과중한 부담에 노출되어 연장까지 감행했던 소민들에게 실질적인 혜택이 돌아갔기 때문에 '백성들을 번거롭게 어지럽히지 않으면서 전 관내가 편안해졌'을 뿐 아니라 '더러운 비방이 들끓지 않고' '원통한 기운이 저절로 사그라들도록 한' 조치로 평가했다.[045] 상주향회의 사례는 향촌사회 구성원 공동의 현안을 각 구성원의 이해를 최대한 해치지 않는 선에서 적절히 조정하여 지역사회의 통합력을 유지하는 것이 하나의 모범으로 인식되고 있음을 보여준다. 한편 고종 25년(1888) 경상도 영해부의 민인들은 호적색이 뇌물을 받고 지역의 호총을 조작하자 감영에 등장을 올려 다음과 같이 항의했다.

> 호적의 법은 왕도(王道)에서 가장 중요합니다. 바닷가 마을의 습속이 비록 어리석으나 지금까지 오백 년 동안 왕장(王章)을 삼가 지켜왔는데 소위 본읍 색리 윤일찬이라는 이름의 사내가 하루아침에 무너뜨린 것이 한도가 없어 왕장이 쓸어낸 듯합니다. 왕장이 무너진 데 이르러서는 원래 정해진 율(律)이 있으니 저희들이 감히 거론하지는 못할 바이지만 한 읍의 생령이 장차 한 아전의 간사하고 독살스러운 손에서 죽을 지경이니 이것이 어찌 인인군자(仁人君子)의 긍휼히 여길 바가 아니겠습니까?[046]

영해민들은 호적의 법이 왕도에서 차지하는 위상을 볼 때, 색리 윤일찬의 행위는 왕장을 하루아침에 무너뜨리는 것으로 국가의 공적인 통치이념과 국왕의 도를 심각히 훼손시키는 것이라고 말하고 있다. 이들은 '왕도', '왕장', '율' 등 왕조의 법과 통치이념을 빌려 공적인 통치 질서가 색리의 손에 의해 무너지고 있음을 지적하고, 자신들의 행동이 이를 지키기 위한 의도라는 점을 강조하고 있다. 이들은 국가의 공적 시스템까지 호명함으로써 자신들의 행위에 정당성을 부여하는 한편, 자신들의 주장이 왕조체제에 대한 근본적인 도전이 아님을 분명히 했다. 수차례의 의송과 등소로 끈질기게 '향중공론'을 표출한 영해민들은 자신의 '공'이 국가적 '공'과 다르지 않으며 오히려 구체적 현실에서 왜곡되거나 제대로 지켜지지 않는 왕조의 '공' 이념을 자신들이 바로잡고자 한다는 전략을 구사하고 있다. 왕조 전반을 관통하고 있는 국가의 '공'은 민본주의의 이념적 근거였지만 현실에서 완전한 구현이란 불가능한 것이었던 만큼 애초에 균열과 모순의 가능성을 안고 있었다. 역설적이게도 '향중공론'은 국가의 '공'을 차용, 향촌사회의 현실에서 새롭게 해석하여 그것이 가지고 있는 결함과 허구성을 공격하는 무기로 삼고 있음을 보여준다.

부세 운영의 모순이 지방 차원으로 전가된 상황에서 '향중공론'의 논의 구조는 일상적인 형태로 자리를 잡아갔다. '향중공론'의 내부에는 각 계층과 신분 간 상이한 이해와 이로 인한 갈등이 상존했지만, 대부분 촌락사회의 존립이라는 공동의 이해에 비해 부차적인 경우가 많았다. 하지만 사족·대민 중심의 '향중공론'에 포섭되어 있던 소민들의 이해와 주장은 민란이나 농민전쟁을 거치면서 수면 위로 떠오르게 된다.[047] 충청도 청안의 경우, 동포제 시행을 논의하기 위해 개최한 향회에서 소민은 동포나 결렴을 원하고, 대민은 그에 반대하여 군정(軍丁)은 예전대로 소민들에게 맡기고 자신들은 구액부족조(舊額不足條)를 담당하겠다고 나섬으로써, 다툼이 일고 소민들이 대민의 집에 불을 지르는 사태로까지 확대되었다.[048] 호포제 실시 이후 상민들은 사족과 맞서면서 "군포를 내는 것은 마찬가지이니 나도 군역자이고 저(사족)도 군역자이다."라고 패악을 부리는 상황이 보고되었다.[049] 고종 31년(1894) 고성민란의 민회소에서도 사족이나 지식인층은 소민들을 포함한 구성원 전체의 '공론'을 일정하게 대변하지 않으면 안 되었다.[050] 이 같은 과정을 거쳐 '향중공론'은 사족의 주도적 지위가 어느 정도 용인되면서도 소민들의 영향력이 점차 커지는 방향으로 나아갔다. 공동납의 전개와 부담액의 점진적인 균평화는 이를 잘 보여준다. 사족의 공동납 참여는 '부득이한 정사'로 '분조지의(分助之義)'에 입각한 '반민조급조(班民助給條)'를 부담한다는 명분으로 세의 일부를 보조해주는 형식을 취했다.[051] 가중되는 부세 압력에 사족도 향촌사회의 자기보존과 공동체적 결속을 위해 종래의 특권적 지위에서 한 걸음 물러나지 않으면 안 되었던 것이다.

국가의 민에 대한 파악 방식에도 일정한 변화가 포착된다. 기존의 신분제에 입각한 반상의 파악과는 별도로 민을 대민(大民)과 소민(小民)으로 나누는 방식이 경향적으로 나타나기 시작하여 하나의 흐름으로 자리잡은 것이다.[052] 이는 종래 사족의 영향력을 전제로 이루어지던 지역지배가 더 이상 유지되기 힘든 상황에서 나타난 것으로 생각된다. 지배와 교화의 협력자로서 사족의 위상이 전 같지 않은 현실에서, 향임직도 대부분 사족 이외의 계층에게 맡겨지는 추세였다. 일찍이 영조와 정조는 국왕의 절대적 권위 앞에서는 신분의 고하를 불문하고 동일한 백성이라는 제민적(齊民的) 입장을 강력히 천명한 바 있었거니와, 반상의 신분적 지위와 별도로 적어도 법제적 차원에서는 '유학(幼學)'으로의 직역 수렴 현상이 광범위하게 진행되었다.[053] 18세기 중엽을 거치면서 본격화한 대민·소민의 파악도 이러한 정치적·사회적 현실과 무관치 않으리라 생각한다. 임실 동포제(1866)의 '대민·소민', 영광 동포제(1870)의 '대민·중민·소민', 영천 호포제(1872)의 '유학·인리·소민' 등이 그 실례로, 이외의 많은 자료에서 대민과 소민의 파악은 일반적으로 포착된다.[054] 이는 아마도 부세 문제에 주력하고 있는 관의 입장에서 반상의 신분적 구분이 종전과 같은 의미를 가지지 못함에 따라, 이제는 대소의 실용적 파악을 병행하는 것이 수취에 보다 효과적이라고 판단했기 때문일 것이다. 이제 국가의 민에 대한 파악은 신분보다는 민호(民戶)의 규모나 건실도에 주안점을 두는 방향으로 나아가고 있었다.[055] 여기에는 19세기 접어들어 일상화된 공동납의 전개도 한몫했을 것으로 생각된다.

'향중공론'의 광범위한 전개는 향촌사회 내부의 다양한 변화를 수반하는 것이었고, 그중에서도 민과 촌락사회의 대두는 뚜렷한 경향으로 자리잡고 있었다. 당시 지식인들의 제도개혁론에도 이러한 점이 드러난다. 19세기 중엽 제기된 삼정개혁의 방안에도 향촌민을 부세 운영 과정에 참여시키는 문제가 공통적으로 논의되고 있었다. 유중교는 환곡에 대한 대책으로 "이창(里倉)을 설치하면 중의(衆議)가 있어서 한두 사람이 농간을 부릴 수 없다."[056]라고 했고, 중인 출신인 최성환도 환곡의 와환(臥還)을 양성화하여 그 운영을 마을에 맡기면 마을 계인(契人)들이 '공론'을 모아 민호의 규모에 따라 분배하되 모두 공평하기에 힘쓸 것이라고 낙관했다.[057] 삼정의 운영에 향촌사회의 공론을 적극적으로 인정하여 향촌민의 주도로 운영한다면 관의 부정을 방지할 수 있고 운영상의 공공성과 효율성을 크게 높일 수 있다는 것이다.

왕조 정부도 이를 도외시할 수만은 없었는데, 여기에서 주목되는 것이 향회와 향약이었다. 갑오개혁기에 접어들면 향회·향약을 법제화하여 조세 행정과 지방 재정에 관련된 사무를 담당하도록 했는데, 이는 농민전쟁의 수습이라는 측면에서 사족 중심의 향회·향약 운영을 수정하여 모든 지방민의 참여를 유도함으로써 효과적인 향촌 통제와 안정을 기하기 위한 대책이기도 했다. 이는 지방행정의 관건이 되는 재정의 운영을 '공의(公議)'에 의해 선출한 민의 대표에게 일임함으로써 민의 자치적인 참여를 용인하는 한편, 조세 행정을 이서층으로부터 분리하여 조세 징수의 효율과 안전을 도모하고자 한 것이었다.[058] 향회·향약의 안건은 주로 부세 수취, 사회기반시설의 유지와 관리, 유교적 도덕률에 입각한 향촌 교화와 공동체의식 함양, 관령의 효과적 전달 등으로, 이는 앞 시기부터 향촌사회 운영 과정에서 지방관과 촌락민이 때로는 대립하고 때로는 타협하기도 했던 사안이었다. 이는 국가의 지역지배가 이제는 향촌민의 의사와 여론, 즉 '향중공론'을 어떠한 형태로든 제도권에 담아내지 않으면 안 되는 단계에 이르렀음을 보여준다.

맺음말

조선의 '공'은 왕조체제라는 틀에서나마 지배의 정당성을 높이고 구성원 간의 통합력을 높이는 등 정치·사회적으로 매우 중요한 기능을 가지고 있었다. 18세기 후반 이후 '향중공론'의 본격적인 대두는 공 담론의 전개 과정상 새로운 국면으로, 향촌민이 지향하는 원칙과 관념에 반하는 형태로 운영되는 현실에 대한 즉자적인 대응을 넘어 기존의 '위로부터의' '공'과 별도로 향촌사회 내부의 목소리가 하나로 모여 독자적인 여론 영역이 만들어지면서 사회적·정치적으로 점차 소구력(訴求力)을 얻어가고 있음을 보여준다. 여기에는 재정난에 시달리면서도 부세 수취 과정에서의 역할이 뚜렷이 부각되는 지방관청의 위상 제고와 관주도 향촌 통제책의 추진이 중요한 배경으로 작용했다. 향촌사회는 내부의 각종 규약과 결사를 바탕으로 세역에 응하는 각종 조직을 통해 부세 압력에 대응했다. 향촌민은 공동으로 자금이나 전답을 출연, 공유재를 조성하여 각종 수용에 충당했다. 향촌 내 공유재의 조성은 촌락사회의 자율적 영역을 통해 이루어지기도 했지만 수령에 의해 위로부터 추진된 경우도 적지 않았다. '향중공론'은 이 과정에서 본격적으로 대두했다.

관과의 관계에서 '향중공론'은 일정한 균형과 타협을 전제로 했지만 이를 왜곡하여 받아들이거나 소통이 막힐 경우 심각한 대립과 갈등이 초래되기 마련이었다. 향촌민의 대응은 소극적인 항의에서 민란·농민전쟁과 같이 극단적인 형태에 이르기까지 다양했다. '향중공론'은 국가 주도의 '공'이 가지는 허구성을 폭로하는 한편 국법 질서를 근거로 부세 운영 과정에서 나타나는 구체성과 일상성이 두드러진 특징을 보인다. '향중공론'은 국가 주도 '공'의 지향과 겹치면서도 상황에 따라 강한 저항성을 동반했으며, 이는 민란의 과정에서 극명하게 드러난다. 향촌민의 문제 제기는 주로 이서나 수령을 대상으로 했지만 사태가 악화될수록 중앙권력의 '공'과 이를 바탕으로 하는 통치의 정당성에 대한 회의로까지 이어질 수 있었다. 스스로의 쇄신을 기대하기에 왕조의 지배이념과 정치현실은 지나치게 경직된 상태였고 민의 요구를 담아 사회모순에 대한 전향적인 태도 변화를 기대하기에도 많은 걸림돌이 있었다. 국왕·국가 중심의 '공'은 이제 전과 같은 지위를 누릴 수 없었다.

'향중공론'은 체제 모순의 일탈적 표출인 동시에 담론 주도세력의 독점적 지위에 균열을 가져와 종래와 다른 독자적인 '공' 영역의 형성을 알리는 신호였다. '향중공론'의 대두에 따른 '공' 담론의 분기는 향촌민의 정치 의식이 그만큼 성장했음을 보여주며, '공' 자체의 정치적 상대성과 주도세력의 다극화를 초래하는 결과를 가져오기에 이른다. 왕조 정부도 이제 이를 어떠한 형태로든 체제 내부로 수용하지 않으면 안 되었다. 향회·향약의 법제화는 이를 상징적으로 보여준다.

송양섭

현재 고려대학교 한국사학과 교수로 재직 중이다. 조선 후기 사회경제사를 전공했고 최근에는 주로 조선왕조의 재정원리와 경제이념을 공부하고 있다. 주요 논저로는 『18세기 조선의 공공성과 민본이념 – 손상익하의 정치학, 그 이상과 현실』, 『동아시아는 몇 시인가? – 동아시아사의 새로운 이해를 찾아서』(공저), 「19세기 거제도 구조라 촌락민의 직역변동과 가계계승 양상 – 『항리호적중초』를 중심으로」 등이 있다.

5장

19세기에 드리운 정조의 잔영과 그에 대한 기억

머리말

1800년 6월 정조가 갑작스럽게 세상을 떠나자 정국이 급변했다. 정순왕후가 수렴청정을 하면서 정순왕후와 연결된 벽파가 정권을 잡고 반대 세력에 대한 숙청 작업을 벌였다. 그 결과 정조가 어렵게 꾸려온 탕평 정국은 일거에 와해되고 말았다. 그렇다고 정조 대의 정치 유산이 당장 해체되었던 것은 아니다. 정조라는 인물이 지닌 위상이 워낙 대단했기 때문에 누구도 정조를 부정할 수 없었다. 오히려 정조에게는 사후에 더 절대적인 권위가 부여되었다. 정조의 권위에 편승하지 않으면 정통성을 인정받기 힘든 것이 현실이었다. 특히 순조 초반에는 정조의 잔영이 짙게 드리워져 있었다.

시기가 지나면서 정조의 영향력은 약화되어갔다. 정조 대에 활동했던 이들이 은퇴하거나 세상을 떠나면서 정조는 이제 기억의 대상이 되었다. 고종 대에도 정조는 모범적인 군주로 평가되는 등 정조는 오랫동안 기억되었다. 그런 점에서 18세기와 19세기는 정조를 매개로 연결되어 있었다고도 볼 수 있다.

19세기에 정조의 어떤 모습이 기억되고 어떤 모습은 잊혔으며, 기억되는 경우 그 기억의 양상은 어떠했는지 살피는 것은 흥미롭고 중요한 작업이다. 이러한 작업을 진행하기 위해서는 고려해야 할 사항이 적지 않다. 정조가 어떤 면모를 지닌 국왕이었는가를 먼저 밝혀야 하고, 그러한 면모 가운데 어떤 것들이 기억되거나 기억되지 않았는가를 살펴야 하며, 기억의 구체적인 양상은 어땠는가를 해명해야 한다. 이 모두를 검토하는 것은 간단치 않은 일이다.

이에 이 글에서는 정조가 기억되는 대체적인 양상만을 살펴보기로 한다. 시기별로 정조에 대한 기억은 어떻게 변화되었고, 각 주체는 정조를 어떻게 기억했으며, 또 기억되는 양상은 어떠했는가 하는 점이 주로 검토할 문제이다. 이 글이 정조의 면모를 확인하고, 나아가 19세기의 시대적 성격을 이해하는 데 도움이 되기를 기대한다.

순조 초반 정조의 유지를 내세운 각축전

정조 승하 후 정순왕후의 지원을 받고 있던 벽파가 국정 운영의 주도권을 잡았다. 그러나 확실한 우위를 점한 것은 아니었기 때문에 벽파의 초반 행보는 상당히 조심스러웠다. 그런 상황에서 정순왕후는 윤행임(尹行恁, 1762~1801)을 도승지에 전격 발탁했다. 정조가 의지하며 마음을 부탁했던 신하라는 이유에서였는데, 이는 의외의 인사였다. 윤행임은 흔히 시파로 분류되지만 시파라기보다 정조에게만 충성을 바치고자 했던 인물로 보는 편이 옳다. 정순왕후는 윤행임을 포섭해 정조의 이념을 계승한다는 명분을 얻으려 했던 것이 아닐까 짐작된다.

도승지에 임명된 윤행임은 "내외 정사의 권한이 모두 그에게로 돌아갔다."는 이야기를 들을 정도로 상당한 권한을 행사했다. 정조라는 든든한 후광 덕분이었다. 윤행임은 "선왕의 뜻을 계승하고 선왕의 도를 따르며 정령과 일처리를 크건 작건 선왕이 재위했을 당시와 하나도 다르지 않게 한다."[001]라는 것을 자신의 목표로 설정했다. 그는 실제 집요하리만치 정조의 유지를 실천하는 데 매달렸다. 정조가 반포하려고 했었다며 벽파와 적대적 관계에 있던 홍봉한(洪鳳漢, 1713~1778)의 『주고(奏藁)』를 간행하도록 건의했다. 또한 정조가 구상했다고 하여 공노비 해방을 주도했고, 정조 대에 추진된 것이라 하여 서얼 허통도 시행했다.[002] 심지어 1790년에 정조가 병자호란 때 순절한 이사규(李士珪)의 후손을 찾아보라는 명을 내렸었다며 이사규의 후손에 대한 지원을 요청하기도 했다. 목표로 설정했던 것처럼 그는 정조 대의 정치를 그대로 복원하고자 했다. 자파 중심의 정치판을 짜고자 했던 벽파는 윤행임의 독단적인 행보가 불만스러웠지만 정조의 유지임을 내세웠기 때문에 대부분 수용할 수밖에 없었다.

정조는 세상을 떠났지만, 아니 오히려 세상을 떠나면서 그의 권위는 절대적인 것이 되었다. 정조의 그림자에서 벗어나기 힘든 것이 순조 초반의 상황이었다. 정국을 주도하기 위해서는 정조의 권위를 이용해야 했다. 벽파는 1800년 12월에 승부수를 던졌다. 정순왕후는 하교를 통해 정조가 오회연교(五晦筵教)에서 벽파의 정당성을 인정했다고 내세웠다.[003] 이를 기점으로 벽파의 반대파에 대한 공격이 시작되었다. 홍봉한의 아들이자 혜경궁의 동생인 홍낙임(洪樂任, 1741~1801)을 사사하고, 천주교 신봉을 이유로 남인계 인사들을 대거 축출했다. 윤행임에게는 암암리에 홍낙임과 남인을 보호하려는 간교한 죄를 저질렀다는 비난이 가해졌다. 윤행임은 결국 모변 사건의 배후로 지목되어 사사되었다. 벽파는 정조의 유지임을 내세워 반대파를 일거에 제거하여 정권을 잡을 수 있었다.[004]

시파 측은 벽파의 행위가 정조의 유지를 뒤엎는 것이라고 반발했다. 대표적인 시파 계 인물인 심노숭(沈魯崇, 1762~1837)은 벽파가 "오회연교를 왜곡해 선왕은 무능하고, 어린 임금은 나라 형세를 모른다고 했다."라거나 "선대왕을 모함하고 한쪽 편에 재앙을 조장하였다."라고 벽파를 맹렬히 비난했다.[005] 정순왕후의 수렴청정이 끝나고 김조순(金祖淳, 1765~1832) 중심의 시파가 전면에 등장하면서 벽파 세력은 위축되었다. 이런 상황에서 정순왕후까지 사망하자 벽파 김달순(金達淳, 1760~1806)이 나서서 자신들의 정당성을 주장하며 반전을 노렸다. 그러나 오히려 시파의 공격을 받고 벽파는 완전히 몰락했다. 시파가 권력을 잡을 수 있었던 것도 정조의 권위에 편승했기 때문이다. 김조순은 정조로부터 세자의 보도와 세도의 책임을 부탁받았음을 강조함으로써 벽파 집권기에도 정치적 지분을 확보할 수 있었다. 시파는 "수십 년 동안 군흉(群凶)들이 조정을 타락시켜온 이야기를 제멋대로 해서 우리 선조(先朝)의 청명한 정치를 무함하였다."라고 벽파를 성토했다.[006]

이처럼 순조 초반에는 정조의 유지를 내세운 치열한 각축전이 벌어졌다. 정조의 뜻이 무엇인가를 두고 갈등이 벌어지기도 했다. 예를 들어 노비제 폐지 문제에서 윤행임과 시파 심노숭의 의견은 달랐다. 윤행임은 노비제의 폐지가 정조의 뜻이라고 주장했다. 반면 심노숭은 정조가 노비들의 불쌍한 처지를 안타깝게 여겨 노비제도의 존폐를 두고 상의한 적이 있지만 구체적으로 언급한 적은 없는데 윤행임이 선왕의 뜻이라고 내세웠다고 반박했다. 오희연교의 해석에서 나타나듯 시파와 벽파 간에 입장 차는 컸다. 민감한 사안이었던 장용영 문제에서 벽파의 영수 심환지(沈煥之, 1730~1802)는 정조가 장용영은 부득이하게 설치한 것이라 정식으로 삼을 수 없다는 하교를 내렸다면서 이를 근거로 1802년 장용영 혁파를 단행했다.[007] 반면 시파 계열로 보이는 정언 박영재(朴英載)는 장용영이 본래 정조의 심원한 계책에 의해 창설된 것인데 심환지가 제멋대로 말을 꾸며냈다고 비판했다.[008] 노비제 폐지나 장용영 혁파가 타당한 조치인가를 판단하는 절대적 기준은 정조의 뜻인가 하는 점이었다. 노비제 폐지가 정조의 뜻이 아니었다면 공노비 폐지는 잘못된 조치가 되는 것이다.

대립하고 있던 시파와 벽파는 각기 자신들이 정조의 뜻을 계승한다고 표방했지만 표방과 달리 정조가 추구해온 이념이나 정책은 파기되는 것이 현실이었다. 우선 벽파의 집권 방식 자체가 정조가 힘들게 추구해온 탕평책의 종말을 의미하는 것이었다. 심환지는 겉으로는 탕평의 중요성을 내세웠지만 그가 이끌고 있던 벽파의 행태는 탕평과는 거리가 멀었다.[009] 정조는 교화주의 정책을 견지하여 천주교 문제를 처리하고자 했지만 벽파는 천주교를 빌미로 반대파를 제거했다. 정조가 끝까지 보호하려고 했던 정조의 이복동생 은언군(恩彦君)도 사형에 처했다.

시파가 집권한 후 세도정국이 형성되면서 정조가 중시했던 '우현좌척(右賢左戚)'의 원칙도 무너졌다.[010] 세도정치가 전개된 데는 정조의 책임도 적지 않지만 정조는 "무릇 척리에 관계되면 이 척리이건 저 척리이건 막론하고 꺾어 눌러야 한다는 것이 곧 나의 고심이다."라고 할 만큼 척신의 정치 개입에 비판적이었다. 신료들도 이 점을 잘 알고 있었다. 그래서 많은 이들이 정조가 우현좌척을 중시했다는 사실을 언급했다. 벽파 이만수(李晩秀, 1752~1820)가 쓴 정조의 행장과 윤행임이 쓴 묘지문에는 모두 정조가 우현좌척을 견지했다는 내용이 들어 있다. 이서구(李書九, 1754~1825)는 정조가 평생 우현좌척에 고심하여 정조 치세 동안 조신과 척리의 분별이 극히 엄했다고 강조했다. 실제 윤행임과 이서구는 반척족적 태도를 견지했다.

정조가 우현좌척을 내세웠다는 점은 세도가와 그 주변의 인물들도 인정하고 있었다. 김조순은 정조의 시책문에서 우현좌척에 대해 언급했다.[011] 순조의 장인 박준원(朴準源, 1739~1807)도 정조의 대업은 이루 다 기록

할 수 없는데 우현좌척이 그 가운데 하나며, 순조가 잘 계술해야 할 것도 이것이라고 강조했다.[012] 정조의 권위가 절대적인 위력을 발휘하던 상황이었기 때문에 척신들도 근신하는 모습을 보였다. 박준원은 척리의 처신에 관해 정조에게 들었던 이야기를 가슴에 새기고 있다면서 조정 일에 간여하지 않겠다는 뜻을 밝힌 바 있다.[013]

정조의 우현좌척 이념이 강조되었지만 정국은 안동 김문을 중심으로 운영되었다. 그 과정에서 우현좌척론이 안동 김문의 권력 장악을 위한 수단으로 이용되기도 했다. 조득영(趙得永, 1762~1824)이 정조의 우현좌척 이념을 본받을 것을 청하면서 박준원의 아들 박종경(朴宗慶, 1765~1817)이 분수를 어기고 사치를 부리고 있다고 공박했던 것이 그러한 예이다.[014] 조득영의 박종경 공박은 김조순과 연계하여 박종경을 견제하기 위한 목적에서 나온 것으로 추정되고 있다. 안동 김문은 반대 세력을 누르는 데 우현좌척론을 이용했지만 자신들을 척신 세력으로 비판하는 것은 용납하지 않았다. 이서구는 김조순 가문 중심의 척족 정치에 문제를 제기했다가 축출되었고, 순조를 지원하여 척신을 견제하고자 했던 김재찬(金載瓚, 1746~1827)도 정계에서 배제되었다.[015]

한편 정치적 대립의 와중에 정조가 자신의 정치적 이상을 실현하기 위해 양성한 근신 집단은 분열되어갔다. 윤행임이 벽파의 공격을 받았을 때 그의 친우 남공철(南公轍, 1760~1840)이 국인들 모두가 국정을 농단한 윤행임을 죽이기를 원한다면서 결단을 촉구했고,[016] 윤행임과 가까웠던 김재찬도 윤행임이 다른 사람을 해치려는 마음을 숨긴 불길한 인물이라고 비난하는 등 교유 관계에 커다란 균열이 생겼다. 시파와 벽파의 대결 구도 속에서 정약전(丁若銓, 1758~1816)·정약용(丁若鏞, 1762~1836)·김이재(金履載, 1767~1847)·서

형수(徐瀅修, 1749~1824)·서유구(徐有榘, 1764~1845)·이서구 등이 정계에서 축출되고 윤행임·김달순은 사사되는 등 정조 대의 초계문신들은 정파를 가릴 것 없이 풍파를 겪었다. 초계문신으로 대표되는 정조 근신들의 분열과 반목은 심각한 수준이었는데, 이는 정조 대 정치 유산의 해체를 의미하는 것이기도 했다.

19세기 정조에 대한 기억의 추이

순조 대에 척신들이 권력을 장악한 이후 국왕들은 왕권을 회복하기 위한 노력을 기울였다. 순조는 성년기에 접어들면서 규장각을 활용하여 친위 관료를 양성하고, 무예청(武藝廳)을 통해 친위군을 강화하는 등 왕권 강화 작업을 추진했다. 이러한 조치는 물론 정조 대를 모범으로 한 것이었다.[017] 순조는 또한 이서구·김재찬 등 초계문신 출신으로 반척족적 성향이 강했던 인사들을 기용하여 안동 김문을 견제하고자 했다. 정조 대를 모범으로 삼은 순조의 왕권 강화책은 지원 세력의 부족으로 별다른 효과를 거두지 못했지만 아들 효명세자(익종)에 의해 다시 추진되었다.

1827년(순조 27) 대리청정에 나선 효명세자는 부친의 정책을 계승하여 왕권 강화에 나섰다. 그는 정조 대 활동했던 인물 가운데 척족 정치에 비판적이었던 인사들을 폭넓게 수용하면서 정조의 우문정치(右文政治)를 실현하고자 했다. 척족들이 장악하고 있던 규장각의 기능을 회복시키기 위한 조치를 취했고, 우현좌척의 원칙에 따라 척족을 배제하고 능력 있는 인사를 적극 발탁했다. 효명세자는 정조와 마찬가지로 능행을 통해 민인과 접축하여 민의를 파악하려는 노력도 기울였다.[018] 하지만 대리청정을 시작한 지 3년 만에 효명세자가 갑자기 세상을 떠나면서 그의 왕권 강화책도 막을 내리고 말았다. 순조와 효명세자는 주로 정조의 왕권 강화책에 주목했다. 정조 대의 정책이 왕권 강화에 효과적이라고 판단했기 때문일 것인데 이후의 국왕도 같은 판단을 했다.

헌종 대에 들어서 정조의 직접적인 영향력은 크게 약화되었지만 그래도 헌종 대 당시에는 정조 대에 관료 생활을 하거나 청년기를 보낸 이들이 조정에서 활동하고 있었다. 헌종 즉위 직후에 순원왕후에게 수렴청정을 건의했던 대신은 봉조하 남공철, 영부사 이상황(李相璜, 1763~1841), 영의정 심상규(沈象奎, 1766~1838), 좌의정 홍석주(洪奭周, 1774~1842), 우의정 박종훈(朴宗薰, 1773~1841) 등 5명이었는데, 박종훈을 제외하고 모두 정조 대의 초계문신 출신이었다. 박종훈은 순조 대에 출사했지만 정조 대에 청년기를 보냈기 때문에 정조 대 인물로 볼 수 있다.

정조 사후 30년 이상이 지난 시점이지만 정조 대에 출사하거나 청년기를 보냈던 이들은 정조에 대한 여러 기억을 가지고 있었다. 박시원(朴時源, 1764~1842)은 정조가 휼민에 힘썼음을 칭송했고, 강시환(姜時煥, 1766~ ?)은 사치를 경계한 사실을 떠올렸으며, 이희발(李義發, 1768~1849)은 서무를 친히 살피고 독서에 매진한 사실을 높였고, 이광문(李光文, 1778~1838)은 향음 의식과 향약 조례를 모아 전국에 반포했음을 강조했다. 정조 대의 정책을 계승하려는 노력도 기울여졌다. 홍석주의 경우 헌종 초반 정조가 시행한 전례를 들어 휼전을 청하거나,[019] 법사(法司) 외에 죄인을 구금하지 못하게 한 사실을 근거로 각사에 설치된 구류간(拘留間)을 없앨 것을 건의했다.[020]

주위에 정조를 기억하는 이들이 있었기 때문에 헌종도 정조에 대한 이야기를 접할 수 있었다. 홍석주는 정조 대 정치의 요체를 성현의 경전을 공부하고 백성을 사랑했다는 '전학(典學)'과 '애민(愛民)' 두 가지로 정리하면서 헌종에게 정조의 심법(心法)을 계승할 것을 당부한 바 있다.[021] 우의정 박종훈의 경우 정조의 가장 중요한 치적 가운데 하나로 탐묵(貪墨)을 경계하여 불법 수령을 징계한 것을 손꼽았다. 박종훈은 옥안을 신중히 처리할 것도 건의했으며, 정원용(鄭元容, 1783~1873) 역시 정조가 옥안을 친히 열람하고 『심리록(審理錄)』을 편찬한 사실을 거론하면서 이를 본받을 것을 건의했다.[022] 이러한 영향 때문이라고 단정할 수 없지만 헌종도 정조에 관심이 많았다.

1840년(헌종 6) 12월 순원왕후가 수렴청정을 거두면서 헌종은 친정에 나섰고 1845년경부터 국정을 주도하려는 적극적인 노력을 기울였다. 헌종은 재위 10년이 지났지만 아무런 일을 하지 못했다고 자성하면서 관찰사들에게 민사와 국사의 폐해가 되는 단서를 조목조목 적어 올리도록 지시했다.[023] 헌종은 집권 기반을 강화하는 작업도 추진했는데, 그 과정에서 주목한 것이 초계문신제와 장용영이었다. 헌종은 초계문신 가운데 누가 생존해 있는가를 묻는 등 초계문신에 관심을 보이더니 초계문신제의 시행을 지시했다. 또한 궐내 숙위가 소홀하다면서 정조 대의 장용영을 복구하고자 한다는 뜻을 밝혔다.[024] 처음에는 훈련도감 내의 무예별감군(武藝別監軍)을 증원해 내영으로 만들어 운영하다가 이것이 여의치 않자 장용영을 모방해 새로운 군영인 총위영의 창설에 나섰다.[025] 헌종은 장용영을 혁파할 때 이것을 선왕의 유지라고 한 것은 심환지가 정조의 뜻을 속인 것이라고 비판하여 친위군 설치의 명분을 만들었다.

헌종은 1847년에는 조인영(趙寅永, 1782~1850) 등에게 정조·순조·익종 대의 보감을 찬수하도록 명했다. 『국조보감』은 세조 대에 태조·태종·세종·문종 4대의 것이 만들어졌고 후에 선조와 숙종 두 국왕 대의 것이 제작되었다. 중간에 빠진 임금이 많고 체제의 통일성도 없었는데, 정조 초에 『영묘보감(英廟寶鑑)』을 편찬하면서 누락된 열두 국왕 대를 보충하고 체제도 통일했다. 1819년에는 정조 편의 편찬 계획을 세웠지만 착수하지 못하다가 헌종 대에 들어 순조와 익종 편까지 함께 찬집하기로 결정했고 결국 1848년에 편찬 작업이 완료되었다. 『국조보감』의 찬수 자체가 선왕대의 정신과 사업을 계승하기 위한 것이지만 헌종 대의 사업은 특히 정조의 업적을 잇는다는 의미가 컸다. 헌종은 정조가 서문을 썼던 예를 따라 『국조보감』 서문을 작성했고 서문에서 정조가 24년 동안 태평 시대를 이룩한 사실을 칭송했다.[026]

헌종은 정조의 정치 유산을 계승할 의지가 있었지만 『국조보감』이 편찬된 이듬해 세상을 떠나고 말았다. 헌종은 정조의 정치 이념을 계승한 것으로 평가되었다. 영돈녕부사 김문근(金汶根, 1801~1863)은 헌종이 "신하들을 자주 접견하고 환첩(宦妾)을 멀리 물리치신 것은 정조의 어진 이를 친히 하시는 의리를 본받으신 것"이라고 칭송했다.[027] 1909년에는 헌종과 철종 양조의 보감이 찬술되었는데 여기에서는 헌종이 우현좌척하여 조정이 청명해졌다고 평가했다.[028]

1849년 헌종이 23세의 나이로 갑작스럽게 사망하고 안동 김씨의 추대를 받아 철종이 즉위했다. 철종 대는 헌종 대와는 달리 정조 대에 활동했던 인물들이 대부분 세상을 떠난 상태였다. 게다가 철종은 집권 9년이 지난 시점에도 탕평의 뜻을 몰라 신하들에게 물을 정도로 정치에 대한 식견이 부족했다.[029] 따라서 철종 대는 헌종 대의 경우처럼 정조가 기억되기는 어려운 상황이었다. 이러한 상황을 의식한 초계문신 출신 서준보(徐俊輔, 1770~1856)는 소를 올려 정조의 옛 신하들이 없는 상황에서 자신마저 죽는다면 정조의 공덕이 흔적도 없이 사라질 것이라며 정조에게 휘호를 추상할 것을 건의하기도 했다.[030]

물론 정조가 완전히 잊혔던 것은 아니다. 우의정 이헌구(李憲球, 1784~1858)는 정조가 모든 정사를 훌륭하게 처리했지만 특히 죄수에 대해 마음 아파하고 측은히 여겼다고 강조했다.[031] 국가가 위태로운 이유가 수령의 탐학 때문이라고 진단했던 우의정 박회수(朴晦壽, 1786~1861)는 정조 통치 24년 동안 징탐을 첫째 원칙으로 견지한 사실을 강조하며 수령의 불법 행위를 막아야 한다고 주장했다.[032] 철종도 정조에 대해 언급한 바 있다. 1854년 소론 조석우(曺錫佑)가 송시열을 비판하는 내용이 포함된 조부 조하망(曺夏望)의 문집을 간행한 것을 계기로 1855년 노론 측의 소론에 대한 공세가 계속되자 정조가 사문의 시비에 관한 소장은 피차를 막론하고 봉납하지 말라는 엄령을 내린 바 있다면서 금령을 준수하라고 명한 것이다.[033] 하지만 철종은 애초 정통성에 문제가 있었기 때문에 정조의 권위를 활용하기에는 한계가 있었다.[034] 철종 대에 들어 전 시기에 비해 정조에 대한 관심은 약화되고 있었다.

정조에 대한 기억이 다시 살아난 것은 고종 대에 들어서였다. 고종 초에 신료들이 정조를 본받을 것을 권한 것은 흥미롭다. 홍문관에서는 고종에게 정조가 신하들을 접견하여 정사를 부지런히 하고 백성의 생활을 걱정한 일과 관련된 고사를 지어 올렸다. 강관(講官) 정기세(鄭基世, 1814~1884)와 김영작(金永爵, 1802~1868)은 고종에게 정조를 따를 것을 건의했다. 임술민란을 겪고 난 직후라 새로운 국왕에 거는 기대가 컸을 것인데, 정조를 본

받아야 할 모범적인 군주상으로 제시한 것은 주목된다. 고종 역시 정조를 따르고자 했는데, 고종의 주 관심은 다른 국왕들과 마찬가지로 정조의 왕권 강화책이었다.

1873년 대원군 하야 이후 친정에 나선 고종은 왕권 강화 작업을 추진했다. 고종에게 시급한 것은 권력 기반을 강화하는 일이었고, 고종은 그 과정에서 정조의 왕권 강화책을 참고했다. 친위 부대의 필요성을 절감했던 고종은 장용영의 예를 따라 1874년 무위소(武衛所)를 신설한 후 훈련도감·금위영·어영청의 군사를 소속시켰다.[035] 고종은 규장각 기능의 복구 작업도 추진했다. 규장각은 세도정치기에도 존속되었지만 정조 대와는 달리 실질적인 역할은 거의 수행하지 못한 채 주로 경화사족들의 문벌 형성 기제로 기능하고 있었다. 경화사족의 세력 근거지로 변질됨으로써 홍선대원군이 집정할 때는 개혁의 대상이 되었다. 고종은 대원군 집정기에 축소된 규장각의 기능을 보고하게 했고, 내각의 제반 절차도 복구하도록 지시했다. 그에 따라 규장각의 제반 절차가 복구되었고 1874년 10월에는 민규호(閔奎鎬)를 비롯한 민영익(閔泳翊)·민응식(閔應植) 등의 민씨 세력과 김윤식(金允植)·홍영식(洪英植)·김홍집(金弘集) 등이 규장각 직제학에 기용되었다.[036]

자신들을 위한 기억 : 신료와 유생층의 정조 기억

정조를 기억하는 이들은 많았는데, 정조를 기억하는 방식에는 각기 차이가 있었다. 19세기의 국왕들은 주로 왕권 강화에 적극적으로 나섰던 정조의 모습을 기억하고 정조의 그러한 모습을 본받고자 했다. 정조가 왕권 강화를 위해 추진한 대표적인 정책은 규장각과 장용영의 설치였는데, 19세기의 국왕들이 특히 주목한 것은 장용영이었다. 규장각의 경우는 경화거족들이 이미 장악한 상태여서 정상화가 쉽지 않았고, 정상화시킨다고 해도 당장 효과를 보기 힘든 것이라 별로 관심을 기울이지 않았다. 또 규장각의 핵심은 초계문신제인데 그것은 정조 수준의 능력과 열정이 있지 않고는 운영하기 힘들었다.[037] 따라서 헌종과 고종은 권력 기반을 즉각적으로 강화할 수 있는 친위군 창설을 시도했고, 그 결과 총위영과 무위소가 탄생했다. 창설 과정에서 논란이 없지 않았지만 장용영을 설치한 전례가 있었기 때문에 친위군을 만들 수 있었다.

신료들의 입장은 국왕과는 달랐다. 단적인 예로 신료들은 국왕의 친위군에 대개 부정적인 반응을 보였다. 하지만 정조 대의 전례가 있어 폐지를 주장하는 것은 부담이 있었기 때문에 친위군의 확대를 막는 데 주력했다. 우의정 박회수는 정조의 뜻을 받들어 다른 영에 비해 지나친 특혜를 주지 말고 사치스러운 비용도 없애는 등 단속에 힘쓸 것을 건의했다.[038] 국왕이 장용영을 전례로 들자 정조의 뜻임을 내세워 철종을 견제했던 것이 흥미롭다. 고종 대에 영의정 이유원(李裕元, 1814~1888)도 장용영과 총위영의 전례가 있어 무위소 설치는 문제가 없지만 독자적인 영문으로 확대시켜서는 안 된다고 주장했다.[039] 왕권의 견제에 관심이 있던 신료들이 기억하고자 했던 정조의 모습은 당연히 국왕과 다를 수밖에 없었다. 이와 관련해서는 우의정 정원용의 다음 언급이 참고가 된다.

아! 우리 정종께서는 요순이고 우·탕이십니다. 신은 교정의 일로 인해 25년의 일들을 읽었는데 지성으로 구언하기를 그렇지 않은 해가 없어 경재(卿宰)로서 동시에 진언한 사람이 더러는 자그마치 40인 이상에 이르고 서료(庶僚)와 위사(衛士)에 이르기까지 말하고 싶으면 말하고 마음에 품은 것은 말하지 않은 것이 없었는데 그 말의 당부를 막론하고 모두 즐겁게 듣고 받아들여 한 사람도 말로 죄를 지은 자가 없었으니, 치화(治化)의 융성함을 삼대에 비한 것은 오로지 여기에서 연유한 것입니다.[040]

정원용은 1802년에 급제했기 때문에 정조를 대면할 기회는 없었지만 『국조보감』의 교정 업무를 맡으면서 정조 대를 이해하고 위와 같은 결론을 내렸다. 『국조보감』에는 정조의 다양한 모습이 담겨 있었지만 정원용이 눈여겨 본 것은 주변의 이야기를 경청하는 태도였다. 이처럼 국정 주도권을 놓고 국왕과 세도가 중심의 신료들이 대결하고 있던 19세기에 국왕과 신료들은 각기 자신들에게 유리한 방향으로 정조를 기억하고자 했다.

국왕과 신료 사이뿐만 아니라 신료들 간에도 정조에 대한 기억에 차이가 있었다. 정조에 대한 애정이 가장 컸던 부류는 역시 남인이었다. 정조가 세상을 떠났을 때 남인은 큰 상실감을 느꼈다. 정조가 승하하자 정계에서 물러난 남인이 적지 않았으며, 그러한 상실감은 정조가 독살되었을 것이라는 의구심으로 이어지기도 했다.[041] 실세 상태에 있던 자신들을 포용하고 정계에 복귀시켜준 정조는 남인들로서는 잊을 수 없는 존재였다.

정조와 남인과의 관계는 분명 각별했다. 정조 즉위 직후부터 안동 유생 이도현(李道顯) 부자가 사도세자의 신원을 주장하는 등 영남 남인은 정조의 뜻에 부응하고자 했다. 민감한 사안이라 정조는 이도현 부자를 즉각 처형하기는 했지만 정조도 영남 남인에게 호의적이었다. 정조는 1782년 영남유생들에게 내린 교서에서 영남은 추로(鄒魯)의 고장으로 임진왜란 때

용맹을 떨쳤고 이인좌(李麟佐)의 난 때도 휩쓸리지 않아 조정에서 크게 의지하고 있다고 밝힌 바 있다.[042] 정조는 1788년 청남(清南) 계열의 채제공(蔡濟恭, 1720~1799)을 우의정으로 임명하여 탕평의 규모를 확대했으며 이를 계기로 남인의 정치적 입지가 강화되었다. 이런 와중에 1791년에 발생한 진산 사건을 계기로 남인에 대한 공격이 거세지자 정조는 영남 지역의 순정한 학풍을 부각시켜 남인을 보호했다.[043] 그러자 영남 유생들은 1792년에 만인소를 올려 장헌(사도)세자의 신원을 청하며 정조가 영남인을 돌봐준 은혜에 목숨으로 보답하겠다고 다짐했다. 정조는 소두 등을 직접 만나 영남의 학풍을 칭송하고 영남의 중요성을 강조하는 등 영남 남인을 위로했다.[044]

정조의 관심에 감복한 영남 남인은 지속적으로 장헌세자 추숭을 건의하여 자신들의 존재감을 확인받고자 했다. 장헌세자 탄생 두 갑자가 되는 1855년(철종 6)에는 영남 남인으로 관료 출신인 유치명(柳致明, 1777~1861)이 장헌세자 추숭을 주장했고, 이어 영남 유생들이 장헌세자의 추숭을 청하는 만인소를 올렸다. 1868년에도 영남 남인들은 장헌세자 추숭 운동을 추진했지만 조정에서 엄하게 금지해 중단했다. 영남 남인들이 장헌세자 추숭에 집착했던 것은 정조에게 인정을 받았던 기억 때문이었다.

남인처럼 절박하지는 않았지만 노론에게도 정조는 반드시 기억해야 할 존재였다. 노론이 정조를 기억하고자 했던 주목적은 자신들의 권위를 인정받기 위해서였다. 정조는 즉위한 지 얼마 지나지 않아 효종이 송시열에게 보낸 밀찰(密札)의 모사본을 열람한 후 효종과 송시열의 관계를 '어수지계(魚水之契)', 즉 물과 물고기의 만남에 비유하면서 송시열과 함께하지 못한 것이 한스럽다고 밝힌 바 있다.[045] 노론 측은 이를 정조가 자신들의 정통성을 인정해준 근거로 적극 활용했다. 사문난적으로 낙인찍혔던 소론 윤광안(尹光顔)의 아들 윤경규(尹敬圭)를 1839년 관직에 기용했을 때 성균관 유생들이 '어수지계'를 들어 노론의 정통성을 강조하며 반발하거나,[046] 송환기(宋煥箕, 1728~1807)의 제자 정규한(鄭奎漢, 1750~1824)이 '어수지계'를 내세워 송시열의 권위를 강조한 것이 그러한 예이다.[047]

노론은 자신들의 정당성을 인정받기 위해 필요한 기억만을 가져오기도 했다. 1855년 노론 측은 그 전 해에 소론 조석우가 조부 조하망의 문집을 간행한 일을 거론하며 소론 측에 공세를 강화하고 있었다. 이 과정에서 노론 측은 정조가 즉위 직후에 윤선거(尹宣擧)·윤증(尹拯) 부자의 관작을 추탈하고 사액을 훼철했다는 사실을 부각시켰다. 윤선거 부자가 1776년에 관작을 추탈당한 것은 사실이지만 1782년에 복구된 상태였는데, 노론 측은 즉위 직후의 조치만을 들어 윤선거 부자를 공격한 것이다.[048] 노론은 정조가 윤선거 부자의 관작을 회복시켜준 일은 기억하지 않았다. 소론 측은 물론 정조가 1782년 윤선거 부자의 관작을 다시 복구시켜준 사실을 상기시키며 노론의 공격에 대응했다.

이처럼 국왕을 비롯하여 각 정치 세력은 필요에 따라 정조를 기억했다. 정조와 관련된 19세기의 거의 마지막 장면은 1899년(고종 36) 장헌세자의 추숭 작업이라고 할 수 있다. 그해 8월에 궁내부 특진관 서상조(徐相祖)는 장헌세자를 추숭하고 아울러 정조에게 존호를 추상할 것을 건의했다.[049] 서상조는 철종 대에 정조의 존호 추상을 제안한 바 있던 서준보의 손자였는데, 정조의 숙원 사업이었음을 들어 추숭을 건의한 것이다. 고종도 이를 적극 수용하여 정조가 세상을 떠난 지 거의 백 년 만에 장헌세자의 추숭이 이루어졌다. 정조의 오랜 소망이 19세기의 마지막에 실현된 것은 극적인 장면으로 보일 수도 있다. 1899년은 대한제국이 출범한 지 얼마 지나지 않은 중요한 시점이었다. 이러한 때에 굳이 장헌세자를 추숭하고 정조와 효의왕후에게 존호를 올리는 사업을 추진해야 했을까 하는 생각이 든다. 고종이 추숭을 결정한 것은 왕실의 권위를 높이기 위해서였던 것으로 보인다. 이는 추숭을 논의하는 과정에서 고종이 관료들에게 영조와 정조에게 충성을 바친 이들에 대해 언급했던 데서 짐작할 수 있다. 경무사 이유인(李裕寅)은 소를 올려 정조의 칭찬을 근거로 지난 백 년 동안 경모궁에 대한 의리를 밝힌 영남 유생들을 격려해주기를 청했다. 고종은 영남 인사들의 의리를 칭찬하면서 정조가 영남에 의지했던 것이 증험된 것이라고 강조했다.[050]

정조 기억의 다양한 양상 : 망각, 단절, 왜곡, 답습

한 인간으로 그리고 통치자로 정조는 여러 모습을 지니고 있었다. 그 가운데 어떤 것들은 기억되었지만 어떤 것들은 기억되지 않았다. 민인들과의 접촉은 제대로 기억되지 않았던 대표적인 장면이다. 정조는 영조의 영향을 많이 받아 민과의 접촉을 중시했다. 매년 초하루에 서울의 상황을 살피기 위해 공시(貢市) 백성을 불러 폐단을 묻고는 했고, 육선궁(毓祥宮) 등을 전배하고 돌아오는 길에도 공시 백성을 만났다. 정조는 특히 화성 행차를 중요한 접촉 통로로 활용했다. 정조는 '행행(行幸)'은 백성들이 행차를 다행으로 여긴다는 뜻이라며 행차를 통해 백성들의 폐단을 바로잡겠다는 의지를 보였다. 상언을 적극 수용하여 집권 기간 동안 능행 때 접수한 상언이 3,232건에 달했다.[051] 소민이 상언을 하는 것이 난잡한 행동이라는 지적도 있었지만, 정조는 호소하는 백성들에게는 잘못이 없다고 반박했다.[052] 그러나 정조의 이러한 모습은 정조의 행장에도 들어 있지 않았고 19세기에도 기억되지 못했다.

기억되는 경우에 그 기억의 양상은 다양했다. 가장 흔한 일은 기억이 희미해지다가 잊히는 것이다. 우현좌척 이념이 그랬다. 앞서 본 것처럼 19세기 초반까지만 해도 정조의 우현좌척에 대한 언급이 적지 않았고 우현좌척의 이념을 추구해야 한다는 점에 원칙적으로 동의했다. 하지만 시간이 지나면서 우현좌척론은 잊히고 오히려 국왕이 척리에 의지해야 한다는 주장이 제기되었다. 서울 산림 오희상(吳熙常, 1763~1833)은 주상이 어리고 국세가 급박하여 척리에 의지할 수밖에 없다는 견해가 있다면서 그에 대해 회의적인 견해를 밝히기도 했다. 1832년 김조순이 세상을 떠났을 때 작성된 졸기에서는 김조순을 다음과 같이 평했다.

> 정조가 두터이 신임하여 특별히 뒷날 어린 왕을 보좌하는 책임을 부탁하였다. (…) 김조순이 왕실의 가까운 친척이 되어 안으로는 국가의 기밀 업무를 돕고 밖으로는 백관을 총찰(摠察)하여 충성을 다하며 한 몸에 국가의 안위를 책임진 것이 30여 년인데, 오직 임금을 보호하고 군덕(君德)을 성취하며, 정의(精義)를 굳게 지키고 선류(善類)를 북돋아 보호하는 것으로 [정조를] 추모하여 보답하는 방도로 삼았기에, 우리 태평성대의 다스림을 돈독히 도울 수 있었다.[053]

어린 왕을 보좌하라는 부탁이 세도정치를 열라는 뜻이 아님을 모르지 않았을 텐데 김조순이 척신으로 정무를 총괄한 것을 일방적으로 칭송하고 있다. "척리는 무조건 꺾어 눌러야 한다."라고 했던 정조의 좌척론이 더 이상 기억되기 힘든 상황이었음을 보여준다.

기억이 단절되는 경우도 있었는데, 노비제 개혁이 그러한 예다. 정조는 신분제 자체의 폐지까지 생각하지 못했지만 노비를 고용인으로 전환시키고 고용인은 자식에게 대물림시키지 않는 방식의 노비제 혁파안을 구상했다.[054] 하지만 갑자기 노비제를 혁파할 경우 발생할 폐단 때문에 결단을 내리지 못한 상태에서 세상을 떠났다. 정조의 구상은 1801년 공노비 혁파로 부분적으로나마 실현되었다. 공노비를 혁파하면서 내린 윤음에서 순조는 정조의 고심을 본받고자 하니 부응하라고 당부했다. 당시의 조치는 사노비는 물론이고 공노비 가운데도 관노비가 제외되고, 공노비 혁파에 따른 재정 부족분을 장용영에 전가하여 장용영을 무력화시키기 위한 정치적 의도가 내포되어 있는 등 한계가 많은 것이었다. 그럼에도 불구하고 공노비를 혁파한 것은 분명 의미 있는 시도였다. 고종 대에 노비제 개혁과 관련된 후속 조치가 취해졌다. 1864년에는 공노비 혁파에도 불구하고 인평대군방(麟坪大君房)의 노비안이 빠져 있었다며 다른 궁방에도 이러한 사례가 발견되면 노비 문서를 모두 소각하도록 지시했고,[055] 1886년에는 사노비들이 한번 노비가 되면 세습되는 현실을 지적하며 노비 사역이 대물림되지 않도록 했다. 고종은 두 조치를 취하면서 앞선 공노비 혁파의 정신을 계승하는 것이라고 밝혔는데 공노비 혁파를 순조의 업적으로 설명했다.[056]

기억은 때로 왜곡되기도 했다. 정조의 천주교 정책에 대한 기억은 그러한 왜곡상을 보여준다. 정조가 집권 기간 내내 천주교에 대한 교화주의적 정책을 견지했음은 잘 알려진 사실이다. 천주교 신자 가운데 남인이 많았기 때문에 정조는 천주교가 정치적인 문제로 비화되는 것을 극히 경계했다. 천주교 신봉은 개인적인 문제이며 정학(正學)의 진흥이 천주교를 막을 수 있는 가장 근본적인 방법이라는 것이 정조의 신념이었다. 정조의 교화주의는 천주교의 공인은 사실상 불가능했던 당시의 상황에서 취할 수 있는 합리적인 대책이었다. 하지만 정조의 교화주의 원칙은 정조 사후 벽파에 의해 사실상 폐기되었고 이후에도 복구되지 않았다. 표면적으로는 정학을 밝히면 이단은 저절로 없어질 것이라고 주장했지만 이는 실제 정책과는 동떨어진 수사에 불과했다. 그래도 헌종 대인 1839년에 내려진 척사윤음에서는 천주교가 더욱 치성해질 것을 정조가 염려해 그 괴수를 다스리고 나머지는 용서했다는 사실을 언급했다.[057] 그러나 흥선대원군이 집정하던 1866년에 내린 척사윤음에서 논조가 바뀌어 정조와 순조가 용단을 내려 천주교도를 크게 처단함으로써 더러운 풍속이 거의 혁신되었다고 밝혔다.[058] 고종 역시 1881년에 교지를 통해 정조가 천주교를 뿌리째 제거했음에도 불구하고 뜻밖에 치성해졌다면서 사교에 물든 자들은 집안 일족을 몰살시킬 수밖에 없다고 경고했다.[059] 19세기 후반에 들어 정부는 정조를 천주교도를 강력히 처벌한 국왕으로 선전하며 천주교 탄압의 정당성을 정조에게서 찾았던 것이다. 필요에 따른 기억의 왜곡이다.

기억해야 할 정조의 모습이 잊히거나 왜곡된 것은 문제지만 진지한 검토나 반성 없이 정조를 이용했던 것도 문제였다. 헌종과 고종이 취약한 왕권을 보강하기 위해 장용영 제도를 모방했는데 정조의 장용영 설치는 사실 정상적인 조치로 보기 어려운 것이었다. 장용영은 정조의 사적 기구라는 성격을 지니고 있었고 그것의 운영을 위해 국가 재정이 전용되었다.[060] 또한 그 규모가 커지면서 운영비 마련을 위해 막대한 양의 환곡을 운용함으로써 민폐를 야기하고 있었다.[061] 정조도 장용영의 문제점을 잘 알고 있었다. 정조의 인정을 받았던 이서구가 정조 사후에 장용영 혁파를 주도했던 것은 그것의 폐단을 정확히 인식하고 있었기 때문이다. 그러나 헌종과 고종은 장용영을 근거로 친위군 설치의 정당성을 주장하기에 급급했을 뿐 장용영 운영에 따른 부작용에 대해서는 아무런 고민도 하지 않았다. 후대 국왕들의 머릿속에 장용영은 집권 기반 강화를 위한 기구로 기억되고 있었던 것이다.

규장각도 마찬가지 경우라고 할 수 있다. 장용영과 규장각은 정조 대의 핵심 기관이었지만 정조 사후 장용영은 폐지되었던 데 반해 규장각은 존속되었다. 규장각이 남게 된 것은 세도가를 포함한 경화거족들이 그것의 존치를 원했기 때문이다. 규장각은 경화거족이 규장각의 주요 관직을 거의 독차지했으며, 규장각은 실질적인 역할은 거의 하지 못했음에도 불구하고 유지되었다.[062] 경화거족이 규장각을 통해 얻고자 한 것은 규장각이 지닌 권위였다. 물론 규장각에 그러한 권위를 부여했던 이는 정조다. 정조는 정치적 이상을 실현하기 위한 기구로 규장각을 창설한 후 별도의 직제를 설치하고 초계문신제를 시행했다. 자신이 직접 양성한 관료를 중심으로 정국을 운영하겠다는 전략이었다.

규장각의 특수한 위상 때문에 규장각이 정조의 사각(私閣)이 되고 각신이 정조의 사신(私臣)이 되고 있다는 비판이 제기되기도 했다. 초계문신 출신으로 정조의 최측근이었던 정약용도 같은 문제를 지적한 바 있다. 정약용은 규장각을 하나의 독립 아문으로 만든 것을 비판하면서 폐지해야 한다는 의견을 제시했다. 정약용은 초계문신 출신이지만 다음과 같이 초계문신제의 문제점을 지적했다.

> 하물며 초계하는 법은 새로 진출한 선비까지 널리 뽑으니, 총명함과 우둔함이 서로 섞이고, 공교로움과 졸렬함이 서로 나타나게 되어, 덕 있는 사람을 대우하기에는 부족함이 있다. 또 총명한 사람이라도 임금의 지척에 돌아앉아서 여러 가지 경서를 강하도록 하는데, 잘못 실패하는 때도 있어 황공함에 땀이 등을 적시기도 한다. 혹 가벼운 벌이라도 받게 되면 졸렬함이 다 드러나는데, 어린아이같이 때리며 생도같이 단속한다. 한 번이라도 이 선발을 거친 자는 의기가 움츠러들어서 감히 낯을 들어 일을 논하지 못하고 종신토록 머뭇거리기만 하며, 문득 임금의 사인(私人)이 되어버리니, 이것은 좋은 법제가 아니다.[063]

정약용은 이런 문제점이 있는 초계문신제를 폐지해야 한다고 주장했다. 정조 대 정치의 가장 큰 문제점 가운데 하나는 군사론(君師論)으로 대표되는 정조의 통치 방식이었는데, 정약용은 그 점을 꿰뚫어 보고 있었다. 실제 정조 대 초계문신들이 삼사의 간관 직을 맡자 국왕에 대한 간언이 실종되는 상황이 발생했다. 초계문신들이 정조의 권위에 복종하면서 정조의 근신으로 안주했기 때문이다.

규장각 제도는 이처럼 검토할 부분이 많았지만 이에 대해 논의가 이루어진 일은 없었다. 경화거족은 규장각을 통해 정조 대 규장각신에게 부여된 권위를 누릴 뿐이었다. 영의정 정원용의 경우 정약용의 비판과는 반대로 오히려 정조가 군사의 지위로 초계문신을 시험하고 상벌을 시행한 것을 칭송하며 시행을 주장하기도 하였다.[064] 홍선대원군은 규장각 개혁을 시도했지만 고종이 친정하면서 규장각 기능을 다시 부활시켰다. 결과적으로 규장각은 문벌 기구의 성격을 탈피하지 못했고, 그로 인해 갑신정변 때 규장각 혁파가 강령의 하나로 포함되는 상황에 직면하고 말았다.

이처럼 정조가 기억되는 양상은 매우 다양했는데 정조가 검토의 대상이 된 적은 거의 없었다. 기억의 양상이 어땠든 정조는 추앙해야 할 존재로 기억될 따름이었다. 이는 18세기 후반 정조 대 정치에 대한 반성이 차단되었음을 의미하는 것이기도 했다.

맺음말

2009년 정조가 벽파 영수 심환지에게 보낸 297통의 비밀 편지가 공개되었을 때 많은 사람들이 크게 당혹해했다. 편지 가운데 적지 않은 부분이 정치 공작과 관련된 내용을 담고 있었기 때문이다. 게다가 정조는 문장이 세도와 관계가 있다면서 바른 글을 쓰라고 그렇게 강조했지만 정작 본인은 자신이 경계했던 문체를 아무렇지 않게 구사하고 있었다. 당혹감은 정조가 그럴 리 없다는 믿음에서 비롯된 것이다. 사실 정조 당대에 만들어진 『일득록(日得錄)』이나 정조 사후 작성된 행장 등에 나타나는 정조는 완전무결한 인격체 가까운 모습을 하고 있다.

정조에 대한 일종의 신화는 그 신화를 필요로 했던 이들을 중심으로 전승되었다. 국왕들은 정조의 왕권 강화책을 기억하고자 했고, 신료들은 학문을 열심히 닦고 주변의 이야기를 경청하는 임금으로 자리매김하려 했다. 각 정치 세력은 또 자신들에게 유리한 방향으로 정조를 기억했다. 그 과정에서 정조에 대한 기억은 희미해지거나 경우에 따라 왜곡되는 등 다양한 변화를 겪었다. 물론 어떠한 변화를 거쳤든 정조는 완벽한 국왕으로 기억되었고, 그런 정조가 통치했던 시기는 성세(盛世)로 평가되었다. 그러나 정조는 결코 완벽한 국왕이 아니었고, 정조 통치기는 성세도 아니었다.

19세기는 정조 대의 정치에 대한 반성이 더 필요한 시점이었다. 정조가 지향했던 국가 운영의 방향은 옳은 것이었는지, 통치 방식은 적절했는지, 정조의 필사적인 노력에도 불구하고 그의 정치 운영은 왜 한계를 드러냈는지 등에 대해 진지한 검토가 이루어져야 했다. 하지만 정약용 정도만이 그러한 검토를 했을 뿐이며 국왕을 비롯한 대부분의 사람들은 정조를 치켜세우며 자신들에게 유리한 기억을 끌어내 이용하기에 급급했다.

최근 정조에 대한 관심이 높아지는 것은 새로운 지도자에 대한 갈망 때문일 것이다. 그러나 정조 시대에 대한 비판적인 성찰 없이 그려진 정조는 실상과 동떨어진 허상일 수밖에 없다. 19세기 사람들이 저질렀던 실수를 지금 우리들이 반복하고 있는 것이 아닌지 고민해볼 시점이다.

노대환

동국대 서울캠퍼스 사학과 교수로 재직 중이다. 조선 후기 사상사를 전공했다. 주요 저서로 『동도서기론 형성 과정 연구』, 『문명』 등이 있다.

6장

오늘날의 역사학, 정조 연간 탕평정치, 그리고 19세기 세도정치의 삼각 대화

머리말

정조와 정조 연간은 한국사 연구에서 가장 많은 관심을 받고 연구 역량이 집중된 주제 중의 하나이다. 학자들 사이에서는 일찍부터 정조 연간의 정치 개혁, 문화적 축적, 사회경제적 개혁론에 특별한 관심을 쏟아왔으며, 특히 그러한 업적을 주도한 국왕 정조를 둘러싸고 많은 연구 성과가 산출되었다. 학자들뿐 아니라 시민들 또한 정조와 그 시기의 정치에 많은 관심을 쏟았다. 여기에는 대중문화 수준에서 무책임하고 자극적으로 제기된 정조가 암살당했다는 주장이나 새롭게 등장한 정조의 비밀 어찰 등도 중요한 작용을 했다. 그러나 정조와 그 시기를 집중적으로 조명해온 근본적인 이유는 그때가 400년간 이어온 조선 시대의 정치체제와 그 역사적 성격이 크게 전환하는 길목에 서 있었다는 문제의식과 기대 때문이었다.

'새롭게 보는 정조와 19세기'의 기획도 그러한 문제의식 위에 서 있다고 생각한다. 이 글에 주어진 과제는 탕평과 세도정치기의 정치구조 변화에 대하여 그것이 지배층 일부의 변질에 불과한 것인가, 아니면 국가·체제 차원에서 중인·민의 동향에 반응한 것인가를 검토하고 새로운 패러다임의 가능성을 살피는 것이었다. 동시에 기획 취지의 수정도 가능하다는 상당한 자율성을 부여해주었다.[001] 필자는 동료들과 함께 19세기의 세도정치를 종합적으로 탐구했다. 또한 17세기 사족의 붕당정치론과 18세기 군주의 탕평정치론이 내적인 한계와 모순으로 인해 파열되고 19세기에 민과 국가권력이 직접 대면하게 되는 맥락을 정리한 바 있다.[002] 19세기에는 하층민의 정치적 활동이 다양한 모습으로 급격히 확대됨으로써 정치사의 구성 자체가 달라진 것이다.[003] 조선 후기 정치사 연구는 18세기까지 붕당정치나 탕평정치 등 지배층의 정치에 초점을 맞추더라도 19세기 정치사의 무게중심은 민의 정치 활동으로 옮겨지는 것이 옳다고 생각한다. 하지만 이 글에서는 기획의 취지에 따라 정조 및 탕평정치와 세도정치의 관계를 검토하기로 한다. 지배층이 주도하는 정치가 어떻게 변화되어갔는가 하는 문제는 민의 정치력 증대와 긴밀히 연결된 문제일 뿐 아니라, 조선 후기 18세기의 탕평정치와 19세기 세도정치 사이의 단절과 연결에 대해 학계의 동의가 이루어지지 않았기 때문이다.

탕평정치와 세도정치의 관계에 대한 시각이 정조 및 그의 정치를 어떻게 보는가에 긴밀히 결합되는 것은 당연한 사실이다. 그런데 이 기획의 첫 논문 「조선 후기 정치의 맥락에서 탕평 군주 정조 읽기」는 정조의 탕평정치를 향한 오늘날의 정치사 연구는 무엇을 탐구 대상으로 삼아야 할 것인지, 역사 탐구의 결과물이 현실의 생활과 실천에서 어떤 의미를 지니는지에 대해 저자의 색다른 관점을 뚜렷이 드러냈다.[004] 그러한 문제 제기를 통해 조선 후기의 정치사를 연구하는 연구자들 사이에서 문제의식의 출발점이나 연구방향이 얼마나 다른지 확인되었다. 한쪽에서 근대 이후 역사학의 기초라고 믿고 있는 것을 다른 이들은 공유하지 않을 수 있다는 사실도 깨닫게 되었다. 연구 시각의 차이는 필연적으로 정조 탕평정치와 19세기 세도정치의 이해에 결합된다. 이 글에서는 탕평정치와 세도정치의 관계를 검토하기에 앞서 위 논문에서 제기된 정조 연간 정치사를 보는 시각에 대해 먼저 토론하고자 한다. 그동안 각자 당연하다고 생각하여 자세하게 따져볼 필요성을 느끼지 못하던 차이점을 확인하고 그 기초부터 점검해볼 기회를 갖게 된 것을 다행스럽게 생각한다.

정조 연간 정치를 보는 시각에 대한 토론

정치 범주의 혼란

'새롭게 보는 정조와 19세기' 기획의 첫 논문인 「조선 후기 정치의 맥락에서 탕평 군주 정조 읽기」(이하 「정조 읽기」)는 오늘날의 정치에 대한 문제의식과 실천의지를 강하게 표출했다. 「정조 읽기」에서 말하는 정조 연간 정치사 연구의 의의는 다음과 같다. 제대로 된 정치를 꿈꾼다면 정치의 경험을 제대로 복원하는 작업이 필요하며, 정조의 탕평정치를 온전히 설명하는 과제가 현재 우리의 정치를 온전하게 복원하는 과제와도 연결된다고 했다. 이때 정치의 본질을 이루는 것은 '갈등의 조정'이다. 사회·정치적 갈등은 집권적 봉건군주체제인 조선 후기에는 국왕에 의해서, 근대적 공화제 혹은 의회제인 현대에는 국민을 대표한다는 대통령 총리에 의해서 조정된다고 하면서 다음과 같이 주장했다.

> 갈등 조정의 원리는 근본적으로 다르다. 그러나 국왕이든 대통령이든 총리든, 최고의 권력자가 해당 시기의 정치 참여층과 더불어 갈등을 조정해야 한다는 정치의 본질까지 다르지는 않다. 정치를 경제·사회·개인·혁명과 같은 비정치로 환원하려는 시각이야말로 정치의 영역·역할을 부정하는 것이다. 그 결과는 파시즘이나 전체주의가 아니면 개인의 수양 문제로 귀결된다.

위의 주장은 다음과 같은 전제 위에 서 있다.

근대 정치체제는 근대적 국민혁명을 직접 경험하거나 그 영향을 받아서 새롭게 구축되었다. 새로운 정치체제가 정착된 이상, 혁명의 경험보다는 정치의 경험이 더욱 중요하다. 이러한 맥락에서 정치는 개인이나 사회혁명과 같은 비(非)정치의 영역으로 환원될 수 없다.[005]

위의 주장에서 우선 문제가 되는 것은 정치의 영역·역할에 대한 규정이다. 경제·사회·개인·혁명을 비정치(非政治), 또는 비정치의 영역이라고 규정한 것은 다음과 같이 정치학 교과서 첫머리에 나오는 서술과 배치된다.

권력의 획득·유지를 둘러싼 항쟁 및 권력을 행사하는 활동을 정치 활동이라 말하고, 그 행동양상을 정치 양상이라고 한다. 정치 활동이 전개되고 있는 환경이나 정치적 활동을 전개하도록 하는 조건이 정치적 상황이다. 정치적 상황에 있어서 정치적 가치를 추구하고 있는 것이 '정치적 인간'이며, 정치가 일상화하는 것이 정치 조직이다.[006]

정치는 경제·사회와 같은 정치적 상황, 정치 활동의 주체인 정치적 인간과 분리되어 존재하지 못한다. 혁명·체제변혁 등은 그 자체가 고도의 정치 활동이며, 특히 한 사회가 크게 변화하는 시점에서는 정치의 핵심요소가 된다. 혁명은 실제로 일어나지 않았다 해도 하나의 가능태로서 정치 현장을 구성하고 있는 것이다. 정치의 이러한 성격은 시대가 다른 과거라고 해서 달라질 수 있는 것이 아니다. 만일 조선 시대 정치의 정의나 본질이 위의 내용과 달랐다고 본다면, 그것부터 자기 논리를 세워야 할 것이다.

정치의 본질이 위와 같은데도 경제·사회·개인·혁명을 정치가 아니라고 한다면 정치사 연구는 왜곡될 수밖에 없다. 제대로 된 정치를 위해 정치의 경험을 복원해야 한다면서 정치의 중요 요소들을 정치가 아니라고 하면, 제대로 된 정치의 경험을 복원하기는커녕 현실의 정치마저 왜곡하게 될 것이다. 더구나 역사학자에게 특히 강조되는 임무는 사회의 구조를 이해하고 시대에서 시대로 이어지는 변화를 해명하는 것이다. 정치사 연구자가 경제·사회·개인·혁명의 문제를 정치의 영역에서 제외한 채 역사학자의 임무를 수행할 방도는 없다고 생각한다.

「정조 읽기」의 주장이 '갈등의 조정'에 탐구를 집중하기 위해 정치 본연의 영역과 역할을 대단히 좁게 설정한 것이라고 이해해볼 수 있다. 하지만 갈등의 조정에 초점을 맞춘다 하더라도 그것이 경제·사회·개인·혁명과 연관하여 정치사를 연구하는 입장을 배격해서는 곤란하다. 어떤 연구자가 정치를 경제나 사회, 개인·혁명 등의 문제로 완전히 환원시켜, '갈등의 조정'을 비롯한 그 밖의 부문은 정치가 아니며 그런 주제들을 탐구하는 것은 정치사 연구가 될 수 없다고 주장한다면 잘못이겠지만, 그렇게 주장하는 논자는 찾아볼 수 없다. 그런데도 파시즘이나 전체주의와 같은 극단의 혐의까지 동원하는 것은 동료 연구자들에 대한 비판의 한계를 넘어선 것이다. 현실에 존재하지 않지만 위험한 연구 경향을 가정하여 경계한 것이라고 한다면 더 큰 혼란이 초래된다. 현실에 존재하지 않는 대상을 향해 불필요한 비판을 가함으로써, 엉뚱하고 애매한 연구자들에게 의심의 눈길이 쏟아질 수 있기 때문이다. 경제·사회나 개인·혁명에 초점을 맞추어 정치사를 연구하는 것은 연구자 개인의 선택에 달린 일이다. 그것은 어떤 학자가 자기 문제의식 위에서 한 시대의 정치사를 '갈등의 조정'에 초점을 맞추어 연구할 자유를 지닌 것과 동일하다.

피상적 동질성의 함정

조선 후기 정치에서 갈등의 조정이 어떻게 이루어졌는가를 사실 그대로 파악하는 것은 그것대로 중요한 의미를 지닐 수 있다. 특히 정조와 탕평정치를 연구할 때 갈등의 조정에 주목하자는 주장은 학자들 사이에서 많은 지지를 모을 수 있다. 탕평이 평등·통합과 타협·화해의 의미를 내포하고 있었으며 18세기 탕평론·탕평책의 존재가 한국 정치사에서 타협과 화해의 전통을 세우며 새로운 시민사회로 진전하기 위한 역사적 경험이 되었다는 주장도, 갈등의 조정에 초점을 맞추자는 견해와 그 실천적 문제의식이 상통한다고 판단된다.[007] 하지만 '갈등의 조정' 그 자체에 대해서 의문이 있다.[008] 경제·사회·개인·혁명을 비정치로 보고 '갈등의 조정'에 초점을 맞추는 것이 과연 과거와 현재의 한국 정치를 연결시켜 이해할 때 가장 우선적이고 적절한 연구 시각인가?

오늘날 한국 정치에서 논란의 핵심은 어떤 것들인가. 민주주의 정치질서를 뿌리째 뒤흔드는 정보기관의 여론 조작과 정치 개입, 인권이라는 인류 보편의 가치를 둘러싼 위안부 문제에서 피해 당사자의 의사를 무시한 채 강행된 한·일 정부의 합의, 무고한 죽음을 둘러싼 객관적 진실을 밝히려는 노력을 정부가 나서서 가로막고 있는 세월호 진상 규명의 문제, 자칫 우리 의지와 관계없이 강대국 간의 대립에 얽혀들 사드 배치 문제 등이 당장 떠오른다. 이것들은 대립하는 당사자 사이의 갈등을 조정하는 방식으로 풀리는 문제들이 아니다. 민주주의의 기본 질서를 파괴하는 불법에 대한 추상같은 처벌, 인간의 존엄성과 국가의 권한에 대한 원칙 확인, 국민의 생명에 대한 국가의 책임 완수, 위태로운 국제관계 속에서 국가 주권과 민족의 안위를 보장할 방안 모색 등을 통해서만 해결할 수 있다. 그 어느 것도 갈등의 조정이라는 방식으로, 더구나 경제·사회·개인 등과 분리시킨 채 접근할 수 있는 문제가 아니다. 그 하나하나가 당장의 혁명은 아니더라도 체제에 대한 근본적 성찰과 고민 없이는 제대로 해명하거나 해결책을 찾기 힘든 사안이다. 나아가 남북통일을 어떻게 이루어내고 통일 이후의 정치체제를 어떻게 구상할 것인가 하는 문제들에 이르게 되면 정치체제가 이미 정착되었다는 전제가 얼마나 안이한 명제인지 확연히 드러난다.

문제는 오늘날 정치를 바라보는 데만 있지 않다. 정조 연간의 정치에서도 중요한 사안들은 모두 경제·사회·개인, 그리고 혁명이나 변혁운동에 연결되는 체제의 문제와 긴밀히 결합되었을 수밖에 없다. 그 시대 정치에서 경제·사회·개인·혁명을 비정치로 규정하고 갈등의 조정 그 자체만을 탐구 대상으로 삼는다면, 그러한 정치사 연구가 조선 후기의 역사상을 담을 수는 없을 것이다. 조선 후기의 시대적 성격이 빠진 갈등의 조정을, 경제·사회·개인·혁명을 배제하여 마찬가지로 시대적 성격이 거세된 오늘날 갈등의 조정과 연관시킨다면 그것을 역사학의 성과라고 말하기 힘들 것이다.

혹시 '갈등'과 '조정'의 뜻을 한없이 확대하여 모든 정치적 논란을 갈등이라 하고 그 해결을 모두 '조정'이라고 강변하더라도 함정에서 벗어날 수 있는 것은 아니다. 「정조 읽기」에서 주장하는 "갈등을 조정하는 주체가 조선 후기의 국왕과 근현대의 대통령 혹은 총리라는 차이가 있고 갈등 조정의 원리는 근본적으로 다르지만 최고의 권력자가 해당 시기의 정치 참여층과 더불어 갈등을 조정해야 한다는 정치의 본질까지 다르지는 않다."라는 내용을 다시 보자. 국왕과 대통령·총리의 차이는 그렇게 간단히 넘길 수 있는 문제가 아니라 역사 탐구의 중심이 되어야 할 주제이다. 오늘날은 국민이 주권을 지닌 시대이다. 대통령은 국가의 원수이며 외국에 대해 국가를 대표하는 존재이지만, 국왕과 나란히 '최고의 권력자'라는 개념을 적용할 대상이 아니다. 국왕과 대통령·총리를 최고의 권력자라는 개념으로 함께 묶는 것은 그 본질적 차이를 간과한 피상적 접근이다. 오늘날의 국민을 '정치 참여층'이라는 용어로 조선 시대의 백성과 함께 함께 묶는 것 역시 마찬가지이다. 조선 후기와 현대 사이에 갈등을 조정하는 원리가 근본적으로 다르다고 지적할 뿐 그 다른 점에 관심을 두지 않는 것은 역사학의 방법이 될 수 없다. 시대에 따른 근본적 차이를 무시한 채 갈등을 조정하는 것이 정치의 동일한 본질이라고 한다면, 그러한 정치사 탐구 결과는 갈등 조정의 외형적 유사성을 비교하는 데 그치거나, 구태여 과거의 역사적 경험을 탐구하지 않더라도 충분히 알고 있는 상투적 교훈을 확인하는 데 그칠 수밖에 없을 것이다.

역사의 '교훈'에 대한 환상

위와 같은 우려는 현실로 확인되는 듯하다. 「정조 읽기」에서 탕평정치의 자산으로 제시한 것은 다음과 같이 '군주들이 당파를 관리하던 능력'이다.

조선 후기에서도 당쟁이 극성했던 숙종과 영조와 정조 시대에 조선은 국왕이 환국(換局) 혹은 조제·보합의 방식으로 이들 당파를 관리하면서 전성기를 구가하고 있었다. 물론 이 시기에 당쟁의 폐단이 나라를 망하게 한다는 인식도 있었지만, 당시의 군주들은 이들을 적절히 관리할 능력이 있었다. 이러한 관리 능력이야말로 정당정치가 당연시되는 현대 정치의 국정 담당자들이 조선 후기 당쟁사의 경험에서 얻을 수 있는 중요한 자산이다.[009]

여기서 말하는 정조의 붕당 관리 능력이란, 붕당의 현실을 부정하거나 인위적으로 타파하는 것이 불가능하다고 보고 각 당파를 안배하며 적절히 등용하거나 물러나게 하는 황극(皇極)=군국(君國)의 작동 방식을 구사한 것이다. 그렇게 하여 정조의 탕평책은 여러 붕당들과 공존할 수 있었고, 견제와 균형의 원리로 작동되었던 조선 후기 특유의 붕당정치 질서도 존중되었다고 한다.

위의 주장은 붕당 사이의 대립을 억누르고 나아가 붕당의 소멸을 지향했다는 데서 탕평정치의 의미를 찾던 기존 인식과 크게 다르며, 그만큼 치밀한 논증이 필요하다. 우선 공론을 표방하는 붕당정치가 과연 국왕에 의해 '관리'되면서도 그 의미를 유지할 수 있었을지 의문이다. 하지만 그에 대한 토론은 뒤로 돌리고, 군주의 붕당 관리 능력이 현대 정치의 국정 담당자들에게 중요한 자산이 된다는 문제의식 자체부터 검토해보고자 한다.

조선 시대의 국왕이 붕당을 관리하던 경험이 정당정치가 이루어지는 현대 민주주의 국가의 국정 담당자들에게 어떤 자산이 된다는 것인지 그 내용이 그려지지 않는다. 굳이 해석해본다면, 현대의 국정 담당자들이 국왕 정조가 붕당을 '관리'하던 원리와 기법을 교훈 삼고 정당정치를 수행하는 데 적용하라는 뜻이 될 수밖에 없다. 위험한 생각이다. 오늘날 정치에서 국정을 수행하는 어느 누구도 조선 시대의 국왕에 비견될 수 없으며, 조선 시대의 붕당과 오늘날의 정당은 성격과 작동 원리가 뿌리부터 다르다. 현대 정당정치의 본질은 여론정치이며, 그 주인은 국민이다. 주권이 군주에게 있던 시대에 국왕은 신하들의 붕당·당쟁을 관리할 수 있었을지 모른다. 하지만 오늘날의 정당은 그 자체가 국민주권을 반영하는 정치의 주체로서 누구에 의해서도 관리될 수 있는 존재가 아니다. 굳이 오늘날의 국정 담당자들이 정조의 붕당 관리에서 배울 것이 있다고 한다면, 그것은 국왕의 붕당 관리를 오늘날 정치에 적용하거나 연결하려 해서는 절대로 안 된다는 것일 뿐이다.

정조 연간의 정치에 대해 그 갈등의 조정을 우선적인 탐구 대상으로 삼는 것은 개별 연구자의 선택에 달린 문제이다. 현실적으로 권력을 쥐고 행사한다는 점에서 과거와 오늘날의 국정 담당자들 사이에 공통성이 있다고 할지 모른다. 하지만 근본적인 차이점을 제쳐두고 표면의 공통점에 주목할 경우 오늘날과 다른 시대, 다른 사회를 이해한다는 역사학의 의의는 증발하고 만다. 과거와 현재의 표피적 동질성에 주목하여 역사를 '거울'로 여기고 거기서 '교훈'을 추출하던 것은 근대 이전, 중세의 역사학이다. 정치사 연구자가 피상적 동질성에 매몰되지 않고 직접적 교훈 추출의 유혹에서 벗어나 탐구해야 할 중심 주제는 역시 정치세력과 정치체제의 시대적 본질과 변화를 해명하는 것이 될 수밖에 없다.

정조 탕평정치와 19세기 세도정치의 대비

정조의 정치적 지향과 성과

정치를 주도하는 이들이 만들어낸 이념과 이론은 매우 중요한 것임에 틀림없다. 인류의 사회 인식이 발달해가는 과정을 이루며 현실 개혁의 방향타가 되기 때문이다. 그렇지만 사람들이 구성한 지향과 실제 현실은 구분하여야 할 것이다. 정조가 이끈 정치의 역사적 의미 역시 그가 제시한 이론이나 표방한 바에 따라 그대로 규정될 수는 없다. 「정조 읽기」에 따르면, '만천명월주인'을 표방한 정조는 군주로부터 신민에 이르기까지 보편적 '리(理)'를 기준으로 한 유학적 이상을 추구했으며, 사대부의 공론을 중시하던 군신공치(君臣共治)의 전통을 배경으로 조선 후기 탕평정치의 군신관계와 그 정책들이 탄생했다고 한다.[010] 하지만 정조는 정색을 하고 내린 하교에서 "신하의 충성과 여자의 정절은 마찬가지이며 임금이 비록 무례하다고 하더라도 신하가 충성하지 않을 수 없는 것은 비록 남편이 어질지 못하더라도 여자는 정절을 지키지 않아서는 안 되는 것과 같다."라고 했다.[011] 공론을 중시하는 붕당정치나 군신공치의 정치질서 속에서는 정식화될 수 없는 말이다. 이와 같은 정조의 입장을 외면한 채 그가 표방한 군주론에 입각하여 그 정치의 성격을 규정해서는 안 된다. 정조의 비밀스러운 정치 공작, 신하들이 쓰는 문체에 가혹할 정도로 간섭하면서 자신은 비속한 언설을 구사하는 절대군주의 면모가 어찰을 통해서도 여실히 드러났다. 그런데도 정조의 유학적 이상을 강조하는 「정조 읽기」에서는 정조의 그런 면모가 『정조실록』에서도 확인되는 개인의 '캐릭터'로서, 그에 대한 역사상을 근본적으로 바꾸어야 할 이유가 되지 않는다고 했다.[012] 그것은 논리적이지 않다. 어찰뿐 아니라 『정조실록』에서도 확인되는 사실이라면, 새롭지 않다고 해서 그냥 넘어갈 것이 아니라 더욱 중요한 의미를 부여해야 한다. 정조가 글로 작성한 '만천명월주인옹자서'는 당시 정치의 본질을 보여주는 중요한 자료인 반면에, 실제 정치에 적용된 배후의 정치 공작이나 무원칙한 언사들은 개인 캐릭터에 속하는 것으로 보아 논외로 하는 것은 균형 잡힌 판단이라고 할 수 없다. 앞선 논고에서는 정조가 '정도'가 아닌 '권도'를 동원한 이유를 화평의 정치를 시행하려는 목표 때문이라고 했다.[013] 하지만 정조의 정치 공작이 아무리 중요한 일을 위한 것이었다 할지라도 그것이 정조 스스로 표방하던 명분과 조선 시대 공론 정치의 전통에 위배되는 방식이었다는 사실에는 변동이 없다.

영조를 이어 탕평책을 본격적으로 추진한 정조는 정치와 국가 운영에서 국왕의 절대적 지위를 지향했다. 영조와 정조가 지향한 정치 질서는 최근의 연구에서 다음과 같이 정리된 바 있다.

> 탕평정국 속에서 국왕은 스스로 천(天)에 비견되는 공평무사한 존재로서 국가 운영의 구심점이자 주재임을 자임하고 이를 바탕으로 정국의 주도권을 장악하고 통치체제의 강화를 꾀하고자 했다.[014]

그와 같은 정조의 지향은 성군절대주의론(聖君絶對主義論), 때로는 초월적 군주권이라고 지칭되었다.[015] 정조가 절대적 군주권을 지향하면서 국정 구석구석을 치밀히 관리했음은 이미 여러 모로 확인되었다. 최근의 연구를 예로 들면, 정조는 문과를 비롯하여 관인과 유생을 위한 각종 시험 문제를 직접 출제하곤 했다. 출제 횟수는 재위 기간 동안 1,347편, 연평균 58.6편에 달한다. 특히 1789년 이후에는 매년 80~90편 이상의 어제를 출제했으며 후반으로 갈수록 어제를 통한 교육이 내용 면에서나 대상 면에서 더욱 확대되고 있었다.[016]

하지만 정조의 군주상이 실제 정치에서 정조의 뜻대로 구현된 것은 아니었다. 정조는 산림(山林)의 권위를 해체하고 군주도통론(君主道統論)으로 그것을 대신하려 노력했지만, 그의 왕권 절대화의 논리는 신하들의 반발을 초래하여 군주도통론이 정조 연간에 확고히 뿌리내리지는 못했고, 새로운 왕권 절대화의 논리를 내포하지 못했다고 평가된다.[017]

정조가 현실적으로 수행한 정치의 기본 방향이 붕당의 타파에 있었다는 것은 개설서 서술에 드러나듯이 대개 동의된 사실이다.[018] 조선의 정치·사회체제를 전면적으로 개혁할 목적에서 제기된 탕평론은 정치적·사회적 현실을 파국으로 이끌던 붕당론을 퇴장시키는 데 성공했다는 결론도 있다.[019] 일반적으로 정조는 사대부가 주도하는 붕당정치의 폐해를 억제하여, 국가와 문화의 다양한 부문에서 큰 성과를 거둘 수 있었다고 설명된다.[020]

조선 시대 정치인들의 당의 모습은 달라질 수 있지만, 붕당을 타파하고자 한 정조의 정책은 장기적으로 성공할 가능성이 없었다. 더 많은 사람이 정치에 참여하게 된 사회발전 단계에서, 권력을 두고 벌이는 경쟁이 집단적으로 조직되는 것은 피할 수 없는 상황이다. 강력한 전제권이나 독재체제가 그것을 일시적으로 억누를 수는 있겠으나 조선 중기 이후로는 그런 상태를 지속시킬 수 있는 사회가 아니었다. 따라서 후대로 지속될 수 있는 정책은 붕당의 타파나 억제보다, 그러한 집단적 경쟁이 공정하게 이루어지도록 조직하고 제도화하여 개인의 권력욕을 생산적인 사회적 에너지로 동원하는 것이었다.

정조가 영조를 이어 신하와 인민에 대해 새로운 인식을 가지고 있었다는 사실이 여러 갈래로 강조되었다. 정조는 군주가 사대부를 포함하는 모든 신민에 대해 '민은 나의 동포'라는 입장에서 일원적으로 단일하게 파악해야 한다고 했고, 민본정치를 넘어서서 백성을 나라 주인으로 인식하기 시작한 '민국' 이념을 정립했다는 것이다.[021] 하지만 기존 논고에서 여러 차례 지적된 바와 같이 위와 같은 인식은 심각한 반대에 봉착해 있다. 영조나 정조가 사용한 민국의 개념은 백성의 삶과 나라의 살림살이라는 국정 운영의 대상을 가리키며, 정조 대까지 국왕이 민을 정치의 주체로 인식한다거나 정치적 동반자로 상정할 수 있는 단계는 아니었다고 한다.[022] 정조가 원칙적으로 백성의 정치 참여를 인정한 것으로 볼 수 있다고 하여 정조의 백성관을 매우 적극적으로 평가한 논저에서도, 정조 치세 전반에 걸쳐 백성은 여전히 애민·위민의 대상으로 강조될 뿐 정치에서 백성의 능동성, 정치 참여의 능동성은 현실화되지 못했으며, 그것이 정조 탕평정치의 한계로 지적된다고 했다.[023] 중인 이하 일반 백성들은 여전히 애민의 대상이었을 뿐이라는 지적도 같은 방향에 있다.[024] 정조가 민본 이념을 바탕으로 한 전통적인 국가관에서 근본적으로 벗어났다고 볼 근거는 확인된 바 없다.

하지만 정조가 백성과의 소통에서 이전에 볼 수 없었던 현격한 진전을 보인 것만은 틀림없다. 새로운 사회세력의 대두와 소민층의 성장이라는 객관적 실체 속에서, 상언·격쟁의 수용으로 대표되는 백성들과의 만남을 강화하고 소통을 활성화함으로써 사회 통합력을 제고하고자 했다.[025] 정조는 영조와 마찬가지로 성리학과 같은 보편적 원리에만 집착하지 않고 사회 각 부문의 개성을 인식하고 그것을 북돋움으로써 국왕의 사회 통합력을 발휘했다. 그러한 획기적인 인식과 정책은 지방정책, 특히 평안도 주민들에게 가장 활발하게 적용되었다.[026] 이러한 노력과 짝하여 정조 연간에는 노비제 폐지의 논의가 진전되었고, 토지개혁에 대한 논의도 계속되었다. 노비제 폐지론은 정조 서거 직후 내시노비가 해방됨으로써 성과를 거두었지만, 조선 사회에서 가장 낙후된 제도를 부분적으로 폐지한 것이어서 사회발전의 동력이 되기에는 부족했다고 본다. 정조에게 신분제 자체를 철폐하려는 문제의식은 없었다고 설명된다.[027] 토지개혁 논의는 가시적인 성과를 산출하는 데 이르지 못했다.

정조의 군주권 설정은 정치제도에 큰 변화를 빚어냈다. 정조에 앞서 영조는 일관되게 군주권 강화와 중앙집권적 관료제의 강화를 추구했는데, 정조 역시 그런 정책기조를 계승했다. 정조가 추진한 정치제도 개혁은 먼저 재상의 정책결정권 강화에 집중되었다. 구체적으로 산림 세력의 정치 간여를 막고 공론을 반영하던 당하관 청요직의 통청권을 금지했다. 이조낭관의 통청권과 한림의 자대제를 막은 것 또한 같은 방향에 있었다.[028] 특히 정조 대 중반 이후에는 당하관의 공론을 대표하던 전랑과 한림의 후임자 선발 역할이 크게 축소되었다고 지적되었다. 아울러 삼사·전랑·문임직을 중심으로 한 청직 중심 체제를 해체하고 대신권－왕권 중심으로 구성된 새로운 권력구조를 수립했다. 그러한 정책은 '파붕당(罷朋黨)'의 기조 위에서 추진되었으며, 삼사의 언론 활동이 매우 침체되는 폐단도 생겨났다.[029]

정조는 시전 상인의 독점판매권인 금난전권을 혁파하는 등 사회경제적으로 자유로운 상업체계를 구축하려 했다. 그의 화성 건설은 제도개혁의 시험장이라고 불릴 정도로 새롭고 다양한 면모를 지니고 있었다. 하지만 이것들 역시 사회구조나 정치 질서를 근본적으로 바꾸는 것은 아니었다는 데 근래 학자들의 의견이 모아지고 있다.

정조의 정치가 근대 시민사회를 지향하거나 그 기반이 되었다는 설명은 오늘날 잦아들었다고 판단된다. 군신의리에 대한 집착에서 드러나듯이 그의 정치는 주자학의 명분론을 벗어난 것이 결코 아니었으며, 시민계급과 같은 새로운 사회세력을 확인하거나 기반으로 한 것도 아니라는 점이 거듭 지적되었다. 무엇보다도 25년이라는 짧지 않은 재위 기간에도 불구하고 정조가 사망하자마자 그가 수립하려던 군주 중심의 정치 질서가 일거에 무너진 것에서 정조 정치의 한계를 짐작할 수 있다. 군주가 절대적인 권위와 권력을 가지고 국정을 직접 치밀하게 이끌었던 정조의 정치는 자신과 같은 역량의 군주에 의해서만, 혹은 시대적 모순이 점점 커짐에 따라 자신보다 더 큰 역량을 지닌 군주에 의해서만 지속될 수 있는 것이었다. 하지만 그런 군주가 계속 나올 수는 없었다. 앞에서 예를 든 바와 같이 유생을 대상으로 한 시험 문제를 국왕이 매년 80~90회 이상 직접 출제하는 방식의 정치 질서가 대대로 지속될 수는 없었다.

이런 이해가 정조 개인을 폄하하는 것은 아니다. 정조는 유례를 찾기 힘들 정도로 뛰어난 역량을 갖추었으며, 군주의 입장에서 자신이 옳다고 생각하는 바에 따라 최선을 다했다. 국가 운영의 효율성을 높이고 민생의 안정을 높이는 데 거둔 성과가 작지 않다. 정조가 지방민이나 지식인들에게 불어넣은 활력은 비록 그가 의도한 방향과는 다를지언정, 사회를 근본적으로 개혁하려는 에너지로 터져 나오기도 했다. 예를 들어 정조가 평안도의 지역적 개성을 북돋우면서 그 지역 주민의 역량을 길러준 것은 홍경래의 난을 통하여 체제를 뒤흔드는 효과를 발휘했다고 판단된다. 하지만 전체적으로 정조의 정치가 조선 시대의 전통적인 틀 안에서 주자학의 원리에 입각하여 추진되었으며, 시대구분이 적용될 만한 변혁을 지향하거나 수행한 것이 아니라는 점은 최근의 연구에서 점점 분명해지고 있다. 정조 정치의 역사적 성격은 그가 최고의 역량을 지닌 성실한 군주였다는 사실이 아니라, 최고의 역량을 발휘한 군주마저도 통치체제와 사회구조에서 후대로 계승될 새로운 틀을 수립할 수 없었다는 데 있다.

세도정치의 실상

19세기에 행하여진 이른바 세도정치(勢道政治)는 직전의 정치 형태인 탕평정치, 특히 정조 연간의 정치와 여러 측면에서 극명한 대비를 이룬다. 무엇보다도 확고한 권위와 권력으로 정치와 국가 운영을 주도하던 국왕의 권력 행사가 19세기 들어 여지없이 약화되었다. 순조와 효명세자, 그리고 헌종과 철종까지도 한때나마 정조의 국정 운영을 모델로 삼아 국정을 주도하려는 노력을 기울였다. 순조의 경우 19세가 되던 때부터 국정의 구체적인 면모를 파악하고자 적극적으로 노력하고, 각 도에 암행어사를 대규모로 파견했으며, 『만기요람』 같은 국정 참고도서를 제작하게 했다. 하급 관료를 포함한 신하들과의 접촉도 획기적으로 늘렸다. 하지만 그러한 노력은 새로운 사회세력은커녕 신하들의 호응을 이끌어내지 못한 채 모두 실패로 돌아갔다.[030] 정조가 국왕 친위부대로 특별히 창설하여 운영하던 장용영이 정조 사후 만 1년이 못 되어 폐지된 것은 그 대표적인 사례이다. 순조, 헌종, 철종은 공통적으로 재위 10년을 전후하여 정조의 장용영 창설을 모범으로 삼아 독자적 군사력을 확보하려 했고, 오위도총부의 기능을 회복하려 했으며, 무신들과의 유대 또는 친분을 강화하려는 노력을 기울였다. 하지만 그러한 노력들은 훈련대장을 비롯한 군영대장들과 비변사를 장악하고 있던 — 왕의 외척을 핵심으로 한 — 권력 집단의 반대에 부딪쳐 모두 좌절하고 말았다.[031]

세도정치기에는 관념상 왕실의 고유한 행사인 국왕과 왕자의 혼사가 신하들에 의해 좌우되었다. 조득영은 순조 12년에 국왕의 외삼촌인 박종경을 권력 집중과 부패의 죄목으로 극렬히 공격한 인물이다. 순조는 그의 처벌을 주도하여 만 5년 가까이 유배 상태에 두었고, 그 후로도 2년 가까이 지방에 묶어둘 만큼 그를 풀어주는 데 강하게 반대했다. 그런데도 순조 19년 8월에 이루어진 왕세자 가례에서 조득영의 당내 8촌 형제인 조만영의 딸이 세자빈이 되었다. 경쟁자 박종경의 기세를 꺾어 김조순의 권력 독점을 도운 공로로 안동 김씨와의 협조 속에서 세자의 결혼이 결정되었다고 보는 것이 자연스럽다.

국왕권 약화의 이면에는 앞 시기에 볼 수 없었던 권세가의 권력 집중이 있었다. 순조의 외삼촌인 박종경과의 경쟁에서 승리한 순조의 장인 김조순을 비롯하여 효명세자의 장인인 조만영과 김조순의 아들인 김유근, 조만영의 동생인 조인영, 김조순의 아들이자 김유근의 동생인 김좌근, 조만영의 아들 조병구와 조병현 등이 앞서거니 뒤서거니, 때로는 서로 경쟁하고 때로는 서로 협력하면서 순조 대에서 철종 연간까지 최고의 권력을 장악했다. 예외라면 순조 초년 수렴청정하던 정순왕후와 함께 벽파가 국정을 주도하던 시기, 효명세자 대리청정기 등이 있을 뿐이었다. 세도정치기 권세가들은 왕실의 외척이라는 권위, 정조의 학문·사상을 상징하는 규장각의 지도자로서의 권위, 훈련도감 등 정예 군영의 지휘권, 최고 행정기구인 비변사를 막후에서 움직이는 정치력, 인사·조세의 권한까지 모조리 장악했다고 평가된다.

세도정치기에는 소수 인물이 국정 주도력을 발휘하고 있었음에도 불구하고 별다른 개혁의 노력이 없었다. 김조순을 예로 들면 '일의 성과를 자기 일로 삼지 않았다'는 것이 그에게 바쳐진 칭송이었다. 세도정치기의 개혁 움직임이라면 국왕들이 정조를 모델로 국정을 파악하고 주도력을 강화하려 한 노력, 순조 대 중반에 숙종 대 경자양전의 100주년을 기념하여 양전 논의가 일어났던 것, 김조순이 평안도 지방민을 평양에 특별히 설치한 하위 관직에 임명하고 간간히 서울로 등용하게 한 것 등이 나열되는 수준이다.

그런 상황에서 사회 불안이 격심해졌다. 순조 11년(1812) 1월의 홍경래 난이나 1862년에 삼남을 중심으로 전국에서 터져 나온 민란의 사정은 널리 알려진 바와 같다. 인민이 집단적으로 국가권력과 직접 대결하는 상황에 도달한 것이다. 그에 대한 대처에서도 세도정치기 국가 운영의 성격을 확인할 수 있다. 홍경래의 난 때는 봉기군이 농성하던 정주성을 함락한 정부군은 반란이 이미 진압되었는데도 성안에 남아 있던 성인 남자 1,917명을 현장에서 처형했다. 천주교도에 대한 박해 또한 많게는 한 번에 8,000명까지 처형했다고 전해진다(병인박해). 천주교에 대해 그 책을 불사를 뿐 교도는 사람으로 대우하라고 하면서 천주교도의 처형을 극도로 억제했던 정조 대 정치의 기준으로는 상상할 수 없는 일이 벌어진 것이다. 그러한 집단 학살은 범죄자 처형과는 범주를 달리한다. 국왕의 존재 의의를 인민의 교화에 두며, 범죄자를 처형할지언정 전체 인민 중 어느 누구도 교화의 대상에서 제외하지 않는 민본주의는 19세기에 이르러 완전한 파탄에 도달했음이 확인된다.

탕평정치와 세도정치의 단절적 면모

정조 연간의 탕평정치와 19세기의 세도정치가 위와 같이 대비되는 만큼 그 둘 사이의 관계를 완전한 단절로 보는 것도 무리가 아니다. 다음과 같은 서술이 대표적인 예이다.

> 정조에게서 절정을 이룬 조선의 유학적 계몽절대주의, 즉 성군(聖君)절대주의는 정조의 죽음과 함께 함몰한다. 그것은 그 자체의 한계라기보다 정치적 적대 세력의 작위적인 파괴에 의해 무너진다. 그리고 그 뒤에 나타나는 세도정치는 정치 형태상으로나 행위상으로 '반동'의 모습을 역력히 보인다.[032]

> 정조 대 후반 탕평 군주가 주관했던 '화평'의 정치는 순조 초 정순왕후가 추동한 벽파 주도 환국을 거치면서 '살육'의 정치로 급변했다. 조선 정치의 수준은 급격히 하락하였고, 그 이후 세도정치 시기를 거치면서 더 이상 만회하지 못하는 결과를 초래하였던 것이다.[033]

특히 두 번째 인용문의 연구에서는 '막중한 책임감과 성실한 능력으로 실질적 성과를 내고 있던 정조'와, '후대 군신(君臣)의 무책임과 무능함으로 인해 파탄 난 국정'을 대비시킴으로써 정조 정치와 19세기 세도정치의 단절 관계를 더욱 선명히 부각했다. 그러한 시각은 여기서 일일이 예를 들 필요가 없을 정도로 일반적이다.

세도정치와 정조 탕평정치의 계기성

위에서 본 바와 같이 정조 정치와 19세기 세도정치 사이에는 급격한 단절이 있다. 하지만 권력을 장악한 주체와 정치 운영의 결과가 아니라 세도정치가 빚어진 정치구조 등을 검토한다면 그 둘 사이에 단절의 측면만 있는 것이 아님을 알 수 있다. 그것은 "19세기 전반 정치는 붕당정치 – 환국 – 탕평정치로 이어지는 조선 후기 정치사의 산물이다."라는 명제로 제시되기도 했다.[034]

먼저 세도정치기 권세가의 권력 기반을 살펴보자. 왕실 외척이 정치에 간여하는 정도는 17세기 이후 지속적으로 높아져왔는데, 정조 또한 그러한 추세를 억제하지 않았다. 또한 외척 권세가들의 권력 집중을 가능하게 한 정조 연간과 19세기 세도정치기 정치구조의 연관성은 훨씬 복잡하고 긴밀하다. 세도정치기 권세가들은 실제 권력관계가 어떻든 왕실의 권위를 기반으로 하고 있었으며, 왕실의 권위는 적어도 외형상 세도정치기에도 계속 높아지고 있었다. 세실(世室)의 의례는 공적이 큰 국왕의 신위를 후대 국왕 4대가 끝나도 영녕전으로 옮기지 않고 계속 종묘에서 제향하는 것이다. 조선 후기로 들어와 그 결정이 시기적으로 일러지고 남발되었는데, 19세기 들어서는 그 경향이 더욱 심해졌다. 세도정치의 권세가들은 세실 의례를 주도하면서 국왕의 높아진 위상을 자기 권력의 정당화와 분식에 활용했다.[035] 김조순이 규장각 검교제학이라는 지위를 오래 누린 것도 정조가 한껏 높여놓은 국왕의 권위를 규장각이라는 상징을 통해 자기 권력 강화에 활용한 것이다.

세도정치기 권세가들은 최정예 부대인 훈련도감을 권력 기반으로 삼았다. 김조순은 오랫동안 직접 훈련대장을 맡았으며, 권력이 안정된 후에는 자기 측근에게 그 자리를 물려주었다. 조선은 원래 특정 정치세력이 군을 장악하는 것을 방지하는 원칙을 지켰으나 붕당 사이의 대립이 격화되는 와중에 정치세력 사이에 군영을 장악하려는 경쟁도 심해졌다. 정조는 결국 막대한 예산과 특별한 관심을 기울여 친위부대 장용영을 직접 설치하고 운영하기에 이르렀다. 조선 건국 이후 찾아보기 힘든 특별한 사례이다. 비록 장용영은 정조 사후 철폐되었지만 세도정치기에 권력자가 정예 군부대를 직접 거느리는 현상은 정조가 시작한 군영정책에 그대로 연결된 것이다.

앞에서 정조가 대신권-왕권 중심으로 구성된 새로운 권력구조를 수립했다는 연구 성과를 소개했다. 정조가 일관되게 추진한 재상권의 강화는 그 시기에 정부의 효율성을 높이는 데 공헌했겠지만, 높고 낮은 관인들이 서로 견제한다는 조선 정치체제의 전통을 변화시켜 고위 관원들에게 권한을 집중시킨 것이었다. 19세기 권세가들이 측근인 고위 관원들과 함께 권력을 독점하던 구조는 정조의 의도와는 관계없이 그의 재상권 강화 정책에 연결된다. 그러한 정조의 정책 속에서 당하관이 공론을 조정에 반영하던 구조와 삼사의 언론 활동은 매우 침체되었다. 19세기에도 외척 가문들이 권력을 집중시킨 배경에는 공론과 언론의 현저한 퇴조가 자리 잡고 있다.[036] 19세기 세도정치를 가능하게 한 언론의 퇴조 역시 정조의 본래

의도에 관계없이 그의 정책에 연결되어 있는 것이다.

정조의 탕평정치에 찬사를 보내고 정조 시기의 개혁적 지향이 19세기에 들어서도 계승·발전되었음을 역설한 논고가 있다. 정조 시대 이래 사회적 변화에 부응하여 여러 계층의 지식인들이 다양한 개혁의 노력을 기울이고 사상과 문화의 발전이 진행되었다고 강조한 것이다. 하지만 그 연구에서도 김조순이 확립한 권력 독점의 세도정치체제는 기본적으로 탕평정치의 한계가 구조화된 것이었다고 평가한다.[037]

정조 연간의 정치와 세도정치가 맺고 있던 위와 같은 구조적 연관을 이해하지 못할 때 여러 방향으로 오해가 빚어진다. 예를 들어 「정조 읽기」에서는 필자와 동료들의 견해를 본래 논지와 정반대로 소개했다.

> 탕평정치 위주의 잣대를 기준으로 세도정치를 부정 일변도로 평가하는 시각에 대하여 강한 반론이 제기되기도 하였다. 세도정치를 봉건사회 해체기의 발전적 정치 형태로 보는 시각이다(주석: 한국역사연구회, 『조선정치사』, 청년사, 1990). 봉건사회를 지탱하는 군주제로는 근대국가로 이행할 수 없기 때문에, 군주가 아닌 근대적 민중의 성장에 따른 새로운 체제를 모색해야 한다는 주장이다.[038]

필자와 동료들뿐 아니라 학계의 어느 누구도 세도정치를 '봉건사회 해체기의 발전적 정치 형태'로 보거나 그것을 '민중의 성장에 따른 새로운 체제'와 연결시키는 상상력을 발휘한 이는 없다. 위의 평가는 필자와 동료들의 결론 중 "19세기 전반의 정치는 그러한 중세 정치의 내적인 발전이 최고의 단계에 이르러 나타난 것이다."라는 문장을 오독한 결과일 수 있다.

거기서 '발전'이라고 한 뜻은 정조의 정치를 포함한 조선 후기 정치의 자체 논리가 계속 전개된 끝에 세도정치가 나타나고 운영되었다는 것이다. '조선 후기 정치사의 연장으로서 나타난 19세기 전반의 정치', '그러므로 이 시기에는 중세 정치의 한계와 모순이 심화되어 드러날 수밖에 없었다'는 구절이 '발전' 문장의 앞뒤를 이루고 있다.[039] 위와 같이 잘못된 평가는 대상 서적의 전편에 흐르는 세도정치기 권력 독점과 기층사회로부터의 괴리에 대한 비판, 나아가 "그 시기의 국가권력과 관료체제는 수탈의 기구임을 뚜렷이 드러냄으로써 사회모순을 은폐하는 최소한의 구실조차 하지 못한 채 부정과 극복의 대상이 될 수밖에 없었다."와 같은 맹렬한 비판을 모두 간과한 것이다.[040] 근본적으로는 정조의 탕평정치와 19세기 세도정치의 구조적 연결성을 이해하지 못했기 때문에 빚어진 오독이라고 생각한다.

「정조 읽기」의 그러한 오독은 저자의 다른 논고에도 그대로 연결된다. 그는 정조 연간에 "발전일로에 있던 조선의 정치가 세도정치 시기에 갑자기 쇠락하는 것을 어떻게 설명해야 할 것인가?" 하는 핵심적인 질문을 던졌다. 하지만 그는 우선 필자 등을 지목하여 세도정치의 원인(遠因)을 '정조의 탕평정치에 그 책임을 귀결'시킨다고 했다.[041] 미묘한 왜곡이다. 필자와 동료들은 정조의 '책임'을 물은 바 없다. 정조의 정치가 세도정치와 어떻게 구조적으로 연결되는가를 설명했을 따름이다. 필자와 동료들의 관심은 개인을 '포폄'하고 '책임'을 묻는 데 있지 않았다. 그런데도 필자와 동료들의 논지를 '책임' 문제로만 접근하며 이렇게 비판을 이어갔다.

> 이러한 설명은 후대 군신(君臣)의 무책임과 무능함으로 인해 파탄 난 국정에 대한 책임을 막중한 책임감과 성실한 능력으로 실질적 성과를 내고

> 있었던 전임 군주에게 덮어씌우는 것에 지나지 않는다. 세도정치 시기의 사회적 발전상과 정치적 퇴보는 구별되어야 할 것이다.[042]

오독 또는 왜곡이 중첩되어 있다. 우선 필자와 동료들은 위와 같은 비판을 받을 이유가 없다. 필자와 동료들은 세도정치 시기의 사회적 발전상과 정치(적 퇴보)를 일치시킨 적이 없기 때문이다. 그러나 그것은 오히려 작은 문제이다. 위의 논자는 정조에 의해 발전일로에 있던 조선 후기의 정치가 세도정치로 갑자기 쇠락한 데 대한 본질적인 질문을 던졌지만, 그에 대한 답은 '책임 추궁'의 문제, 정치적 '퇴보' 그 자체의 확인에서 조금도 더 나아가지 못했다. 개인의 책임이나 노력에 우선적 관심을 두는 한 자신이 구성한 역사상에 시대적 의미를 부여하지 못하는 것은 필연적인 사정이다. 그것은 「정조 읽기」에서도 확인된다. 그 글에서는 정조 연간 정치의 실상을 설명하고 다른 이들의 견해를 비판했지만, 전후 시기의 맥락에서 그 시기 정치가 지니는 의미에 대한 서술을 찾을 수 없다. "정치·사회적 쟁점에 대한 정확한 이해를 바탕으로 당시 인물들이 어떤 기준으로 이합집산하고 있었는지 정밀하게 파악해야 한다."라는 제언이 있을 따름이다.[043] 정치사 탐구의 급선무를 이렇게 잡는 데는 동의하기 힘들다. 오늘날 정치의 역사적 의미를 파악하는 데 현재 여당·야당 정치인들이 어떤 기준으로 이합집산하고 있었는지 시시콜콜 정리하는 일이 꼭 필요한 것은 아니다. 공론과 명분이 더 중요하던 정조 대 정치의 이해에서는 정치적 이합집산이 갖는 의미가 더 작았을 것이다.

정치가의 '책임'을 묻고 정치가의 이합집산을 정밀하게 파악하는 것들은 18·19세기 정치사 연구의 중심 과제가 될 수 없다. 조선 후기 정치사 연구자는 전통시대의 역사학처럼 포폄을 가하고 교훈을 얻는 데서 벗어나,

구조와 사건들 사이의 인과관계에 입각하여 시대에 따른 정치의 '변화'를 규명하여야 한다. 정조 연간 탕평정치와 19세기 세도정치 사이의 계기성을 강조하는 이유가 거기에 있다.

맺음말

첫머리의 연구 시각에 대한 토론에서는 너무나 기초적인 사실들이지만 그동안 조선 후기 정치사에 대한 학계의 논의에서 소홀히 취급되어온 주제들을 검토했다. 오늘날은 국민이 주권을 지닌 민주주의 시대이며 조선은 군주가 주권을 지닌 군주제 시대였다. 이렇게 전혀 다른 시대를 연구하면서 피상적인 공통성·동질성을 바탕으로 교훈을 찾으려 하는 것은 현대 역사학의 본령이 아니다. 탕평정치나 정조의 정치에 포함된 갈등의 조정, 붕당의 관리 등이 당시 정치를 이해하는 핵심이 될 수는 없고, 그러한 표피적 현상을 복원한다고 해서 현대 민주주의 정치를 추구하는 데 도움을 얻을 수는 없다. 아니, 본질적으로 다른 사회의 표피적 현상을 가져다 현실의 실천이나 이해에 적용하려 한다면 오히려 현실 정치를 왜곡하게 된다. 주권의 소유자이던 조선 시대의 군주가 주도하던 정치 논리는 오늘날 대통령·총리에게 적용하거나 연결시킬 수 없다. 정치사 연구자가 탐구해야 할 중심 주제는 역시 정치세력과 정치체제의 시대적 본질과 변화를 해명하는 것이 될 수밖에 없다고 생각한다.

후반부에서는 정조 연간 정치와 19세기 세도정치의 구조적 연관을 검토했다. 18세기 후반과 19세기 전반 두 시기의 정치가 정치 운영의 외양, 정책 추진과 그 성과 등에서 전면적으로 대비되었다. 하지만 그런 대비에도 불구하고 두 시기의 정치가 구조적으로는 긴밀히 연관되어 있었다. 그것을 학계 일각에서 제대로 이해하지 않는 것은, 역사 속에서 활동한 인물을 노력이나 책임을 중심으로 평가하는 일과, 시대와 시대가 맺고 있는 인과관계를 해명하는 일이 서로 분리되는 것임을 확실히 하지 않는 데 이유가 있다고 판단된다.

정조 정치와 세도정치가 연계된 구체적 내용을 다시 요약할 필요는 없을 듯하다. 세도정치의 본질을 그 시기 정치가들이 돌출적인 반동성을 발휘한 것이라고 설명하고 말 수는 없다. 19세기 세도정치는 조선 후기 정치사가 전개되어간 끝에 귀결된 정치 형태이며, 정조의 정치 또한 그러한 계기성(繼起性)의 중요한 고리를 이루고 있다. 그것은 정조 개인의 역량과 성실성, 그가 거둔 개혁정책의 성과와 모순되는 것이 아니다. 필자와 같은 연구자들은 정조 개인의 역량이나 성실성을 평가하는 데 주된 관심을 두지 않을 뿐이다. 잘잘못을 따지고 책임을 묻는 것은 중세 사학에서 하던 일이지, 근대 역사학의 본령이 아니다.

조선 후기에 정조의 탕평정치를 거쳐 19세기 세도정치로 이어지는 계기성의 의미는 그것이 오랫동안 지속되어온 조선의 통치체제가 수명을 다하여 붕괴되어가고 있었음을 생생하게 확인시켜준다는 데 있다. 이 글에서는 다루지 않았으나, 통치체제 붕괴의 다른 한편에서는 민이 국가권력과 직접 대면하고 대결하는 상황이 빚어지고 있었다. 19세기에 이르러 정치의 현장이 획기적으로 넓어지고 격렬해진 것이다.

오수창

현재 서울대학교 국사학과에 교수로 재직하고 있다. 조선 후기 정치사를 전공했으며, 최근의 관심 주제는 왕실과 국가체제의 기반과 의미, 조선 후기 문학작품의 정치적 성격 등이다. 대표논저로 『조선 후기 평안도 사회발전연구』, 「조선의 통치체제와 춘향전의 역사적 성취」 등이 있다. ohsoo@snu.ac.kr

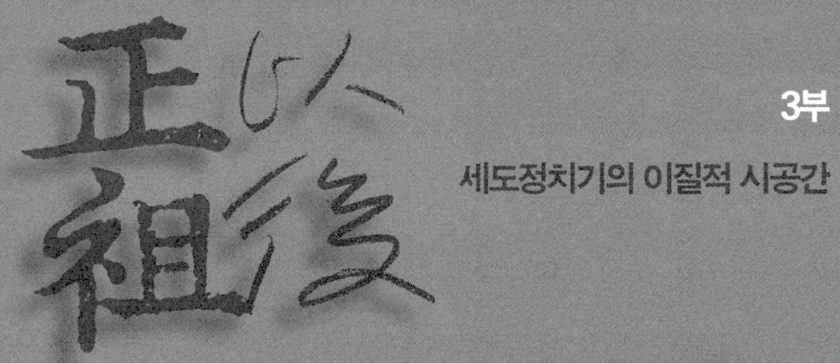

3부

세도정치기의 이질적 시공간

7장

18~19세기 서울과 지방의 격차와 지식인의 인식

서울의 확대, 두 가지 얼굴

18세기의 서울은 확대와 성장이 크게 조명 받았다. 인구와 공간의 확대를 기반 삼아 시장경제가 뿌리를 내리고 세련된 문화가 꽃을 피웠다. 그러나 19세기의 서울은 외척 세도가들의 지지대에 다름 아니었다. 세도가를 정점으로 형성된 서울의 이익 집단들은 부정비리, 매관매직 등의 본산이자 지방 차별의 장본인이었다. 18세기 서울의 활력이 은연중에 근대도시의 이미지를 향해 있다면, 19세기 지방 사람들의 주기적이고 대규모적인 저항 또한 서울 확대가 불러온 자연스러운 결과였다. 되짚으면 서울의 발전과 융숭한 문화는 18세기를 매개로 서술되고, 이익 집단의 형성과 부작용은 19세기를 매개로 소개되었다. 빛과 어둠이 갈렸고, 연속하는 현상은 분절적으로 처리된 것이다. 동일한 현상을 여러 방향에서 비출 수 있는 이유는 두 가지가 아닐까 한다.

첫째, 이 현상이 전(全) 사회적으로, 그리고 서서히 진행되었던 점. 서울과 지방의 차이는 장기간에 걸쳐 구조적으로 깊어졌기 때문에 그 도저한 흐름을 직간접으로 느꼈던 사람들의 증언이나 행태는 천차만별이었다. "서울 사람들이 매양 시골 사람들을 비웃는"[001] 상황이 빚어지는가 하면, 조정의 의례·관행 등에 어두운 지방 출신 관리들은 국왕에게 쉽사리 조종당하게 되었다.[002] 말과 행동이 따로 노는 사례도 적잖았다. 예컨대 영조는 본인이 종종 시골 선비를 차별했지만, 때로는 그들이 외모와 말로 인해 배척당하는 폐단을 비판했다.[003] 인재 수용과 관련된 의제가 거론되는 양상도 비슷했다. 국왕들은 어김없이 지역과 신분에 구애받지 않고 인재를 수용한다는 '입현무방(立賢無方)'을 표방했지만, 문과 급제 이후 비변사 당상까지 오르는 과정에서 지방 차별은 시간이 갈수록 노골화되었다. 여러 맥락과 이해관계 따위가 이리저리 얽힌 복잡한 현상이었던 셈이다.

둘째, 현재의 연구 동향. 서울과 지방의 차이가 일정한 논제로 명명된 것은 1990년대 초반 유봉학이 '사상계의 경향분기(京鄕分岐)'를 제기하면서였다.[004] 이 연구는 붕당, 학맥·지연, 학풍 위주로 지식인을 분류하던 기존의 인식에 지역적 특성, 특히 18세기 이후 드러나는 '서울의 지역성'을 기준으로 제시한 것이었고, 파장도 컸다. '서울 학풍'에 대한 조명은 실학을 시기와 지역에 따라 재정의하거나, 18세기에 노론 학계의 분화를 불러온 호락논쟁(湖洛論爭)의 원인이나 19세기에 노골화한 유학계의 경향분기를 설명하는 배경이 되었다. 역사학계의 명명은 문학, 예술계에서 서울 및 그 인근의 문인, 예술가를 발굴하고 그들의 활동을 조명하는 작업과도 맞물렸다. 사상 및 문학, 예술계의 연구는 일일이 거론할 필요는 없을 듯하다. 한편 그 즈음에 서울의 상업도시화 과정을 천착한 연구가 나온 것도 주목할 일이다.[005] 농업, 수공업, 물자 유통과 같은 경제관계의 발전과 서울의 제반 면모를 밝힌 연구는 이전부터 왕성했지만, 18세기 이래 거대 상업도시로 전환한 서울의 변모가 종합화되었고 이후 서울의 도시사 전개를 열었다.

서울 지식인의 탄생과 서울의 상업도시로의 변모가 짝을 이루어 조명되는 와중에 그 이면의 여파를 밝히는 연구 역시 진행되었다. 정점은 1990년에 발간된 『조선정치사 1800~1863』이다.[006] 이 책은 19세기 세도정치기의 정국 추이, 중앙 정치 기구의 구조와 운영의 실상 등 미답(未踏)의 영역을 실증했다. 특히 중앙 정치 세력의 형성 구조, 집중 양상, 당상관 분포, 주요 가문의 위상 등을 다루어 19세기 정치 주도층이 18세기 이래 꾸준히 구조화했음을 실증했다.[007] 문과, 무과, 잡과, 음서 등에 대한 일련의 연구에서도 서울에 세거하는 양반, 중인, 서얼 등이 비중이 점차 높아져 경향 사이의 차별이 심화되었음을 실증했다.[008] 그 밖에 19세기 권력의 정점을 이루었던 경화세가(京華世家), 벌열(閥閱)에 대한 개괄 및 개별 연구, 그들 주위에 포진했던 겸종(傔從), 서울의 경아전의 실상 등도 구조와 연속성을 방증했다.[009]

이상에서 서울과 지방의 분기가 복잡하고 광범위했다는 점, 분기에 대한 조망은 여러 갈래이고 사회 기반에서 가문, 개인까지 다양한 층위에서 진행되었다는 점을 아주 개괄적으로 살펴보았다. 일별하는 것만으로도 광범위한 이 주제에 대해, 이 글은 두 가지 점을 추가로 제시하고자 한다.

첫째, 장기적이고 구조적이었던 분기의 연속성을 또 다른 층위에서 조명하는 것이다. 연속성은 대개 정치·사회의 구조적 측면에서 탐구되었다. 그런데 변화는 훨씬 다양한 영역에서 진행되고 있었다. 예컨대 18세기 이래의 사회 변화는 일정부분 어휘에도 반영되었다. 필자는 18세기 중후반의 변화를 시(時)와 속(俗)과 관련한 용어들, 이용후생(利用厚生)의 쓰임들을 통해 살핀 바 있었다.[010] 세상이 달라지고 경전의 용례를 뒤집는 등의 새로운 발화(發話) 양상은 기성 질서의 균열과 새로운 사고의 발아에 다름 아니었다. 이 글에서는 '향암(鄕闇, 鄕暗)'이라는 용어에 주목하고자 한다. 요즘 말로 '시골뜨기' 정도로 번역할 수 있는 이 말은 18세기 중반 영조 대부터 자주 등장한다. 향암의 발화 양상, 연관어, 시기별 추이 등은 18세기 중반 이래 서울과 지방 격차의 장기 추세와 차별의 일상성을 보여줄 듯하다.

또 하나는 구조화가 진행되는 과정을 좀 더 입체화하는 문제이다. 구조는 거시적인 변화 동향을 보여주지만, 그 안에서 방향을 가늠하고 때로

구조를 개조하는 인간의 구체적 모습은 종종 묻힌다. 구조라는 뼈대는 인간의 생각과 활동을 통해 살과 피부를 얻는다고 생각한다. 필자는 그것을 덧대는 작업은 도처에서 찾을 수 있다고 본다. 이 글에서는 벌어지는 격차를 감지하고 반응한 당대 지식인들의 발언을 대별해보았다. 큰 틀에서 보자면 그들의 발언은 아마 구조적 부조리에 대한 경고일 터이다. 그 경고는 조선이 부조리를 체제 안에서 해소할 수 있는 임계점이기도 했다. 그 지점을 넘었을 때 지방민이 이탈하고 주기적인 반란으로 답했음은 두말할 나위 없다. 그렇다면 지식인의 목소리를 대별한 이 글 후반부는 구조와 행동의 중간 지점에 대한 고찰이기도 하다.

'향암' 사용의 증가와 하락

18세기 이래 벌어진 서울과 지방의 격차는 말과 단어의 쓰임에서도 감지할 수 있었다. 새로운 용어의 등장은 그 변화를 좀 더 극적으로 보여준다. 예컨대 18세기 서울의 성장은 경화(京華)를 비롯한 용어들의 사용 빈도에서도 확인된다.[011] 그렇다면 경화의 반대 영역을 상징하는 말은 있었을까. 경화가 '경(京)'이라는 지역에 '화(華)'라는 가치가 개입해 서울의 화려함을 상징했다면, '향(鄕)'이라는 지역에 화(華)에 대비되는 속성의 말이 붙어야 한다. 필자는 1728년(영조 4) 2월 영조와 호조판서 권이진이 궁방 절수의 혁파를 두고 논쟁한 장면에서 향암(鄕闇) 또는 향암(鄕暗)[012]이 여러 차례 등장함에 주목했다. 『영조실록』에는 '鄕闇'으로, 『승정원일기』에는 '鄕暗'으로 기록되었으므로 둘은 동의어였다. 그리고 '향(鄕)'에 '어두움, 우매함'을 뜻하는 암(闇)·암(暗)이 결합했으므로 '경화'의 상대어로 손색이 없었다. 당시 대화를 간추리면 다음과 같다.

영조 : 경이 처음 왔을 때 향암이 있더니 말에서는 선후를 모른다. 경연 자리에서의 도리는 전혀 그렇지 않다.

권이진 : 신이 비록 향암이나 찬양으로 임금의 덕(德)을 성취시킨다는 말은 듣지 못했습니다. (…) 신은 향암도 아니고 이 자리의 체면을 몰라서 이러는 것도 아닙니다.

영조 : 스스로 향암이 아니라는 것이 바로 향암이다. (…) 공자께서 '군자는 말이 어눌하다'라고 하셨다. 경은 직임을 다하려 하나 오로지 향암스런 데가 있어서 이 자리의 체례(體例)를 알지 못했던 것이다.

이광좌 : 신이 일찍이 10년을 지방에 거주하였더니 지금 향암스런 데가 있습니다. 권이진은 일생을 거주했으니 향암이 마땅합니다. 그러나 경화(京華) 사람들이 말을 잘 꾸미는 것에 비하면 진실로 나은 점이 있습니다.

영조 : 향암이라 해도 취할 점이 있으니 나는 호판에게서 질실(質實)한 점을 취한다.[013]

영조에게 향암으로 지목받은 호조판서 권이진은 송시열의 외손자였고, 윤증의 제자로서 소론의 일원이었다. 재화를 잘 다스려 칭송이 자자했고, 사무에 정밀한 점은 박문수도 따를 수 없었다고 한다.[014] 세평을 감안하면, 영조는 궁방 절수를 혁파하자는 그의 과격한 주장을 향암으로 몰아 반대했다는 게 더 정확하다. 영조는 향암에 대해 "말투가 어눌하고, 의례(儀

禮)에 서투르며, 정황을 잘 모른다."라는 기준을 활용하고 있었다. 권이진을 옹호하고 나선 이광좌의 발언에서도 서울과 지방의 차이가 느껴지기는 마찬가지였다. "10년만 살아도 향암이 된다."라는 그의 발언은 서울과 지방 사이에 놓인 격차가 얼마나 빠른 시간에 실감되는지를 보여주기 때문이다. 향암의 장점으로 '질실함'을 꼽은 것은 겉으로는 긍정적이다. 하지만 질박함을 강조할수록 서울의 화려함과 대비되는 구도는 선명해진다. '향암'의 발화(發話)에는 서울과 지방의 격차가 반영될 수밖에 없다. 그렇다면 '향암'이란 말은 누가 언제 어떻게 썼는지 검출하는 작업이 필요하다.

먼저 동아시아 한자문화권에서 보편적인 용어였는지를 보자. 한·중·일 삼국을 대표하는 한자 사전에 향암이라는 용어는 표제어로 잡혀 있지 않다. 전산화된 『한어대사전』의 예문을 검색해도 용례를 찾을 수 없다. 그러나 한국의 고유한 한자어를 집대성한 『한국한자어사전』에는 표제어로 잡혀 있으므로, 오로지 조선에서 사용된 용어였음을 알 수 있다.[015]

향암이 언제, 얼마나, 그리고 어떻게 사용되었는지 알기 위해서 『한국문집총간』 및 관찬 편년사(『조선왕조실록』, 『승정원일기』, 『비변사등록』)에서 중복 기사를 제외하고 검색해보았다. 그 결과 총 337건의 기사를 찾을 수 있었는데, 국왕들을 기준으로 분류하면 〈표 1〉과 같다.

〈표 1〉에서 보듯이 '향암'은 현전하는 문헌을 기준으로 할 때 17세기 이전에는 등장하지 않았다. 최초의 기사는 1600년(선조 33)에 이항복이 올린 차자(箚子)에 등장한다.[016] 이후 드물게 사용되었는데 영조 대 이전까지는 총 13건의 기사에 불과했다. 매우 저조한 빈도이지만 발화 양식과 화자(話者)를 주목할 필요가 있다. 13건 가운데 10건은 상소·차자·장계에 쓰였

고, 1건은 편지, 1건은 만록(漫錄)이다. 기사 대부분은 신하들이 말하거나 작성한 것이었다. 그러나 마지막 기사는 조금 다르다. 1708년(숙종 34)에 숙종이 신하들과 대화할 때 언급한 것이다.[017] 국왕이 화자이고 경연 등의 대화에서 언급된 것은 영조 대의 기사에서 특징적인 현상이 되었다.

〈표 1〉 '향암' 용어 사용의 빈도

<table>
<tr><th>국왕</th><th>한국문집총간</th><th>관찬 편년사</th><th>합계</th><th>연간 빈도*</th></tr>
<tr><td>선조</td><td>1</td><td></td><td>1</td><td rowspan="7">-</td></tr>
<tr><td>광해군</td><td>1</td><td>2</td><td>3</td></tr>
<tr><td>인조</td><td></td><td></td><td></td></tr>
<tr><td>효종</td><td>1</td><td>2</td><td>3</td></tr>
<tr><td>현종</td><td></td><td>1</td><td>1</td></tr>
<tr><td>숙종</td><td>2</td><td>3</td><td>5</td></tr>
<tr><td>경종</td><td></td><td></td><td></td></tr>
<tr><td>영조</td><td>13</td><td>212</td><td>225</td><td>4.33</td></tr>
<tr><td>정조</td><td>14</td><td>48</td><td>62</td><td>2.58</td></tr>
<tr><td>순조</td><td>7</td><td>8</td><td>15</td><td>0.44</td></tr>
<tr><td>헌종</td><td></td><td>1</td><td>1</td><td rowspan="2">-</td></tr>
<tr><td>철종</td><td></td><td></td><td></td></tr>
<tr><td>고종</td><td>10</td><td>10</td><td>20</td><td>0.45</td></tr>
<tr><td>순종</td><td></td><td></td><td></td><td rowspan="2">-</td></tr>
<tr><td>1910년대</td><td>1</td><td></td><td>1</td></tr>
</table>

* 소수점 두 자리에서 반올림했고, 의미가 없으면 '-'로 처리했다.
* 한국문집총간은 한국고전번역원의 한국고전종합DB, 관찬편년사는 국사편찬위원회의 한국사데이터베이스를 이용했다.
* 『승정원일기』 원문 텍스트에는 향암을 '鄕諳'으로 입력한 사례도 있다. '鄕暗'의 오기이므로 함께 검색했다.

영조 대에는 '향암'을 포함한 기사가 대폭 증가했다. 총 225건이고, 연간 빈도는 4.33건으로 모든 시기를 통틀어 가장 높다. '향암' 용어의 사용은 영조 대에 급격히 빈도가 상승했는데, 변한 것은 빈도뿐만이 아니었다. 화자와 발화 맥락도 이전과는 매우 달라졌다.

먼저 화자이다. 영조 대에 검색된 기사 가운데 영조 본인이 향암을 언급한 기사는 총 152건이다. 그중 대화가 124건, 비답·비망기·전교 등의 문서로 내린 것이 28건이다. 대화이건 문서이건, 영조의 언급은 전체 기사의 67.6%를 차지하고 있다. '향암' 용어 사용이 증가한 제일 원인은 영조의 왕성한 발언인 셈이다.

영조는 즉위 2년을 맞는 1726년부터 '향암'이란 말을 사용하기 시작해 재위 내내 지속적으로 사용했다. 신하들은 그의 발언에 적잖이 당황했던 듯, 애초부터 "[영조가 신하들을] 곧바로 향암이라 책망한다."[018]라며 견제했다. 그러나 영조 5년부터는 신하들 또한 '향암'을 종종 들먹이며 영조의 발언에 동조했다. 심지어 영조 45년에는 "강직한 의논을 하는 사람에 대해 주변에서 향암이라 지목하고 조롱한다."[019]라고도 전한다. 영조의 잦은 단어 사용이 일종의 분위기를 만들어낸 것이다. 그 현상은 신하가 자신을 '향암'이라 겸양하던 이전 시기에서는 볼 수 없었던 것이었다.

영조 대에 새로 조성된 분위기의 파장과 의미를 파악하기 위해서는 발화의 맥락을 따져야 한다. 영조 이전 '향암' 용례의 대부분은 신하들이 자신을 겸양하던 수사(修辭) 정도에 불과했다. 이 같은 용법은 영조 대와 영조 이후에도 지속되었는데 큰 의미는 없다. 문제는 영조가 신하나 유생들을 향암으로 지칭할 때이다. 영조의 지적은 크게 조정의 의례나 문서 수발에 서투르다는 것, 정책이나 처분의 실상을 모른다는 것이었다. 그리고 그로 인해 처분을 받게 된 이들은 대개 조정의 논의 상황에 어둡거나, 의례·문서의 격식 등에 서툰 지방의 유생, 신진 대간(臺諫), 승지 등이었다. 이른바 초야(草野), 신진들인 셈이다. 그들에 대해 영조는 관대하게 불문에 부칠 수도 있었고, 서툰 일처리를 들어 견책할 수도 있었다. 또 중신과 대신(大臣)을 비판하는 상소에 대해서는 향암 때문에 빚어진 일이라며 탕평 정국에 참여하는 이들을 엄호하기도 했다.[020] 한편 향암은 질박, 질실함을 잘 간직한 이들에 대한 긍정의 상찬이 되기도 했다. 예컨대 영조는 산림 양득중(梁得中)이 비록 향암의 거조가 있지만 질박하다고 크게 칭찬했다.[021] 질박함에 대한 강조는 서울의 화려함에 대한 비판의 의미로도 기능했다.

그런데 영조 5년 이후에는 신하들 또한 향암을 들어 영조의 관대한 처분을 이끌어내기 시작했다. 신하들은 산림 초치(招致)와 인재의 수용을 강조할 수도 있었고,[022] 반대로 지방을 차별하고 명문가를 옹호하기 위해 사용할 수도 있었다.[023]

국왕이건 신하이건 영조 대 향암의 발언 주체와 사용 맥락은 사용자의 해석권이 강화되고, 그에 따른 처분의 선택폭이 넓어지고 있음을 보여준다. 그에 반비례하여 '향암'이라 지목받은 산림, 신진관료, 유생들은 점차 처분을 기다리는 수동적 측면이 강화되었다.

영조 대의 양상은 정조 대에도 크게 다르지 않았다. 정조 대에 향암이 쓰인 기사는 총 62건이고, 연간 빈도는 2.58건으로 여전히 왕성했다. 그러나 달라진 점은 있다. 실록을 비롯한 관찬 편년사에서 검색된 48건의 기사 가운데 정조가 언급한 경우는 총 19건이다. 그중 대화 중 언급은 6건이고, 전교 등의 문서는 13건이었다. 국왕의 향암 사용, 특히 일상 대화에서의 사용이 줄어들고 신하들의 사용이 늘어난 것이 가장 큰 변화이다. 빈도는 줄어들었지만 정조가 향암을 언급할 때 '향암객(鄕闇客)'이라거나 '향암 중의 향암'처럼 관련한 조어들을 만들어낸 것도 주목된다.[024] 이런 활용의 확대는 향암의 정착과 부정적 인식의 확대를 보여준다.

정조 대에 줄어들기 시작한 향암의 빈도는 순조 대에 큰 폭으로 하락했고, 헌종·철종 대에는 거의 검색되지 않았다. 서울과 지방의 격차가 커지는 세도정치기에 빈도가 감소한 것은 이채롭다. 향암은 지방에 대한 배제와 차별의 속성을 지녔으므로 더욱 빈번해지지 않았을까 하는 예상을 뒤엎기 때문이다.

이와 관련해서 간접적인 정황을 짚어볼 필요가 있다. 먼저 '경화(京華)' 용례와의 대비이다. 관찬 편년사에서 세도정치기 '경화'의 사용 빈도 역시 줄어들긴 했지만, 비교적 유의미한 비율은 유지하고 있었다. 그 외에 명문, 세가, 잠영(簪纓), 벌열 등 외척 세도가와 그들 주변의 관료들을 지칭하는 용어들은 세도정치기 편년사에서 왕성했다.[025] 용어에서의 '서울 집중'은 확인된 셈이다.

세도정치기 '향암' 용어의 사용을 살피려면 문집에서의 사용도 고려해야 한다. 〈표 1〉에서 보듯이 문집에서의 향암 사용은 정조 대의 연간 빈도가 0.58로 가장 높았고, 영조·순조·고종 대의 연간 빈도는 각각 0.25, 0.21, 0.22로 엇비슷했다. 이항로의 제자였던 김평묵이 전하는 일화는 그 점에서 흥미롭다. 김평묵은 동문인 최익현이 서울의 사대부들에게 오해를 사서 툭하면 향암이라 불렸다고 한다.[026] 세도정치기에 향암은 관찬 편년사에서 급속히 줄어들었지만 서울의 사대부들은 여전히 향암을 말하며 지방 사대부를 따돌리고 있었다.

변한 것은 향암이 국왕의 발언, 그리고 국왕과 대신의 대화에서 사라졌다는 사실이었다. '경화' 혹은 그와 비슷한 용어들은 여전히 사용되었는데 향암만 사라진 것은 어떤 의미였을까. 순조 8년(1808)에 과거 개혁을 건의한 김재찬은 "과거에서 글을 빌리고 사람을 빌리는 일을 높은 성취라고 여기면서, 청탁하지 않는 이들을 향암이라고 비웃으니 지방의 선비들이 점차 시험보지 않게 되었다."[027]라고 했다. 그의 말에는 세도정치기 지방 선비들의 운명이 점쳐지고 있다. 점차 조정에서 존재감을 상실한 지방 출신들은 세도정치기에는 비교가 무의미한 차원까지 영락했다.

격차에 대한 인식과 대응

문벌과 이익의 영향력

무심코 사용하는 '향암'이라는 용어 속에도 서울과 지방의 격차는 배어 있었다. 일부 지식인들 역시 벌어지는 격차를 감지하고 비판하기 시작했다. 그들은 주로 과거 운영의 폐단과 인재 수용의 편파성을 문제 삼아 서울 중심의 구조를 비판했는데, 사실 그런 지적은 언제나 제기되었던 문제이기도 했다. 그렇다면 18세기 이후는 이전과 무엇이 달라진 것일까.

현종 2년(1661) 이조정랑이었던 남구만(南九萬)은 "현재 조정에 있는 신하들은 오직 서울과 삼남의 사람들이고, 황해도·평안도·함경도·강원도 지방은 한 사람도 높은 지위에 올랐다는 말을 듣지 못했다."[028]라고 했다. 당시까지 삼남 지역의 소외는 비교적 덜했던 것이다. 주지하다시피 그것은 산림이 중시되고 지방 유생의 공론이 활발했던 붕당정치의 안정화에 기인했다. 따라서 당시 인재 수용 논리는 문장 중시의 과거를 개혁하고, 문벌을 따지는 관행을 없애는 것과 함께 붕당에 구애됨 없이 고루 써야 한다는 지적이 대세였다. 과거, 문벌, 붕당의 폐해는 사실 18세기에도 한 범주

의 폐단으로 지적되는 형편이었다.[029]

그러나 숙종 후반 남인들이 정계에서 배격되고, 영조 초반 이인좌의 난 이후 영남 인사의 등용이 배제되면서, 영조 16년(1740)에는 충청도 지역 인사들만이 근근이 등용되는 형편이 되었다.[030] 그러나 충청도의 노론 역시 정조 대 호락논쟁의 격화와 순조 초반 정국을 주도했던 벽파 정권의 실각을 계기로 영향력을 급속히 상실했다.

탕평정국이 붕당 구조를 약화시켜 지방 사림의 소외가 야기되었다는 지적은 이미 있었다. 그 공간은 문벌과 이익 중시의 흐름이 메웠다. 세태 변화에 민감했던 유만주(兪萬柱)는 증대하는 문벌의 영향력을 아래와 같이 증언했다.

> 태어난 시각보다 중요한 것이 문벌이다. (…) 풍속을 변화시키고 급기야 운명과도 맞선다. (…) 사주도 문벌을 어쩔 수 없다.[031]

유만주가 운명보다 더 세다고 느꼈던 문벌의 실체는 서울 지역의 명문 사족들이었고, 그들이 사적인 관계망을 활용해 요직을 차지하고 지방의 이익을 향유하며 매관매직과 뇌물을 횡행시키는 사정에 대한 비판은 지속적이었다.[032]

문벌의 영향력이 커지는 한편에서 늘어난 이익을 독점적으로 향유하는 풍조도 확산되었다. 사대부가 명리를 탐한다는 지적이야 늘상 있는 일이었지만, 늘어난 이익이 문벌을 비대하게 만들고 정쟁의 원인이 된다는 지적은 사회의 새 동력을 새삼 확인하는 일이었다.[033] 이익(李瀷)의 제자였던 윤기(尹愭)는 돈의 무한한 영향력에 대해 "세계가 큰 시장통이 되어 성인이 다시 태어나도 변화시킬 방법이 없겠다."라고 읊었다.[034] 윤기는 하나의 시장통으로 묘사했지만, 사실 이익을 두고 가장 번다한 교류와 치열한 다툼이 일어나는 곳은 서울이었다. 이옥(李鈺)은 초점을 조금 좁혀 서울을 중심으로 전개된 이익 세상과, 그곳에서 글을 팔아 기생하는 지방의 한사(寒士)를 딱하게 바라보았다.

> 천하가 버글거리며 온통 이끗을 위하여 오고 이끗을 위하여 간다. (…) 서울은 장인바치와 장사치들이 모이는 곳이다. 거래하는 물품과 가게들이 별처럼 벌여 있고 바둑판처럼 펼쳐져 있다. 남에게 손과 손가락을 파는 사람이 있고, 어깨와 등을 파는 사람도 있고, 뒷간 치는 사람도 있고, 칼을 갈아서 소 잡는 사람도 있고, 얼굴을 꾸며 몸을 파는 사람도 있으니, 세상에서 사고파는 일이 이처럼 극도에 달하고 있다. (…) 시골 풍속에 과거 글을 팔아 생계를 삼는 자가 많았는데 [영남의 한미한 선비] 류광억(柳光億) 또한 그것의 이득을 취하였다. (…) 아마도 모든 사물은 다 팔 수 있지만 마음은 팔 수가 없어서인가? 류광억과 같은 자는 또한 그 마음까지도 팔아버린 자인가?[035]

서울을 이익 중심의 근원으로 포착한 이옥의 시선은 섬세하고 날카롭다. 시장과 교역의 확대로 물품을 넘어 몸 파는 이들까지 즐비하게 되었다. 서울의 휘황한 발전은 지방과의 격차를 더욱 넓힐 뿐이었다. 영남의 선비 류광억은 어떤가. 과거의 글을 팔아 연명할 수밖에 없는 류광억과 시골의 글 잘하는 선비들에 대해 이옥은 "몸이 아니라 마음을 팔았다."라고 질타했다. 하지만 연줄과 이익으로 공고해진 서울에서 지방 선비가 글을 판들 누가 쉽게 욕할 수 있으랴.

서울과 이익, 문벌이 종합적으로 결합하면 공간과 계층의 분할은 종합적으로 완료된다. 이제 촌사람들은 속절없이 당할 수밖에 없다. 윤기의 시 한 수를 간추려 소개한다.

> 촌사람이 서울로 명주를 팔러 가다 세도가의 겸종을 만난다. 겸종은 뻔뻔하게 명주를 제 물건이라 여긴다. 싸움이 붙었으나 촌사람은 말이 어눌하고 겸종은 성화같이 힘주어 주장한다. 결국 관아에 갔으나 판결문이 가관이다. 수령은 겸종을 알아보고 명주를 넘기고는 촌사람에게 벌 받지 않은 것도 다행으로 여기라 한다. 촌사람은 움츠러들어 눈물만 떨구고 겸종은 기세등등하다. 수령은 높은 자리로 쉽사리 옮기고 비옥한 고을을 마음껏 차지한다.[036]

19세기 중반에 이르면 서울과 지방의 격차는 절정에 달하게 되었다. 당시 중인 지식인이었던 최성환은 수치를 활용한 점층법으로 그 격차를 묘사했다. 앞서 소개한 남구만의 언급과 비교하면 가히 천양지차이다.

> 오늘날 선비를 구하는 지역은 천 리도 되지 않는다. 팔도 안에서 애초 대관(大官)으로 등용되지 않는 서북 3도를 제외하고, 나머지 5도의 인사 중에서도 대관으로 등용되는 사람은 없다. 혹 한둘 두드러진 이들이 있다 해도 그 지역에 흘러가 사는 경화사족일 뿐이니 그 지방의 인사가 아니다. 그러니 오늘날 등용되는 이들은 오직 경기도 한 도의 인재이다. 하지만 경기도조차도 모두 등용되지 않는다. 오직 서울 5부 안에나 해당하니 천리의 땅

을 통틀어 300분의 1이다. 그러나 300분의 1조차도 모두 등용되지 않으니 오직 대대로 벼슬한 사대부에나 해당할 뿐이다. 대대로 벼슬한 사대부 중에서도 오직 귀족 대성(大姓)들만 [등용이] 해당된다. 그렇다면 그 300분의 1 중에서도 겨우 100분의 1이나 1,000분의 1에 해당될 따름이다. 천 리의 땅에서 인재를 구하는 지역은 1리도 되지 않는다.[037]

대응 : 부러움, 불만, 자의식

(1) 부러움과 체념

격차가 일정한 한계를 넘자 사람들의 반응은 다양해졌다. 그들 사이에 끼고 싶은 부러움, 끼지 못했을 때의 체념은 가장 원초적이었다. 평양 선비 김정중(金正中)은 1791년에 연행사의 일원이 되었다. 주변에서는 평양 출신으로 연행에 참여한 그에 대해 "오직 당신뿐"이라며 부러워했다. 서울 못지않은 경제력을 자랑했지만 정치 무대 진출에는 내내 제한이 가해졌던 그들이 '중앙'에 대해 갖는 동경에는 차별이 내재화되어 있었다. 부러움의 대상 김정중은 서울의 명문가 안동김씨 사람들과의 동행을 영광으로 여겼고, 강남 선비와의 만남에 감격했다. 그러나 자신처럼 변방에 속한 만주의 남녀나 장사꾼에 대해서는 비하와 욕설이 튀어나왔다.[038]

서울, 명문가에 대한 동경은 그들의 지원을 얻고 동질성을 갖추려 하는 동력이 되기도 했고, 따라잡을 수 없는 현실에 대한 체념을 동반하기도 했다. 19세기 최대의 세도가였던 안동 김문 역시 18세기에 이미 경파(京派)와 향파(鄕派)의 격차가 벌어질 대로 벌어져 있었다. 향파에 속했던 인사들은 때론 경파와의 동질성을 강조하며 지원을 받고 정치적으로도 연대했지

만, 한편에서는 향파로 전락한 자신들을 처지를 한탄하기도 했다.[039]

관직 진출의 통로인 과거에 대해서도 지방 사인들은 점차 체념했다. 과거가 공리 위주로 흐르고 특정 문벌을 강화한다는 비판은 이미 상식이었고, 매문(賣文)·차문(借文) 등의 부정을 고발하는 이야기는 넘쳐났다. 그러나 1822년 평안도 암행어사였던 박래겸(朴來謙)이 개천군의 향교에서 유생과 나눈 대화에선 달라진 분위기가 읽힌다. 박래겸은 어떤 유생으로부터 "금번 회시(會試)는 공정하다고 하지만 사실 부자만이 당선되었으니 매우 괴이하다."라는 질문을 받는다. 함께 있던 이들은 그 말에 매우 동조했다. 그런데 박래겸의 진단은 사뭇 달랐다.

> "지금 세상에는 옳건 그르건 간에 공정한 도리는 없소. 가난한 사람들이 글을 파는 행위는 허물하지 않고, 유독 부자가 대신 지은 답안만을 허물합니다. 과거 시험관이 혐의를 피하고자 해서 훌륭한 문장에 대단한 필력이라도 잘산다고 해서 물리치고, 서툰 문장에 엉성한 글씨라도 가난하다 해서 발탁해야 바른 도리라 할 수 있겠습니까?" 한 사람이 말하기를 "이것은 진실로 글을 팔아먹은 사람의 죄입니다. 시험관을 허물할 수는 없지요"라고 하면서 나에게 술과 떡을 대접해주었다.[040]

전도된 현상에 대해 '검증불가'를 들이댄 박래겸의 논리는 손대지 않고 그냥 운영하자는 고식책에 불과했다. 그런데 정작 의아한 것은 유생들의 반응이었다. "빈부를 따지지 말자"는 어사 박래겸을 조롱하던 처음의 분위기는 즉각 바뀌었다. 그리고 글을 팔아먹은 사람만을 문제의 원인으로 고발했다. 그들의 동조는 진심에서 우러나온 것이었을까. 어찌해볼 수 없는 체념이 그저 불성실한 동조를 이끌어낸 것은 아니었을까.

문제의 근원이 제대로 짚어지지 않고 구조에 대한 발언이 회피된다면 어떤 이들은 스스로를 닫아버리는 수밖에 없었다. 조희룡은 이름을 잃어버린 평양 사람이 그린 〈천하기물도(天下棄物圖)〉를 보았다. 이름 그대로 '천하에 버림받은 물건에 대한 그림'인데 이 그림은 스스로를 비유한 것이라 했다.[041] 이름을 잃은 사람은 폐기된 물건에다 뜻을 실을 수밖에 없는 현실이었다.

(2) 증언과 고발

가능성을 접지 않은 이들은 불균등한 현실을 고발했다. 그들의 고발은 지방민의 가능성이 왜곡되는 현장의 생생함이 더해질수록 힘을 발했다. 김려(金鑢)는 정조 말년에 함경도로 유배를 갔는데, 거기서 약관의 지덕해(池德海)라는 인물을 제자로 거두었다. 문무를 겸비한 그에게 매료된 김려는 망년지교까지 맺었다. 그러나 김려는 그에게 서울서 노는 꿈을 접고 자중자애를 권할 수밖에 없었다.[042]

비슷한 시기에 유배되었던 정약용(丁若鏞) 또한 지방민과 어울렸고 그들의 불만을 기록했다. 유명한 장편 시 「여름날에 술 마시며(夏日對酒)」 역시 그중 하나이다. 정약용은 시 후반에서 능력 있는 지방 인재가 좌절하는 과정을 생생하게 증언했다. 인상적인 장면은 계속 이어진다. 자기 연마가 필요 없는 서울의 유력한 집안 자제 또한 그저 나태함에 빠지고 만다. 지방의 좌절과 서울의 타락은 대비되지만 결과는 같다. 정약용의 표현대로 "두 집 자식 모두 자포자기가 되어 세상 천지에 어진 자들은 모두 사라지고 마는 셈"이다.[043] 불균등이 지속될 경우 조선의 미래는 우울한 디스토피아였다.

정약용의 전망은 세도정치기가 만개한 19세기 중반에 어떻게 판명되었을까. 최성환(崔星煥)은 불균등은 과거뿐만 아니라 미래에도 영속하리라고 진단했다. 그의 고발은 디스토피아적 전망에 관한 한 정점에 서 있다.

> 오직 문호(門戶)를 신분으로 삼고 (…) 사람들도 당연하게 여기고 괴이하게 생각하지 않는다. (…) 오늘날 우리나라에서 벼슬하는 자들은 모성(某姓) 모족(某族)의 몇몇 집안에 불과하여 모두가 그들의 이웃이 아니면 친인척이다. 그들은 수백 년 이래로 먼 선조부터 후손까지 함께 조정의 반열에 있으면서 대대로 함께 일을 해온 사람들이다. (…) 다음 대의 내 아들 내 손자 수백 대까지 아래에 이르기까지 또한 반드시 대대로 함께 일을 해 나갈 것이다.[044]

(3) 반성과 자율

커지는 격차에 대한 부러움과 불만을 보았다. 하나는 서울을 닮고 싶은 욕망의 표현이었고 또 하나는 왜곡된 구조에 대한 고발이었다. 지방의 입장에서라면 부러움을 반성하고 대안을 모색하는 일이 다음 수순이었다. 먼저 부러움에 대한 반성이다. 호남 지식인 위백규(魏伯珪)의 「오황해(五荒解)」는 그 점에서 문제적이다. 여기서 '황(荒)'은 정신을 구속하는 미혹이다. 위백규가 보기에 황은 전통적으로는 여색이나 사냥이었지만 지금은 장황(葬荒)·반황(班荒)·시황(時荒)·교황(交荒)·향황(鄕荒) 다섯 가지이다. 그런데 장황을 제외한 나머지가 흥미롭다. 반황과 시황은 서울의 양반 문화와 서울의 유행을 무턱대고 따르는 시골의 풍조이고, 교황은 문벌과 권세가에 연줄을 대려는 풍조이며, 향황은 향촌의 관습과 윤리성이 무너지는 풍조이다. 위백규는 이상을 세상과 개인을 망치는 큰 재앙으로 보면서 결국 마음을 상실하지 말자고 했다.[045]

위백규가 마음으로 돌아간 것은 결국 수신을 통한 유학의 본령을 회복하는 일과 다르지 않았다. 비슷한 진단과 결과들은 많았다. 황윤석(黃胤錫)은 지방의 노론 학자로서 서울의 노론 학파인 낙론과의 연대에도 매달렸지만, 한편에서는 지방에 대한 편견과 배제를 잘 느끼고 있었다. 그는 호남의 학풍 부흥, 호남의 인재 등용, 호남 고가대족(故家大族)의 부흥을 갈망했다.[046] 18세기 이후 지식인들이 지방지 편찬에 적극적으로 나서고, 정조가 집권 후반기에 각 지역의 『빈흥록』 편찬을 독려한 사실도 그 연장선에 있었다. 그러나 유학의 본심을 회복하고 지방의 정체성을 갖추자는 그들의 노력이 과연 서울이라는 중심으로부터의 진정한 탈출일까. 그들의 지향 속에 궁극적으로 유교 질서가 맞추어져 있다면, 다시 중심(국왕, 세가, 유학)으로 회귀하는 것은 예정된 경로가 아니었을까.

국가–관이라는 체제에 물리적으로 반항하거나, 유학의 절대성을 회의하고 서학이나 동학을 신봉하는 일이라면 반대편으로의 탈주가 아닐 수 없다. 인식 방면의 진정한 탈주는 무엇일까. 중심–주변에 상대성이라는 시선을 대입하여, 모든 지방이 스스로 의미를 갖는다는 사고는 서울의 중심성 자체를 없애버리는 인식상의 전환이 될 수 있었다. 연행이나 과학을 통해 중화(中華)의 중심성을 의심하거나 타파하는 사례의 서울–지방판이라고도 할 것이다. 필자가 주목한 것은 말과 명칭을 통해 중심의 상대성을 인지한 이옥의 언급이었다.

[말과 명칭이 나라마다 다른 것은] 말이 한 지방의 것이기 때문이다. (…) [그 이유에 대해 어떤 이는 땅 때문이라 하고 어떤 이는 풍속 때문이라 한다] (…) 나는 모르겠다. 호서인이 영남인의 말을 두고 웃는 것이 옳은가, 영남인이 호서인의 말을 두고 웃는 것이 옳은가. 또 어찌 알겠는가, 호서인과 영남인이 우리의 말을 두고 웃지 않을는지.[047]

이옥은 또 영남의 방언이 자체로 의미가 있음을 깨닫고 방언 수십 가지를 채록했다.[048] 이옥은 말에 대한 언급에 머물고 사회구조로 시선을 돌리지는 않았다. 하지만 각 지역의 입장에서는 모든 게 달라 보인다거나 또 그들의 말이라도 가치가 있다는 언급은 서울 – 지방의 구조 자체에 던져진 의문이자, 지방의 가치 인정이라는 사고로서 주목할 만하다.

19세기 조선, 같으면서 다른 시대

18~19세기 서울과 지방의 격차 심화는 구조적 문제이기도 했고, 개개인의 삶 자체를 결정하는 광범위하고도 영향력 깊은 사회 현상이기도 했다. 이 글의 전반부는 은연중에 그 현상을 반영한 향암(鄕闇)이라는 용어에 주목하고, 발화의 맥락 등을 통해 격차의 일단을 추적해보았다.

영조는 향암을 빈번하게 언급했다. 향암을 언급하는 순간, 향암으로 규정된 신하 혹은 그들의 주장은 사정을 잘 알고 오류를 지적할 수 있는 국왕의 처분 아래에 놓이게 되었다. 향암으로 언급되는 이들은 서울에서 떨어져 있거나 조정의 의례에 서툰 산림, 신진 관료, 지방 유생 등이었다. 그들에 대한 국왕의 처분권이 강화될수록 왕권 강화와 붕당 구조의 약화는 가속화되었다. 한편 세도정치기 이후 정부 차원에서 향암의 발화 빈도는 급격히 하락한다. 그것은 향암이 민간에서 여전히 사용되고, 경화(京華) 및 그와 연관한 어휘가 지속적으로 사용된 것과 대조적이다. 향암은 일상용어처럼 되었지만, 정부 차원에서는 발언의 가치를 상실한 것이다. 향암의 사용과 사라짐은, 서울과 지방의 격차가 영·정조 대에는 마치 화학 반응 초기의 발열처럼 활발했고, 세도정치기에는 반응이 완료된 결정체처럼 되었음을 보여준다.

이 글의 후반부는 구조, 용어 등 거시 차원에서 벌어지는 격차에 대한 지식인들의 인식 중에서 몇 가지를 추출했다. 서울과 지방의 격차는 당대에는 주로 인재 수용의 문제로 제기되었고 비판은 붕당, 문벌 등으로 향해 있었다. 문제는 18세기에는 그 논리에서 점차 문벌과 이익으로 초점이 맞추어진다는 것이다. 문벌, 이익이 연결되는 배경으로서의 서울 또한 함께 부각되었다. 서울 – 문벌 – 이익이 고착화하는 데서 조선의 지식인들은 유학 – 국왕 – 한문 등으로 균질화된 사회가 불균등으로 고착되고 있음을 목격했다. 그들은 불만을 증언했고 지방의 정체성을 고민했다.

서울과 지방의 분기가 고착된 19세기의 조선은, 성대중의 표현을 빌자면 "같은 하늘 아래 살고 있지만 사는 땅이 다르고, 같은 땅에 살지만 사는 사람이 다르고, 사람이 같지만 시대가 다른"[049] 시대로 들어간 것이 아니었을까. 지역의 격차, 부와 기회의 격차, 지식의 격차 등이 가속화한 결과는 차별의 일상화였고, 그 결과는 기존 체제의 붕괴였음을 현재의 우리는 알고 있다. 서울과 지방의 격차, 거기에서 비롯한 사회구성원의 불균등이야말로 조선을 음습하게 조여 간 '보이지 않는 위협'이었다고 결론내리지 않을 수 없다. 그 결론은 현재 급속하게 역동성을 상실하고 신분의 대물림이 고착화되어 '흙수저, 금수저'라는 말이 난무하는 한국 사회가 새겨야 할 경종이다.

이경구

한림대학교 한림과학원 HK교수로 재직 중이다. 조선 후기 정치사, 사상사를 전공했다. 주요 저서로 『조선 후기 안동 김문 연구』, 『조선 후기 사상사의 미래를 위하여』 등이 있다.

8장

19세기 조선의 지식인 지형

— 균열과 가능성

머리말

1800년 정조(正祖, 재위 1777~1800)의 사망은, 서력기원으로 볼 때 18세기의 끝과 19세기의 시작에 위치했다. 전근대 조선에서 서력기원은 전혀 의식되지 않았겠지만, 우연한 이 일치는 근대 한국 사회를 해석하는 데 많은 영향을 주었다. 왜냐하면 19세기는 서구 유럽의 세계 제패가 현실화되면서 조선을 포함한 동아시아 사회가 크게 동요하던 시기였기 때문이다. 19세기는 전근대 조선의 마지막이면서 근대 한국의 시작이었으며, 근대화 실패의 원인을 제공한 부정적인 시기로서 인식되었다. 이러한 19세기를 바로 목전에 두고 정조는 사망한 것이다. 그럴수록 정조에 대한 애착은 더욱 커져서, 정조의 죽음과 그로 인해 피폐해진 19세기라는 이미지가 강하게 형성되었다.

그러나 과연 이런 인식은 타당한 것인가. 이 글은 19세기 사상계의 역동성과 경화 현상을 함께 살펴봄으로써 이 시기 사상계 지형의 균열지점들과 다양한 가능성들을 탐색해보고자 한다. 역동성과 경화 현상은 서로 모순된 것이지만, 두 가지 요소들이 융합되면서 19세기 조선의 사상계가 만들어졌다. 가능한 한 퇴락의 시대라는 19세기에 대한 기존 선입견에서 벗어나 정조 시대의 해체 과정에서 발생한 사상계의 조류들이 어떻게 19세기라는 시기와 만나면서 다양한 모습으로 나타났는가를 살펴보고자 한다.

19세기에는 정조 시대의 해체와 함께 새로운 사상의 국면들이 대거 등장했다. 정조는 초계문신(抄啓文臣) 제도와 문체반정(文體反正)의 예에서도 볼 수 있듯이, 국왕 스스로 문예를 관리하고 주도하고자 했다. 이것은 군사일체론(君師一體論)의 시각에서 살펴볼 수 있다. 정조는 국왕인 동시에 스승으로서 권위를 가지면서 정치뿐만 아니라 문예를 일원화하고자 했다. 물론 그 배후의 이념은 체제교학으로서의 주자성리학이었다 정조는 청나라로부터 유입된 고증학, 소품체 문학 등으로부터 조선의 주자학적 문예를 지켜내기 위해 많은 노력을 기울였다.

하지만 이미 새로운 사상과 문예에 대한 갈구가 사회 저변에 광범위하게 확산되고 있었다. 예컨대, 연암그룹 지식인들의 북학사상과 공안파(公安派) 문예이론이나 근기남인들의 천주교 및 서학(西學) 학술경향은 18세기 후반 정조 대에 널리 퍼져 있었다. 정조는 강력한 척사(斥邪)보다는 정학(正學)을 북돋음으로써 이단을 자연스럽게 소멸시키는 전략을 모색했다. 그러한 이유로 비록 문체반정이나 천주교 박해는 부분적으로 있었지만, 새로운 사유들은 비교적 안정되고 자유로운 형태를 유지하며 발전할 수 있었다.

하지만 이러한 온건한 정책들은 정조의 죽음과 함께 사라졌다. 그리고 순조(純祖, 재위 1800~1834) 초기 벽파(僻派) 정권의 강경 일변도 탄압 정책이 그 자리를 대신했다. 특히 서학에 대해서는 대대적인 탄압이 가해졌다. 이 탄압으로 인해 조선의 학계는 전체적으로 위축되었지만, 곧 새로운 사유들이 등장했다. 이 사유들 중에는 18세기와의 연속성을 제시할 수 있는 것도 있었지만, 온전히 19세기만의 것들도 있었다. 또한 이들 새로운 사유와 학술경향에는 19세기의 긍정적인 역동성을 보여주는 것도 있었지만, 부정적인 경화 현상을 반영하는 것도 있었다.

이 글은 19세기 사상계의 중요한 특징으로 첫째 주자학의 균열과 그것을 통하여 재편된 사상계의 지형을 다루고, 둘째 지식의 대중화 문제를 통하여 다양한 계층에서 지식에 대한 욕구가 싹텄음을 제시하고자 한다. 셋째 지식과 사상이 지역에 따라서 어떻게 비균질적으로 재편되었는지를 논한다. 이를 통하여 주자학의 기치 아래에서 비교적 균질적인 모습을 유지했던 18세기 사상계와는 달리, 19세기가 되면 주자학의 원심력이 약해지면서 다양한 실험과 시도가 있었고, 그것은 다시 다양한 형태로 변주되었음을 논하고자 한다. 이는 19세기 사상계의 긍정적인 역동성과 부정적인 경화 현상을 동시에 파악하는 데 일정한 도움을 주리라고 생각한다.

주자학의 균열

19세기 주자학과 관련하여 조선의 사상계는 크게 세 가지 방향에서 전개되었다. 첫째는 주자학을 계승·묵수하려는 경향이었고, 둘째는 주자학의 인식론적 한계성을 드러내면서 주자학을 공격하려는 경향이었으며, 셋째는 종교적 심성을 통하여 주자학을 극복하고자 하는 경향이었다. 첫 번째 경우가 체제교학으로서 주자학을 수호하려는 움직임이었다면, 두 번째와 세 번째는 주자학을 안과 밖에서 의심하고 균열시키고자 하는 시도였다. 이 세 가지 형태의 분기를 통하여 주자학의 안과 밖에서 19세기 사상계의 지형도가 그려졌다.

첫째, 주자학을 묵수하거나 개량적으로 발전시켰던 지식인 그룹이다. 이들은 사실 19세기 조선에서 가장 일반적인 지식인들이었다고 할 수 있다. 그들은 세도정권을 옹호하든 혹은 비판적이었든, 본질적으로 체제수호적인 주자학자들이었다. 그들은 대부분 19세기 중반 이후 위정척사파(衛正斥邪派)나 일부 온건한 동도서기론자(東道西器論者)들이 되었다. 19세기 대표적인 주자학자들인 김매순(金邁淳, 1776~1840), 홍석주(洪奭周, 1774~1842), 홍직필(洪直弼, 1776~1852) 등은 당송고문(唐宋古文)과 주자학(朱子學)을 옹호하면서 보수적인 면모를 보였다. 19세기 중후반에는 이항로(李恒老, 1792~1868), 기정진(奇正鎭, 1798~1879), 이진상(李震相, 1818~1886) 등이 등장하여 위정척사 운동의 이론적 기반을 구축했다.

둘째는 주자학적 인식론의 문제점을 자각하고, 이를 비판했던 지식인 그룹이다.[001] 그들은 주로 연암그룹의 인물들이었다. 박지원(朴趾源, 1737~1805)은 「상기(象記)」라는 글에서 코끼리를 통해 사람들의 협애한 '이(理)' 이해를 비판했다.[002] 박지원이 보기에, 코끼리라는 생경한 사물을 설명할 때 기존의 주자학적 '이' 인식으로는 한계가 있었다. 이것은 주자학적 이기론으로 온전히 이해할 수 없는 세계가 조선의 지식인들에게 인지되기 시작했음을 말해준다. 그러할 때, 사물을 설명하는 기존의 방법과는 달리 좀 더 현실적이고 정교한 방법이 필요했다.

박지원의 다음 세대인 홍길주(洪吉周, 1786~1841)는 이런 점들을 자각하고 구체적인 해결 방안을 제시했다. 홍길주는 모든 사물의 원리 질서를 보편적인 태극 관념으로만 설명하려고 하는 주자성리학자들을 비판했다. 그는 "하늘에는 하늘의 이치가 있고 사람에게는 사람의 이치가 있으며, 곤충과 초목에게는 곤충과 초목의 이치가 있고 물과 불과 흙과 돌에는 물과 불과 흙과 돌의 이치가 있다."[003]라고 하면서 '이'가 갖는 전체적이고 통합적인 성격보다는 각각 사물에 내재되어 있는 '이'의 개별성을 강조했다. 그에 따르면 모든 사물들은 나름의 독특성을 가지며, 그것은 본질적으로 하나로 할 수 없는 것이었다.

지금 만약 이 이치가 하나에 근본한다고 말한다면, 이치를 탐구하는 자는 아마도 장차 이발(已發)·미발(未發)의 이치를 모두 따져서 천백억세의 후까지도 예상 밖으로 벗어나지 않게 해야 한단 말인가? 아니면 장차 단지 이른바 하나를 연구하고서 스스로 천하의 이치를 다 궁구했다고 말해야 한단 말인가? 더욱이 이른바 하나라는 것이 무엇인가? 텅 비고 아득한 하나의 태극이다! 이미 그것을 하나라고 했다면, 또한 장차 무슨 방법으로써 그것을 궁구하려고 하는 것인가? 종이에다 하나의 원을 그려놓고 말하기를 "이것이 태극이다.", "태극은 본래 무극이다."라고 하고서 논설을 장황하게 늘어놓고 뜻을 오묘하게 만들어 천 마디 만 마디 말을 하면서 허황망상한 가운데 "이것이 곧 이치를 탐구하는 학문"이라고 말한다. 아! 효제(孝悌)·충신(忠信)과 같은 실제 행실과 사정시비(邪正是非)의 분변에서 또한 너무 멀리 떨어졌다! 그러므로 말하노니, 이치가 없는 일은 없고 이치 없는 사물은 없으며 일찍이 하나에 근본했던 적도 없다. 일마다 그 시비를 궁구하면 일의 이치가 드러나고 사물마다 그것의 공용(功用)을 보면 사물의 이치가 밝혀진다. 그러니 일일이 이치를 미리 구할 수는 없는 것이다.[004]

홍길주의 이 말은 선험적이고 연역적인 '이' 이해에서 벗어나 구체적인 사물의 '이'를 이해해야 한다는 의미로 들린다. 그런 점에서 주자학적인 '이' 이해에서 비켜나 있다. 이러한 홍길주의 논의는 19세기 사상계의 일반적인 추세는 물론 아니었다. 하지만 중요한 것은 이러한 사유가 서울지역 유력 가문의 주류 학자에게서 나타나고 있었다는 점이다. 그것은 주변이 아닌 중심의 균열이기 때문에 의미가 크다. 여전히 주자학의 공로와 대의를 존중하는 모습을 보였을지라도, 그것이 근거했던 이기론 체계에 대해서는 적지 않은 회의가 중심에서부터 서서히 싹텄던 것이다. 홍길주가 주자학의 세 가지 공로 가운데 이기심성론을 가장 나중으로 꼽았던 것도 이와 관련이 있다.[005] 연암그룹 인물들에게서 주목되는 것은 주자성리학의 일반적인 인식론에서 점차 벗어나 새로운 사유를 모색했다는 점이다.[006]

셋째, 주자학이 철저히 억압하고 은폐했던 유학의 종교성을 다시 복원하면서 종교적 심성을 강조한 그룹을 들 수 있다. 이는 종교적인 것을 배제하고자 하는 주자성리학의 이성주의를 비판하고, 새롭게 종교적 심성을 발견하려는 노력이었다. 앞서 두 번째 논리들이 주로 연암그룹을 중심으로 한 노론 지식인들에서 발생했다면, 종교적 심성의 발현은 성호학파(星湖學派)를 중심으로 한 근기남인 지식인들에게서 주로 보였다. 그것은 18세기 후반 성호좌파의 천주신앙으로 구체화되었다. 성호좌파 계열의 지식인들은 이기론으로 포섭될 수 없는 유학의 종교성을 드러냈다. 정약용(丁若鏞, 1762~1836)은 귀신(鬼神)은 이기로써 설명하기 어렵다고 했다.[007] 이는 철저히 이기를 통하여 귀신을 설명하고자 한 주희(朱熹, 1130~1200)의 태도와 대조되었다.[008] 정약용은 상제(上帝)를 통하여 심성론을 새롭게 재편했고, 고대 유학의 종교성을 복원하고자 노력했다. 이와 같은 고대 유학으로의 복귀는 천주신앙과도 부합하는 면이 많았다.

19세기 조선의 유학 사상계는 대략 위의 세 가지 형태를 띠었다고 할 수 있다. 물론 이는 일률적이거나 단선적인 것은 아니었다. 그것들 사이에는 결합과 분화, 변형이 있었고, 그에 따라서 다양한 사유들이 생겨나기도 했다. 가령, 주자학자 이진상의 제자들 중 일부는 종교적인 사유들과 만났다. 이진상의 제자 곽종석(郭鍾錫, 1846~1919)의 문인이었던 이병헌(李炳憲,

1870~1940)은 유학의 종교성에 착안하여 공자교(孔子教) 운동에 많은 관심을 가졌다.[009] 최한기(崔漢綺, 1803~1877)는 연암그룹 지식인들과 직접적인 연관성은 없었지만, 위에서 제시한 세 가지 범주 가운데 두 번째에 가까웠다. 최한기는 주자학적 인식론에서 벗어나 있었지만, 그렇다고 종교적인 것으로 이동해 가지는 않았다. 그런 점에서 두 번째 경우와 완전히 일치하지는 않는다고 하더라도 가장 가까웠다.

한편, 위의 세 가지 흐름 가운데 19세기 사상계의 독특한 흐름과 관련해서 특히 주목해야 할 것은 마지막 세 번째 종교적 심성의 발전이다. 그것이 이성주의를 표방했던 주자학과 가장 대별되는 사유체계였기 때문이다. 두 번째 사유의 경우 이성주의라는 측면에서 보면 주자학과 동일한 문제의식을 가졌다. 오히려 주자학이 표방했던 이성주의의 또 다른 발전적 형태였다고도 할 수 있다. 반면 종교적 사유의 등장은 종교성의 제거를 강하게 표방했던 주자학으로부터 본질적으로 벗어남을 의미했다. 이는 고대의 종교적 사유를 극복하고 중세적 합리주의를 연 주자학의 방향을 가장 정면에서 거스르는 것이었다. 동시에 근대적 이성주의와도 그 방향이 달랐다. 그런 점에서 19세기 조선 사상계의 가장 문제적이며 중요한 특징이라고 할 수 있다.

19세기 사상계의 종교적 심성의 발흥은 고대 유학의 복원과 천주신앙만으로 한정해서 설명하기 어렵다. 왜냐하면 다른 부분에서도 종교적 심성이 전면에서 활발하게 일어나고 있었기 때문이다. 우선 비기도참(秘記圖讖)과 도교(道教)신앙을 들 수 있다. 19세기에는 『정감록(鄭鑑錄)』 등의 각종 비기류(秘記類)와 미륵에 의한 후천개벽사상이 조선 사회에 크게 유행했다.[010] 이와 함께 유학 집권층에서도 도교 계열의 선서(善書)가 상당히 유행했다.[011] 박규수(朴珪壽, 1807~1876), 이건창(李建昌, 1852~1898)은 도교 계열 선서에 서문을 쓰기도 했으며,[012] 급기야 고종(高宗, 재위 1863~1907) 시대에는 도교 계열 선서가 조선 정부에 의해 편찬되기도 했다.[013] 최한기 또한 도교 계열 선서의 유행을 직접적으로 지적했다.[014]

19세기 지식인들의 불교에 대한 관심도 염두에 두지 않을 수 없다. 정약용은 초의의순(草衣意恂, 1786~1866)과 교류했으며, 김정희는 초의의순과 백파긍선(白坡亘璇, 1767~1852)의 선(禪) 논쟁에 관심을 가졌다.[015] 특히 서학에 적대적이었던 노론에게서 친불교적인 모습이 잘 보였다.[016] 천주신앙이 주자학의 가장 두려운 대상이 됨으로써 주자학자들은 불교계와 적극 연합하고자 했다.[017] 이와 같이 비기도참, 도교와 불교에 관심을 갖는 사유의 형성은 동학(東學)의 탄생에도 많은 영향을 끼쳤던 것으로 보인다. 최제우(崔濟愚, 1824~1864)가 서학에 대항하기 위하여 유불선을 통합하는 사유를 만들었던 것은 이러한 19세기 유학 사상계의 동향과 밀접한 관련성을 가졌을 것으로 짐작된다.

요컨대 19세기 들어서 주자학은 주류 이념의 지위를 여전히 누리고 있었지만, 한편에서는 그 인식론을 비판하는 사유가, 또 한편에서는 종교적 심성을 강조하는 사유가 나타나 그 권위에 도전하고 있었다. 이는 정조가 구축해놓았던 주자학적 질서가 19세기에 내외로부터 공격받고 있었음을 시사한다. 전자가 주자학이 의도했던 이성주의로부터 유래된 비판이라면, 후자는 주자학이 배격하고자 했던 종교주의로부터의 공격이었다. 이 시기 주자학 진영은 주류 이념의 지위를 놓치지 않으면서 동도서기 혹은 위정척사로의 진로를 모색했지만, 전체적으로 볼 때 새로운 이론이나 발전을 이루지 못하고 정체되는 모습을 보였다.

지식의 대중적 확산

18세기부터 주자학을 비롯해서 문학, 의학 등 다양한 지식들이 여러 신분계층으로 확산되었다. 그 가운데 주목해야 할 것은 여성과 중인층, 농민층에게 이와 같은 지식들이 광범위하게 확산되었다는 사실이다. 이 지식의 확산에는 두 가지 중요한 언어적 배경이 있었다. 첫째는 한문(漢文)의 확산과 보급이었으며, 둘째는 그에 상응하여 확산된 훈민정음(訓民正音), 즉 언문(諺文)의 확산과 보급이었다. 두 언어가 동시에 확산되었다는 사실에 주목할 필요가 있다. 이 사실은 두 언어의 관계가 대립적이었다기보다는 오히려 상호보완적이었음을 추론케 한다. 한문은 언해(諺解)를 통하여 쉽게 읽혀질 수 있었고, 그에 따라 한문 지식도 확장될 수 있었다. 그 확장된 한문 지식은 다시 언문의 수준을 끌어올렸다. 두 언어가 공헌한 분야를 대략 나누어서 살펴보면 다음과 같다.

전근대 시기 조선에서 지식을 전달하는 가장 중요한 언어 수단은 역시 한문이었음을 부인할 수 없다. 18세기 후반 들어 한문 문헌은 동아시아 지식인들 사이에서 이전 시대와 비교할 수 없을 만큼 만들어졌고 공유되었다. 이런 현상은 17세기 후반~18세기 동안 유럽 지식인들이 라틴어를 공통문어로 교류하면서 자신들의 학술모임을 지목해서 불렀던 '문예공화국(Republic of Letters)' 의식과 흡사했다.[018] 물론 이는 엄밀히 말해 조선 남성 양반층의 국제적 활동과 관련된 것이기는 했지만, 조선 내에서도 한문 문헌들이 이전 시대에 비해 활발히 유통되고 보급되었음 또한 미루어 알 수 있다.[019]

한문의 대중적 확산과 보급을 알려주는 지표로서 사(士) 의식의 확대를 들 수 있다. 조선 후기 들어서 남성 양반층을 넘어 여성과 중간신분 계층에게서도 발견되는 사 의식은[020] 한문의 확산과 깊은 관련성을 가졌다. 한문의 보급이 사인적 에토스를 지향하게 만드는 속성을 가졌다는 지적은 이를 이해하는 데 도움을 준다.[021] 18세기 후반 들어서 여사(女士)를 추구하는 임윤지당(任允摯堂, 1721~1793)과 같은 여성 성리학자가 출현하고,[022] 중인층 및 하층민에게도 절의를 강조하는 기풍이 확산되었던 것은 한문의 확산, 더 상세히 말한다면 한문을 통해 구성된 도덕적 경학의 세계가 조선 사회 내면 깊숙이 전파되었다는 것을 보여준다.

여성 지식인들의 활동을 구체적으로 살펴보면 다음과 같다.[023] 앞서 언급한 임윤지당은 여성 성리학자로서 활동하면서 『윤지당유고(允摯堂遺稿)』를 남겼다. 빙허각이씨(憑虛閣李氏, 1759~1824)는 서유본(徐有本, 1762~1822)의 부인이며 『언문지(諺文志)』를 지은 유희(柳僖, 1773~1837)의 고모로서 『규합총서(閨閤叢書)』와 『빙허각전서(憑虛閣全書)』를 저술했다. 홍석주, 홍길주 형제의 어머니였던 영수합서씨(令壽閤徐氏, 1753~1823)는 수학에 능통했다고 하며, 그의 시집 『영수합고(令壽閤稿)』는 남편 홍인모(洪仁謨, 1755~1812)의 『족수당집(足睡堂集)』에 실려 있다. 의유당남씨(意幽堂南氏, 1727~1823)는 『의유당유고(意幽堂遺稿)』를 남겼고, 유희의 어머니였던 사주당이씨(師朱堂李氏, 1739~1821)는 『태교신기(胎教新記)』를, 정일당강씨(靜一堂姜氏, 1772~1832)는 『정일당유고(靜一堂遺稿)』를 남겼으며, 『호동서락기(湖東西洛記)』를 남긴 금원김씨(錦園金氏, 1817~?)도 문명을 떨쳤다.

서얼과 중인층 지식인들의 지적 성장 또한 주목해야 한다.[024] 박제가(朴齊家, 1750~1805), 유득공(柳得恭, 1748~1807), 이덕무(李德懋, 1741~1793) 등은 서얼 가문의 후손으로서 탁월한 문예 능력을 보여주었다. 19세기 들어 이러한 모습은 더욱 확산되었다. 서얼·중인층 지식인들은 많은 여항시사(閭巷詩社)들을 통하여 자신들의 문학적 재능을 세상에 직접 드러냈고, 서울·경기 지역 명문사족들과 교류하면서 경화사족의 일원으로 대두했다.[025] 이런 양상은 19세기 중인층이 지식인으로 확대 편입되는 모습을 보여준다. 이는 모두 한문의 유창한 활용을 통하여 가능했다.

또한 그들은 중인의 신분을 자각하면서 집단적인 정체성을 갖고자 했다. 중인과 서얼들의 집단적 정체성은 유재건(劉在建, 1793~1880)의 『이향견문록(里鄕見聞錄)』, 조희룡(趙熙龍, 1789~1866)의 『호산외기(壺山外記)』, 조수삼(趙秀三, 1762~1849)의 『추재기이(秋齋紀異)』, 신광현(申匡絢, 1813~1869 이후)의 『위항쇄문(委巷瑣聞)』, 이경민(李慶民, 1814~1883)의 『희조일사(熙朝軼事)』와 이진흥(李震興, ?~?)의 『연조귀감(掾曹龜鑑)』, 이진택(李鎭宅, ?~?)의 『규사(葵史)』 등을 통하여 살펴볼 수 있다. 이 저작들은 중인과 서얼들의 이야기를 담음으로써 그들이 갖는 사회적 중요성을 강조했다.

중인층 지식인들이 이룬 문화적 성취는 다음과 같은 의의를 갖는다. 첫째, 그들은 중인이라는 신분적 한계를 극복하고 사대부의 문화 수준에 거의 근접해갔다. 서화 부분에서 조희룡은 김정희의 제자로서 문예에 탁월한 능력을 보여주었다. 김정희의 제자들 가운데 조희룡, 신광현, 홍현보(洪顯普, 1815~1896 이후), 김석준(金奭準, 1831~1915) 등의 중인 지식인들은 19세기 서울의 중인 문화 형성에 중요한 역할을 했다.[026] 이외에도 장승업(張承業, 1843~1897) 등 많은 중인들이 사대부 못지않은 문예적 능력을 보여주었다. 중인들이 이제 사대부 문화에 비견되고 심지어 그를 넘어설 수 있는 역량과 가능성을 보여주었다는 점은 중요한 의미를 지닌다. 왜냐하면 그것이 설사 체제 순응적인 성격을 가졌다 하더라도 사족층의 그것과 대등할 수 있었다는 사실 자체가 사족층의 독점적인 문예적 권위를 위협할 수 있었기 때문이다.

둘째, 그들 가운데 일부는 주자학적 문화 체계에서 벗어나 다양한 분야와 방향에서 자신들의 학문적 정체성을 만들었다. 대표적인 인물로 최성환(崔瑆煥, 1813~1891)을 들 수 있다. 최성환은 이 시기 선진적인 지식인으로서 종교, 문예, 경세 부분에서 많은 업적을 남겼다.[027] 그는 도교계 권선서인 『태상감응편도설(太上感應篇圖說)』, 『각세신편팔감상목(覺世新編八鑑常目)』, 『관제보훈(關帝寶訓)』, 『삼성제군충효경(三聖帝君忠孝經)』 등을 펴냈다.[028] 그는 1872년에 서울 삼각산에 조선의 민간도교 묘련사(妙蓮寺)를 창건하기도 했다. 이능화(李能和, 1869~1943)의 『조선도교사(朝鮮道教史)』에 의하면 최성환은 선음즐교(善陰騭教)라는 도교 신앙 단체에 소속되어 있었다.[029] 또한 그는 문학에도 조예가 깊어서 중국의 역대시를 성령(性靈)을 기준으로 선별하여 『성령집(性靈集)』을 편찬했다. 그는 주자학에서 벗어나 지식의 외연을 다양한 방식으로 확대했다. 최성환의 활동은 19세기 중후반 사상계의 다양성을 보여주는 것이라고 할 수 있다. 그는 경세학에도 많은 관심을 기울여서 『고문비략(顧問備略)』을 저술하기도 했다. 이것은 19세기 중후반 중인층 경세학을 이해하는 데 많은 도움을 준다.

최성환 이외에도 최한기는 유학과 서학을 융합하여 자신만의 독창적인 사유를 발전시켰다. 그가 일정한 사승관계를 갖지 않았다는 점은 19세기 지식 생산 체계의 다양성을 보여준다. 최한기의 존재는 아직 그 실체가 분명하지는 않지만, 기존과는 다른 지식 생산 체계가 19세기에 성공적으로 작동하고 있었음을 시사한다. 예컨대, 그가 서학서를 불편함 없이 중국으로부터 구입할 수 있었던 것은 그것을 가능케 한 조선의 학문 인프라를 증명해주는 것이다. 따라서 설령 최한기 정도의 수준에 도달하지는 못했을지라도 그에 근접했을 많은 지식인들의 존재를 미루어 짐작해볼 수 있다.

중인들은 대부분 민간 생활에 쉽게 활용할 수 있는 분야의 지식을 습득했지만,[030] 때로는 어느 분야에서 깊이 있는 지식을 습득하는 경우도 많았다. 벽(癖)과 치(癡)로 언급되기도 하는, 특정한 분야의 기예 혹은 물건, 지식에 광적으로 몰입하는 경향이 18세기 후반 조선 사회에 마련되면서 중인들에게서도 이러한 경향이 나타났다.[031] 가령, 김정호(金正浩, 1804~1866)는 대동여지도(大東輿地圖) 편찬에 힘을 기울였고, 홍길주의 수학 스승이기도 했던 김영(金泳, 1749~1817)은 역상(易象)과 수학 분야에 특출했다.[032] 이덕무는 「간서치전(看書癡傳)」을 지어 책에 몰두하는 자신에 대해 언급했고, 정철조(鄭喆祚, 1730~1781)는 벼루를 잘 깎고 심취했던 이유로 석치(石癡)로 불렸다.[033]

두 번째 언어적 배경으로 언문의 대중적 확산을 들 수 있다. 조선 후기 사회에서 언문의 광범위한 보급은 이미 당시부터 여러 차례 지적되었다.[034] 이희경(李喜經, 1745~?)은 언문이 배우기 쉬운 이유로 부인들의 서찰 같은 것에 사용되면서 동국(東國)의 글이 되는 현상이 발생하고 있으니, 이는 천하동문(天下同文)의 뜻과는 어긋난다고 했다.[035] 이규상(李奎象, 1727~1799) 또한 언문이 주류로 등장하는 것을 우주세계에서 음(陰)이 확대되는 증거로 파악하여 부정적으로 인식했다. 그는 언문이 오래지 않아 공행문자(公行文字)가 될지 모른다고 걱정했다.[036] 홍한주(洪翰周, 1798~1868)는 "음운을 분별하지 못하는 동인(東人)을 위하여 지어진 훈민정음이 원래 목적에서 벗어나 점차 부녀자들의 문자가 되어가는 것은 가소(可笑)할 일"이

라고 말하기도 했다.[037]

그러나 19세기 언문의 대중화와 문자화는 거스를 수 없는 추세였다. 이러한 추세를 반영하듯이 유희는 『언문지(諺文志)』를 통하여 훈민정음을 연구했고, 홍희준(洪羲俊, 1761~1841)은 한자와 언문을 통한 천하만국의 보편 문자 체계를 구상하기도 했다.[038] 언문의 대중화, 문자화 추세는 언문소설의 광범위한 보급에서도 볼 수 있듯이,[039] 여성과 일반 서민 등 민간의 지식 정보 확산에 중요한 배경이 되었다. 이러한 언문의 보급은 19세기 새로운 지식·지식 계층의 형성과 밀접한 연관성을 가졌을 것으로 짐작된다. 이는 다음에서 추론할 수 있다. 첫째 천주교 확산과 언문과의 연관성이며, 둘째 언문 문헌을 통한 농민적 지식인 계층의 성장이다.

천주교는 포교를 위해 언문을 적극 활용했다.[040] 현존하는 상당 분량의 언문 교리서들이 이를 말해준다. 조선 정부가 우려한 대로 이른바 '무지한 농부'와 '어리석은 시골 아낙네'들도 언문을 통하여 천주교 교리에 접근할 수 있었다.[041] 이는 언문이 천주교라는 새로운 지식 형성에 어떠한 기여를 했는지를 보여준다. 천주교라는 새로운 지식 체계가 한문에 의지하지 않고 직접 언문을 통하여 구현된다는 것은 한학을 통하여 마련된 기존 지식 체계와 결을 달리하는, 언문만으로 이루어진 나름의 지식 체계가 조선에 새롭게 구축됨을 의미했다. 이는 한학적 유교 질서와 경계 짓기라는 의미로 읽힐 수 있다.

천주교 이외에도 『정감록(鄭鑑錄)』 및 동학 경전인 『용담유사(龍潭遺詞)』가 언문으로 작성되었고, 그 밖에 각종 명물학(名物學) 문헌들, 『증수무원록(增修無冤錄)』과 『태교신기』 및 「약성가(藥性歌)」, 『동의보감(東醫寶鑑)』 등 의학 관련 문헌들이 널리 알려지는 데 언문이 적극 활용되었다. 단순한 의사소통을 넘어서 이처럼 일정한 지식을 전달하는 데 언문은 중요한 도구로 사용되고 있었다.

18, 19세기에 다수 출판되었던 방각본(坊刻本) 언문 문헌은 농민들에게 다양한 지식을 전달하는 데 중요한 매개가 되었다. 방각본은 민간에서 영리를 목적으로 간행·판매되는 책을 말하며, 경서에서부터 한자 학습서, 교양서, 실용서 등 그 종류도 다양했다.[042] 이 방각본 언문 문헌들의 주요 수요층 가운데 농민들은 상당 부분을 차지했을 것으로 추정된다. 특히 호남 지역에서 언문 문헌이 다른 지역보다 활발하게 간행되었다. "언문판(諺文板)만은 완판(完板)의 독무대"[043]였다는 표현에서 이를 짐작해볼 수 있다. 또한 활자체에 있어서도 경판본이 초서체였던 데 비해 완판본은 일반 서민들이 읽기 편하도록 정자체로 쓰였다.[044] 이 사실은 완판본과 농민 지식인층의 연관성을 한층 높여준다.

이 언문 문헌들을 통하여 양반 계층은 아니었으나 유학적 소양을 갖추고 있었던 농민적 지식인들이 성장할 수 있었다. 그들은 주로 훈장, 의업, 소장 대서업, 복술 등에 종사했으며,[045] 민란과 동학의 성립, 동학농민전쟁 발생에 직접적인 기여를 했다. 동학농민운동의 지도자 전봉준(全琫準, 1855~1895)은 훈장이었고 유계춘(柳繼春, ?~1862)은 읍과 감영에 당사자 대신 정소하는 지금의 법률 대리인 일을 했다.[046] 최제우 또한 훈장 일에 종사했다.[047] 그들은 서당 교육을 통하여 유학적 소양을 갖추었을 뿐만 아니라,[048] 비기류와 같은 민간신앙에 관심을 갖고 의업 등에 종사하면서 농민층의 실제적인 삶과 긴밀히 결합했다.[049]

농민적 지식인들은 양반사대부 계층에 의지하지 않고 법률에 직접 억울함을 호소할 수 있었고, 자신들을 위한 의료와 구복 행위도 스스로 수행할 수 있었다. 이는 비록 소박한 것이었으나, 농민들이 자신들의 고유한 문화 영역을 스스로 만들고, 자율적으로 운영할 능력을 점차 갖추어갔다는 점에서 매우 중요하다. 특히 그들이 유학적, 엄격히 말해 주자학적 소양을 갖추어감에 따라서 사 의식을 갖추게 되었음을 주목해야 한다.[050] 『춘향전(春香傳)』이 보여주었던 '충효열녀에는 상하가 없다'는 도덕의 균등화 의식은 사 의식이 일반 농민들에게 광범위하게 공감되고 확산되었음을 보여준다.

> 춘향이 여쭈외되, "충불사이군이요 열불경이부절을 본받고자 하옵는데 수차 분부 이러하니 생불여사이옵고 열불경이부오니 처분대로 하옵소서." 이때 회계나리가 썩 하는 말이 "네 여봐라. 어, 그년 요망한 년이로고. 부유일생소천하에 일색이라, 네 여러 번 사양할 게 무엇이냐? 사또께옵서 너를 추앙하여 하시는 말씀이지 너 같은 창기에게 수절이 무엇이며 정절이 무엇인가? 구관은 전송하고 신관사또 영접함이 법전에 당연하고 사례에도 당당커든 괴이한 말 내지 말라. 너희 같은 천기에게 '충렬' 이 자 왜 있으랴." 이때 춘향이 하 기가 막혀 천연히 앉아 여쭈오되, "충효열녀 상하 있소?"[051]

위에서처럼 춘향은 신분과 상관없이 자신을 도덕의 주체이자 실천자로서 분명히 인식하고 있었다.[052] 그리고 춘향은 집권층에게도 그 도덕성을 분명히 되물을 수 있었다.[053] 이러한 사유가 등장하는 데는 역설적이게도 지배이념인 주자학이 중요한 영향을 끼쳤다고 생각한다. 주자학은 사회구성원 개개인들을 세상과 무관한 존재가 아닌, 도덕성을 기반으로 세상을 변화시키고 통치에 참여하는 수신(修身) – 제가(齊家) – 치국(治國) – 평천하(平天下)의 주체로 인식했다.[054] 이는 농민들이 정치적 주체로 등장하고 사회 개혁에 참여하는 중요한 명분이 될 수 있었다. 1894년 동학농민전쟁을 알리는 포고문에 담긴 보국안민(保國安民)은 치국(治國) – 평천하(平天下)의 다른 표현이었다.[055] 19세기 민란을 통한 농민들의 정치 참여와 민(民)과 국가권력의 직접적인 대립이 역사 전면에 등장하는 데는 이런 지적 배경이 있지 않았나 생각된다.[056]

요컨대, 과거 집권층에 의해 독점되었던 지식 체계는 점차 다양한 신분 계층으로 확산되는 양상을 보였다. 여기에는 한문의 대중적 확산, 언문의 광범위한 보급이 중요한 매개가 되었다. 이를 통하여 여성, 중인층, 농민층 지식인들은 유학 이외 종교, 명물학, 의학 등 다양한 형태의 지식을 만들어냈다. 그 과정에서 유학 윤리 중심의 집권층 지식과는 구별되는 종교적이고 실용적인 분야의 지식 체계도 새롭게 형성되었다. 그럼으로써 그들은 자신들의 고유한 정체성 또한 만들어냈다. 이를 통하여 19세기 지식의 다양성이 만들어졌다.

한편, 지식의 신분적 확산과 함께 지식이 지역적으로 확산되는 현상도 주목해야 한다. 함경도와 평안도 지역은 지식에 있어서 소외된 지역이었다. 하지만 18, 19세기 들어서 함경도 지역에서 많은 유학 지식인들이 등장했다.[057] 그들은 중앙정계와 일정한 정치적 관계를 가지면서 자신들의 유학 계보를 만들어갔다. 평안도에서도 18세기 후반 들어 유학 지식인들이 비약적으로 증가했다. 그로 인하여 19세기에 이르러 평안도 유학 지식인들은 문과 급제자의 승문원(承文院) 분관(分館)과 무과 급제자의 선천(宣薦)을 요구하기도 했다.[058] 이 같은 함경도와 평안도에서의 유학 지식인 증가는 지식이 지역적으로 확대 생산되고 있었음을 보여준다. 특히 유학 지식의 증가는 일반 민인들의 유학적 가치관을 고양시켰으며, 또한 그만큼 현실 사회를 유학적 시각에서 비판적으로 볼 수 있게 했다. 이것은 이후 농민 반란에도 일정한 영향을 끼쳤던 것으로 보인다.

지역성의 강화와 불균등의 심화

앞서 살펴보았듯이 지식은 신분과 지역을 넘어 확산되고 있었다. 하지만 이러한 지식의 확산과 대조되는 현상으로, 지식의 질적 측면에서 볼 때는 오히려 지식의 불균등 현상이 심화되고 있었다. 18세기 후반 들어 점차적으로 지역과 정파, 사상이 고착해가는 모습을 보였다. 19세기 지역과 사상의 불균등성을 대표하는 것은 경향분기(京鄕分岐) 현상이었다.[059] 서울과 지방이 정치적·사상적·사회경제적으로 분기함으로써 서울·경기 지역과 이외의 지역이 확연한 차이를 보였다. 16세기 후반 정여립(鄭汝立, 1546~1589)의 난(1589) 이후 호남 지역의 동인이, 18세기 초반 이인좌(李麟佐, ?~1728)의 난(1728) 이후 영남 지역의 남인이, 19세기 초반 1805년 순조 대 김달순(金達淳, 1760~1806) 옥사 이후에는 충청 지역의 노론벽파들이 중앙정계에서 순차적으로 소외되었다. 그러면서 19세기 초반 이후에는 서울 지역의 노론시파(時派) 인물들이 정국의 주도권을 완전히 장악했다.

이는 서울 중심의 소수 가문 집권, 즉 세도정권이라는 지배의 심각한 왜곡 현상을 초래했다. 19세기로 갈수록 과거시험을 통한 인재 선발에서 서울 중심의 별시 합격자가 대다수를 차지하면서[060] 서울 출신의 노론 가문이 지배 엘리트의 대부분을 독점했다. 그들은 수령－이·향 체제를 통하여 중앙에 의한 지방통제를 강화했고, 반상무분(班常無分)이라고 하면서 지방 사족층들에게 세금 면제의 혜택을 빼앗았다.[061] 19세기 들어 지방수령에 대한 암행어사의 평가가 이전보다 더욱 긍정적이 되어 가는 것은[062] 중앙정부가 지방수령의 수탈을 묵인 내지 동조했음을 시사한다. 이는 지방 사족층들의 몰락을 촉진했고, 서울과 지방 사족층들 사이에 형성되어 있던 연대의식을 심각하게 균열시켰다.[063]

중앙의 주요 관직에서 소외되었던 향촌 지식인들은 서울 지역의 집권층 양반들[京儒]에 비해 정치적으로 소극적인 입장을 갖게 되었으며,[064] 경유에 의해 향유(鄕儒)로 비하되기도 했다. 향유라는 말은 세련된 경유와는 달리 촌스럽고 세상물정에 어두운 유자들을 의미했다. 그 과정에서 지방의 지식인들은 서울의 복장과 서울말을 배우고자 노력하는 등 서울과 지방의 문화적 격차는 커져갔다. 이러한 현상은 이미 19세기 이전부터 보였으며, 이후 더욱 심화되었다.

위백규(魏伯珪, 1727~1798)는 산골의 사람들까지 서울말과 서울 옷을 본받으려고 노력하니 이것은 올바른 일이 아니라고 지적했다.[065] 그는 또한 음성(音聲)을 다루는 항목에서도, 서울말[京音]은 때와 장소에 따라 바뀔 수밖에 없는 것이니 신라 때는 영남음(嶺南音), 백제 때는 호남음(湖南音)이 경음(京音)이었다고 했다. 그러니 지금 경음을 가지고 시골 말[鄕音]을 기롱하여 비웃고 향인(鄕人)이 경음을 본받고자 하는 것은 모두 고루한 일이라고 비판했다.[066] 이러한 언급을 통하여 서울과 지방 사이에 존재했던 문화적 차별의식을 엿볼 수 있다.

서울과 지방의 문화적 격차로 인하여 경향을 넘어서 조선의 유학 지식인들을 하나로 연결시켜주는 문화적 구심점은 점차 약화되어갔다. 19세기 들어 서울과 지방의 차이는 더욱 가속화되었고, 이는 지방에서 사회 갈등을 조정하거나 민란을 방지할 수 있는 지방사족 세력의 몰락으로 이어졌다. 중앙은 점차 지방사족들의 든든한 응원을 기대할 수 없는 상황에 직면해야 했다. 19세기 후반이 되면 지방사족들 가운데 일부는 중앙정부에 대항하는 민란에 참여하기도 했다.[067] 경향분기로 인하여 서울 중심의 중앙집권성은 강화되는 듯 보였으나, 지방의 위기에 대처하는 잠재적인 능력은 오히려 현저히 약해져갔다.

서울 지역이 국내외 정보를 독점하는 상황도 18세기 후반에서 19세기에 심화되었다. 서울 지역에는 국내외의 많은 정보가 집결되었다. 호남의 향촌 지식인이었던 황윤석(黃胤錫, 1729~1791)은 서울에 올라와 활동하면서 박학적(博學的)인 지식인으로 성장해갔다.[068] 서울의 문화적 세례 속에서 유만주(兪晩柱, 1755~1788)는 자신의 일기 『흠영(欽英)』에 당시 서울의 문화 정보들을 상세히 기록했고, 홍한주(洪翰周, 1798~1868)는 『지수염필(智水拈筆)』과 같은 문견록을 썼으며, 최한기와 같은 서학을 응용한 지식인들도 등장했다. 개화사상과 동도서기론 또한 이러한 서울의 지적 배경 속에서 등장했다.

하지만 지방은 서울만큼의 정보와 지식을 가질 수 없었고, 따라서 전통적이고 보수적인 색채의 사상을 발전시키는 경향이 강했다. 그러한 이유로 위정척사 사상은 지방 학계를 중심으로 발전했다. 이항로는 경기도 수원 지역에서, 이진상·기정진 등은 각각 영남과 호남에서 위정척사 사상을 발전시켰다. 충청도 지역에서는 김복한(金福漢, 1860~1924)이 한원진(韓元震, 1682~1751) 사상을 계승하여 위정척사 운동을 전개했다.[069] 또한 동학의 경우에도 지방의 비기(秘記)나 미륵 신앙 등의 전통적인 민간종교와 긴밀한 관련성을 가졌다.

한편, 당파와 사상이 지역적으로 결합하는 현상 또한 심화되었다. 이는 지역이 정치적·사상적·문화적으로 경직화된다는 측면에서 볼 때 부정적으로 평가할 만하다. 일부 지역, 가령 경기도 안산 지역 등에는 근기남인들이 거주했지만,[070] 서울 경기 지역의 상당 부분은 서인–노론 계열이 장악했다. 충청 지역에는 노론이, 영남 지역에는 남인이 주로 거처하면서 정치의 지역화 현상은 심화되었다. 이런 현상은 이미 18세기부터 나타났다. 영조 14년(1738) 안동에서 김상헌(金尙憲, 1570~1652) 서원 설립을 놓고 벌어진 남인과 노론의 갈등은 지역과 당파를 둘러싼 갈등을 잘 보여주는 경우이다.[071] 19세기 들어 지역에 따른 정치·사상·문화의 경직화 현상은 더욱 심화되었다.

호남 지역도 많은 부분을 노론이 장악했지만, 전라남도 나주 등을 중심으로 한 일부 지역에는 여전히 서경덕(徐敬德, 1489~1546) 학술의 영향을 받았던 남인과 소론이 거주하면서 영향력을 행사했다.[072] 양득중(梁得中, 1665~1742)과 임상덕(林象德, 1683~1719)은 소론의 존재를 보여주었으며, 해남 윤씨 윤선도(尹善道, 1587~1671) 가문, 광주이씨 이준경(李浚慶, 1499~1572) 가문은 이 지역 남인의 존재를 보여주었다. 윤선도와 이준경 가문 가운데 윤종문(尹鍾文, 1787~?), 윤종영(尹鍾英, 1792~?), 이유회(李維會, 1784~1830), 이강회(李綱會, 1789~?) 등은 정약용의 강진 유배 시 제자가 되기도 했다.[073]

이와 같이 19세기는 크게 보면 경향분기, 세부적으로 보면 지역적 사상 분기 현상을 보였다. 이는 지역의 균형 있는 발전과 거리가 있었다. 지나치게 서울 중심적이었고, 인적 구성으로 볼 때 노론 중심이었으며, 노론 가운데서도 안동김씨를 중심으로 한 낙론계(洛論系)와 시파 가문들이 중심이었다. 그들은 서울 북촌 등 일부 지역에 집중적으로 거주하면서 19세기 세도정권을 만들어냈다. 정보, 문화, 재화의 서울 집중은 지식 정보의 심한 불균형과 인재 양성 및 선발의 경향 간 불균형을 연쇄적으로 초래했다. 이는 다시 서울과 지방의 문화적 격차 확대를 더욱 촉진시켰다.

19세기 사상계가 보여주었던 다양성의 이면에는 이러한 지역적 편차가 중요한 배경으로 자리잡고 있었다. 모든 지식 정보를 독점했던 서울에서 동도서기 혹은 개화사상이 발전할 수 있었다면, 지방에서는 새로운 이념보다는 보수적인 성리학 사상이나 전통신앙의 혼합 속에서 동학과 같은 사유가 발전했다. 사상과 정보의 지역적 불균등 현상은 19세기 사상계를 이해하는 데 중요한 특징이다. 서울의 새로운 지식 정보는 지방 지식인들과 효율적으로 공유되지 못했고, 지역에 따른 문화와 정보의 차이는 점점 커져갔다. 이는 조선 사회가 내외의 위기에 효율적으로 대응하지 못한 중요한 원인으로 작용했다.

맺음말

이상에서 19세기 사상계의 다양한 측면들을 살펴보았다. 그 가운데는 긍정적인 역동성을 보여주는 것도 있었지만, 부정적인 경화 현상들도 많았다. 양자의 혼재는 19세기 사상계의 균열지점들과 새로운 가능성들의 중요한 특징을 보여주었다. 우선 19세기의 역동성을 보여주는 것으로는, 첫째 주자학의 균열을 통한 새로운 사유의 등장과, 둘째 기존 남성 양반 중심의 지식 체계가 여성과 중인, 농민 계층으로 확산되는 현상을 대표적인 것으로 들 수 있다.

19세기 들어서 주자성리학의 체제교학적인 기능이 많은 부분 약화되면서 다양한 사유들이 등장했다. 물론 주자학은 여전히 체제교학적 기능을 수행했지만, 그 한편에서 주자학의 사유 체계에 정면으로 도전하는 사유들이 다수 등장하기 시작했다. '이'의 구체성과 개별성에 주목하면서 주자학의 논리가 갖는 부정확성을 제기했던 사상이 주자학을 내부로부터 균열시켰다면, 유학 이념의 종교성을 강조했던 사유들은 바깥에서 주자학을 공격했다. 기존 사유 체제를 지배하고 있던 주자학이 내외에서 도전 받았다는 사실은 19세기 조선의 사상계가 역동적이었음을 말해준다.

또 한편으로는 19세기 들어서 지식은 남성 양반층을 넘어서 여성, 중인, 농민에게로 폭넓게 확산되었다. 한문과 언문은 상호보완적으로 작용하면서 이 시기 전체적인 지식의 확산을 견인했다. 이 시기 지식의 대중화는 19세기 사상계의 중요한 특징으로 일컬을 만하다. 지식의 대중화를 통하여 여성과 중인이 '사'로서 자처할 수 있는 사회적 분위기가 마련되었으며, 심지어 농민층에서도 이러한 자각이 확산되었다. 이는 이후 동학농민전쟁과 같은 사회 운동의 중요한 자양분이 되었다.[074]

하지만 경화 현상 또한 심각했다. 그것은 주로 지역 간 격차를 통하여 나타났다. 19세기 들어서 서울 지역의 사족들이 국가의 주요 관직을 독점함으로써 서울 중심의 지배체제가 이루어졌다. 이러한 현상은 경향분기를 촉진함으로써 서울과 지방사족들 사이의 심각한 문화적·계층적 차이를 만들어냈다. 이는 다시 경향 간 정보의 불균등 현상을 심화시켰다. 새로운 지식 정보의 수용 차원에서 볼 때, 서울과 지방은 현격한 차이를 보였다. 이와 함께 당파와 사상이 지역에 따라서 고착화되는 현상도 뚜렷해졌다. 당색별로 거주지가 나뉘게 됨으로써 지역에 따라 사상과 문화도 차이를 보였다.

사상의 지역적 분화와 그에 따른 지역적 불균등 현상은 조선 정부가 내외의 위기에 효율적으로 대처하는 데 큰 장애물이 되었을 것으로 생각된다. 긍정적인 의미에서 볼 때, 이는 다양성을 보여주는 것으로 볼 수도 있다. 하지만 자율과 균등이 아닌 정치권력에 따라서 비정상적으로 만들어진 다양성은 무기력할 수밖에 없었다. 중앙집권층과 지방사족들 사이에 심리적 연대감은 결여되어갔으며, 내외 위기를 바라보는 시각과 문제해결 방식의 차이도 분명해졌다. 이런 상황에서 '사' 의식을 갖춘 중인층, 농민 계층이 대안 세력으로 새롭게 성장했다.

전근대 군현제 국가를 표방하는 조선의 체제적인 특성상, 국가의 기본 역량은 군주 중심의 중앙집권성과 이를 전폭적으로 지지하는 중앙과 지방사족의 존재로부터 나올 수 있었다. 주자학적 도덕 질서 속에서 형성된 '충'과 '효'는 조선 국가가 정상적으로 작동하는 데 중요한 힘의 원천일 수 있었다. 만약 조선의 집권층이 이러한 전근대 군현제 국가가 내외의 위기에 대응하는 데 비효율적이라고 판단했다면 새로운 국가체제를 서둘러 마련했어야 했다. 하지만 19세기 중후반 조선의 정치 현실은 그 어느 것과도 거리가 멀었다. 이런 상황에서 '사' 의식의 확산을 통하여 형성된 중인, 농민 지식인들이 새롭게 대안 세력으로 부상했다. 이들은 새로운 지식들과 만나면서 다양한 현실 개선 방안을 주장했다. 지역적 경화와 불균등이 19세기 조선의 가장 중요한 사회문제였다면, 지식의 대중화와 '사' 의식의 확산은 조선의 새로운 가능성과 동력을 보여주는 것이었다.

조성산

성균관대학교 사학과 부교수로 재직 중이다. 조선 후기 사상사를 전공했다. 대표 논저로『조선 후기 낙론계 학풍의 형성과 전개』,「연암그룹의 夷狄 논의와『春秋』」,「18세기 후반~19세기 전반 對淸認識의 변화와 새로운 中華 관념의 형성」,「조선 후기 소론계의 古代史 연구와 中華主義의 변용」 등이 있다.

미주

미주

서장 : 다시 보는 정조와 19세기

001 유봉학의 『개혁과 갈등의 시대』(신구문화사, 2009)의 부제가 바로 '정조와 19세기'이다. 저자는 서론에서 정조를 자기 식대로 해석하는 역사 인식들, 식민사학의 축소에서 지나친 흑백논리와 그에 따른 현재의 반사적 이익 등을 비판하고, 정조 사후의 연속과 단절의 측면을 주로 사상과 정치 방면에서 살폈다. 그에 비해 박현모는 『정조 사후 63년』(창비, 2011)에서 정조와 그의 사후 시기를 개혁의 단절이란 측면에서 고찰했다.

002 김조순, 『楓皐集』 別集, 「迎春玉音記」.

003 박현모, 『정조 사후 63년』, 창비, 2011, 제1부.

004 어찰 공개 이후의 연구 동향에 대해서는 이 책 1장(최성환)의 머리말과 1절 참조.

005 18세기 후반부터 19세기 전반기까지는, 최근 포메란츠 등이 '대분기(The Great Divergence)'라고 명명할 정도로 유럽과 중국 사이의 경제력 격차가 확실해지고, 유럽 중심의 세계 경제 시스템이 뿌리를 내렸던 시기였다.(케네스 포메란츠, 김규태·이남희·심은경 옮김, 『대분기 – 중국과 유럽, 그리고 근대 세계의 형성』, 에코리브르, 2016) 포메란츠의 초점은 주로 경제 분야였지만, 정치와 문화의 변동 역시 그에 못지않았다. 이 시기에 구미 국가들의 제국주의화가 촉진되었고, 이전에는 넘보지 못했던 중국을 비롯한 동아시아를 식민화의 대상으로 간주하게 된 것은 잘 알려진 일이다. 동아시아 국가들의 입장에서 본다면 이 시기는 유럽발 세계질서와의 전면 접촉 직전이다. 그 시절 동아시아 사회의 정치, 경제, 사회, 문화 등의 흐름이 정점에 올라 있었는지, 아니면 쇠락의 길에 접어들었는지는 아직 명쾌하지는 않은 듯하다. 이에 대한 비교와 해명은 동아시아 학계 공통의 과제이다.

006 18세기와 19세기의 연구 동향에 대해서는 이 책 7장(이경구)의 머리말을 참조.

007 소농사회론은 미야지마 히로시의 『나의 한국학 공부』(너머북스, 2013), 인민의 성장은 송호근의 『인민의 탄생』(민음사,2011) 참조.

008 김려, 성대중, 심로숭, 윤기, 이옥, 이희경, 정동유, 조희룡, 최성환, 홍길주, 홍한주 등의 주목할 만한 저술이 최근 완역되었다. 번역서는 따로 소개하지 않는다.

009 19세기 전반기 지식계와 지식인의 동향은 이 책 8장(조성산)과 이경구의 「19세기 전반(前半) 민, 지식인, 문자관에 대한 시론」(『개념과소통』 12, 2013), 「18세기 말 ~ 19

세기 초 지식인과 지식계의 동향」(『한국사상사학』 46, 2014) 참조.

010 기획의 1부는 노관범이 담당했고, 2·3부는 필자가 담당했다.

011 배항섭, 「'근세' 동아시아의 정치문화와 직소」, 『역사비평』 117, 2016.

012 이 책 6장(오수창)의 맺음말 참조.

013 「丙申年, 1776년 정조와 2016년 박근혜」, 『동아일보』 2016년 12월 26일, 34면.

014 『흠영』은 현재 서울대학교 규장각한국학연구소에 필사본으로 전하고 1997년에 영인되었다. 해제, 논문 등도 진행되었다. 완역은 되지 않았고 최근 교양서 수준으로 편역한 『일기를 쓰다 : 흠영 선집』 1·2(김하라 편역, 돌베개, 2015)가 나왔다. 이하 본고에서는 편역을 인용했다.

015 조선의 중화계승의식이나 중화 관념은 정옥자, 『조선 후기 조선중화사상연구』, 일지사, 1998 ; 허태용, 『조선 후기 중화론과 역사인식』, 아카넷, 2009 ; 우경섭, 『조선 중화주의의 성립과 동아시아』, 유니스토리, 2013 ; 이경구, 『조선 후기 사상사의 미래를 위하여』, 푸른역사, 2013 ; 배우성, 『조선과 중화』, 돌베개, 2014 등을 참조할 수 있다.

016 당대 맥락에 대한 강조는 당대인들의 주체적 입장을 고려한다는 점에서 '내재적 발전론'과 일견 유사할 수도 있다. 하지만 사회발전의 도식이나 서양의 근대화를 전제·비교하지 않는다는 점에서 전혀 다르다. 오히려 과거의 시간대로 돌아가 그들이 과거에서 물려받은 유산과 미래를 향한 기대를 함께 고려한다는 점에서 주체적 시각의 새로운 전기를 열고, 현대인에게 내면화된 서양의 근대성 자체를 의문시한다.

017 이경구, 「이용후생, 중세의 균열과 근대의 기획」, 『한국의 근현대, 개념으로 읽다』, 푸른역사, 2016.

018 『승정원일기』 순조 7년 11월 26일.

019 박지원, 「도강록」, 『열하일기』,.

020 박제가, 정민 등 역, 「丙午正月二十二日朝參時典設署別提朴齊家所懷」, 『정유각집』 하, 돌베개, 2010, 198~199쪽.

021 『승정원일기』 정조 15년 10월 20일.

022 『승정원일기』 정조 23년 8월 25일.

023 이경구, 「'시(時)'와 '속(俗)' 관련 용어들의 부상」, 『조선 후기 사상사의 미래를 위하여』, 푸른역사, 2013.

024 위의 글.

025 정조, 백승호·장유승 등 탈초·번역·교열, 『정조어찰첩』, 성균관대학교출판부, 2009, 34· 78·511쪽.

026 『정조실록』 정조 24년 5월 30일.

027 이경구, 앞의 글, 2016.

028 『서경』에서 군주인 순(舜)에게 이용후생을 건의한 신하는 우(禹)였다. 순은 우의 건의에 찬탄하고는 왕위를 넘긴다. 우가 치수(治水)의 성공으로 왕위를 계승했다는 사실은 잘 알려진 일이었으므로 이용후생은 관개시설의 개선을 통한 농업생산량의 증대가 핵심이었다.

029 문중양, 『조선 후기 水利學과 水利담론』, 집문당, 2000, 4장·5장. 19세기 지식인들의 농업경영 개선이나 농업체제 개선에 대해서는 염정섭, 『18~19세기 농정책의 시행과 농업개혁론』, 태학사, 2014도 참조할 수 있다.

030 김경미, 「19세기 소설사의 쟁점과 전망」, 『한국고전연구』 23, 2011.

031 세도정치기에는 1827년 전라도 지역의 박해, 1839년의 이른바 기해박해 등이 있었다. 하지만 우발적이거나 안동 김씨에 대한 풍양 조씨의 공세라는 정치적 요소가 개입한 것이었다. 1866년 전무후무한 대박해인 병인박해가 있었지만 이것은 외세와의 충돌이 배경이 되었으므로 다른 차원의 문제였다.

032 홍한주, 김윤조·진재교 옮김, 『19세기 견문지식의 축적과 지식의 탄생 : 지수염필』 상, 소명출판, 2013, 144~145쪽.

033 유만주, 김하라 편역, 『일기를 쓰다 2 : 흠영 선집』, 돌베개, 284쪽.

034 위의 책, 285쪽.

035 위의 책, 286쪽.

036 최성환, 김성재 역, 『어시재 최성환의 고문비략』, 사람의무늬, 2014, 72~73쪽.

1장 : 조선 후기 정치의 맥락에서 탕평 군주 정조 읽기

001 이에 대한 연구사 정리로는 근대사연구회, 『한국 중세사회 해체기의 제문제 (상)』, 한울, 1987 참조. 특히 정조의 탕평정치와 관련해서 박광용, 「조선 후기 탕평 연구」, 서울대 박사학위논문, 1994 ; 김성윤, 『조선 후기 탕평정치 연구』, 지식산업사, 1997의 성과가 큰 영향을 끼쳤다.

002 이태진, 「정조 – 유학적 계몽절대군주」, 『한국사시민강좌』 13, 1993 ; 이태진, 「민본에서 민주까지」, 『한국사시민강좌』 26, 2000.

003 김인걸, 「정조의 '국체' 인식」, 『정조와 정조시대』, 서울대학교출판문화원, 2011.

004 한국역사연구회, 『조선정치사』, 청년사, 1990.

005 강명관, 『안쪽과 바깥쪽』, 소명출판, 2007 ; 안대회, 『정조의 비밀편지』, 문학동네, 2010.

006 박철상 등, 『정조의 비밀 어찰 – 정조가 그의 시대를 말하다』, 푸른역사, 2011.

007 최성환, 「'정조-심환지 어찰'과 조선 후기 정치사 연구의 전망」, 『역사와 현실』 79, 2011. 어찰첩이 발굴되기 전에 박현모가 『정조실록』만으로도 정조의 '마키아벨리적' 통치술에 주목한 바 있듯이(박현모, 『정치가 정조』, 푸른역사, 2001), 이는 정조를 비롯한 역대 국왕들이 체득하고 있던 정치가적 면모를 재확인하는 것에 불과하다.

008 정병설, 『권력과 인간』, 문학동네, 2012.

009 장영주, 「성군도 역사를 조작하는가」, 『고전칼럼』, 한국고전번역원, 2013 ; 장유승, 「『현고기』 번역본으로 드러난 임오년 사도세자 비극의 전말」, 『월간중앙』 2015년 11월호.

010 임오화변에 대한 역사학계의 기존 연구는 김성윤, 「영조대 중반의 정국과 임오화변」, 『역사와 경계』 43, 2002가 대표적이다.

011 이덕일, 『사도세자의 고백』, 푸른역사, 1998.

012 김성윤, 앞의 논문, 2002 ; 최성환, 「정조대 탕평정국의 군신의리 연구」, 서울대 박사학위논문, 2009.

013 정병설, 앞의 책, 2012.

014 관원들이 쉽게 접근할 수 있는 『승정원일기』의 기록이 영조의 허락을 받아 세초된 반면, 『영조실록』에는 세자의 비행이 비교적 상세히 남아 있기에 군이 전거를 밝히지 않는다.

015 『玄皐記』 原篇(下).

016 『영조실록』 영조 38년 8월10일.

017 『영조실록』 영조 44년 5월 14일 ; 영조 44년 11월 26일 ; 영조 47년 8월 7일.

018 『정조실록』 정조 17년 8월 8일. 정조는 채제공의 보고에 따라 승지와 한림을 보내 「금등」 문서를 확인하게 했다고 한다.

019 정병설, 앞의 책, 2012 ; 장유승, 앞의 글, 2015.

020 「한중록의 정치사적 이해」, 『역사교육』 115, 2010. 이는 순조 5년에 집필된 「한중록」의 시각일 뿐, 순조 1년과 2년에 집필된 「읍혈록」과 순조 6년의 「병인추록」 등에는 김귀주·정후겸 등 내외의 척신들과 김상로·홍계희 등이 연합한 세력의 반(反) 세자 책동에 대하여 상세하게 서술되어 있다.

021 정조는 「현륭원지문」에서 생부의 질환(곧 광병)을 분명히 인정했을 뿐 아니라, 신료

들 역시 질환을 엄연한 사실로서 인정했다. 『정조실록』 정조 5년 2월 10일.

022 『영조실록』 영조 윤5월 6일.

023 최성환, 앞의 논문, 2009, 55~64쪽. 영조대 초반에 노론과 소론은 탕평책에 대한 대응을 둘러싸고 당론을 고수하는 준론과 당론을 완화하는 완론으로 분화했고, 중반 이후로 노론 준론은 동당과 남당으로 다시 분화했으며, 노론과 소론 완론은 척신(戚臣)과 결합한 북당 또는 탕평당으로 결집한 상태였다. 이에 대해서는 박광용, 앞의 박사학위논문, 1994, 41~42·48~49쪽에서 주목했다.

024 일군만민론을 매개로 한국과 일본의 민본주의 사상을 비교한 하라(原)는 이태진의 정조 연구에서 큰 영향을 받았다며 그 성과를 인용했다. 原武史 저, 김익한·김민철 역, 『직소와 왕권』, 지식산업사, 2000, 102쪽. 정조=(계몽)절대군주론이 일군만민론과 같은 것은 아니지만, 탕평 군주의 군민일체론(君民一體論)이 강조될 때는 일군만민론으로 쉽게 전이된다.

025 김성윤, 앞의 책, 1997 ; 박광용, 『영조와 정조의 나라』, 푸른역사, 1998, 309~310·323~324쪽.

026 『정조실록』 정조 19년 11월 24일. 김성윤은 양주익의 상소가 정조의 황극과 전형적으로 일치한다고 보아 정조가 양주익의 견해에 적극 동의했다고 설명했다. 김성윤, 앞의 책, 1997, 104쪽. 그러나 정조의 비답은 상소의 취지가 가상하나 현실에서는 대부분 시행할 수 없다는 내용이다.

027 박원재, 「대동의 이상과 군주전제주의」, 『중국철학』 3집, 중국철학회, 1992, 162~165쪽.

028 조병한, 「강유위의 초기 유토피아 관념과 중서문화 인식」, 『동양사학연구』 65, 1999, 126~131쪽. 대동의 평등적 이상이 유학 전통인 것처럼 오해되는 원인은 공상적 사회주의에 영향받은 강유위(康有爲)의 독특한 대동론에 기인한다. 그러나 주자학을 비롯한 유학 본래의 개혁론은 기존 제도의 계승과 혁신이 조화되는 인혁론(因革論)에 있다(이상익, 『유가 사회철학연구』, 심산, 2001, 229~236쪽). 강유위식 대동론은 전근대 유학의 변혁론 전통에서 벗어난 것이다.

029 이상익, 「리일분수론의 실천적 의미」, 『주자학의 길』, 심산, 2007, 217~221쪽. 주자는 "萬殊而一貫, 則雖親疎異情貴賤異等, 而不梏於爲我之私, 此西銘之大指也"라 했다.

030 『論語集註』 제16, 「季氏」 '季氏將伐'章의 주석.

031 이정철, 『대동법』, 역사비평사, 2010, 49~50쪽.

032 『弘齋全書』 권12, 序引, 「翼靖公奏藁」 財賦類序.

033 미나모토 료엔 지음, 박규태·이용수 옮김, 『도쿠가와 시대의 철학사상』, 예문서원, 2000, 241~242쪽.

034 김성윤, 앞의 책, 1997, 31~46·107~108쪽.

035 김준석, 「탕평책 실시의 배경」, 『한국사』 32, 국사편찬위원회, 1997, 44~45쪽 ; 박광용, 「정조대 탕평정국과 왕정체제의 강화」, 『한국사』 32, 77~78쪽.

036 余英時 저, 이원석 역, 『주희의 역사세계 (하)』, 글항아리, 2015, 1249~1251쪽.

037 『정조실록』 정조 15년 4월 30일.

038 송대에 국시와 군신공치의 밀접한 관련에 대해서는 余英時, 『주희의 역사세계(상)』, 글항아리, 2015, 367~371쪽. 영·정조대 국시의 추이에 대해서는 최성환, 앞의 논문, 2009 참조.

039 최성환, 앞의 논문, 2009, 309~310쪽.

040 유봉학, 『정조대왕의 꿈』, 신구문화사, 2001.

2장 : 정조의 자연·만물관과 공존의 정치

001 정조의 인물성론과 관련된 철학 분야의 연구는 다음 논문들이 참조된다. 안재순, 「한국 근세사에 있어서 정조의 통치철학에 관한 연구」, 성균관대 박사논문, 1990, 62~65쪽; 김호, 「정조의 俗學 비판과 正學論」, 『한국사연구』 139, 2007, 228~229쪽; 백민정, 「정조의 '湖洛論爭' 주제에 관한 평가와 입장 분석: 『近思錄講義』와 『四書講義』 및 『日得錄』 등을 중심으로」, 『韓國實學硏究』 19, 2010.

002 『弘齋全書』 卷30, 「冬雷責躬敎」. 이 글은 『朝鮮王朝實錄』 및 『承政院日記』의 1777년(정조 원년) 10월 2일 기사에도 보인다.

003 이에 대한 자세한 사항은 구만옥, 「조선 후기 주자학적 우주론의 변동」, 연세대 박사논문, 2001, 94~154쪽 참조.

004 『東國文獻備考』 卷3, 象緯考, 「日食」. "徐光啓曰: '交食, 雖躔度有常, 推步可致. 然光明下濟, 忽焉掩, 抑如月食入景, 深者乃至倍于月體."

005 『弘齋全書』 卷29, 「拾蟲投水綸音」. 이 글은 『朝鮮王朝實錄』·『承政院日記』·『備邊司謄錄』 1798년(정조 22) 4月 25日 기사에도 실려 있음.

006 『詩經』 小雅 「大田」. "旣方旣阜, 旣堅旣好, 不稂不莠, 去其螟螣, 及其蟊賊, 無害我田穉, 田祖有神, 秉畀炎火."

007 『詩經集傳』 小雅 「大田」의 注. "姚崇, 遣使捕蝗, 引此為證, 夜中設火, 火邊掘

坑, 且焚且瘞, 盖古之遺法, 如此. 這說明以火光誘殺害蟲的技術在三千年前的西周時代已經萌芽了."

008 『歐陽脩集』, 「答朱寀捕蝗詩」. "乃知孽虫虽甚众, 嫉恶苟锐無难为, 往时姚崇用此议, 诚哉贤相得所宜."

009 『孟子』「盡心」上. "以佚道使民, 雖勞不怨; 以生道殺民, 雖死不怨殺者." 『書經』虞書「大禹謨」. "與其殺不辜, 寧失不經, 好生之德, 洽於民心."

010 『弘齋全書』卷131, 「故寔」三.

011 이 책들 및 정조가 편찬한 주자서(朱子書)에 대한 개괄적 해설은 김문식, 『정조의 경학과 주자학』, 문헌과해석사, 2000, 231~297쪽 ; 김문식, 『정조의 제왕학』, 태학사, 2007, 191~216쪽 참조.

012 『朱熹集』 2, 권24, 「與汪尙書書」, 成都: 四川敎育出版社, 1996, 1036~1037쪽. "蘇氏貢擧之議, 正如此, 至其詆東州二先生, 爲矯誕無實, 不可施諸政事之間, 則其悖理傷化, 抑又甚焉. 而省闈盜用此文者兩人, 明公皆擢而寘之衆人之上, 是明公之意, 蓋不以其說爲非也. 生於其心, 害於其政, 發於其政, 害於其事, 明公未爲政於天下, 而天下之士, 已知明公之心, 爭誦其書, 以求速化, 耳濡目染, 以陷溺其良心而不自知, 遂以偸薄浮華爲眞足尙, 而敢肆詆欺於昔之躬行君子者, 不爲非也." 원문의 '東州二先生'은 孫復(992~1057)·石介(1005~1045)라는 설과 程顥(1032~1085)·程頤(1033~1107)라는 두 가지 설이 있으나 蘇軾(1036~1101)의 생몰연대와 蘇軾과 程頤가 蜀黨과 洛黨으로 대립했던 점을 고려하면 二程이 맞을 듯하다.

013 위의 글. "願深考聖賢所傳之正, 非孔子, 子思, 孟, 程之書, 不列於前, 晨夜覽觀窮其指趣而反諸身, 以求天理之所在."

014 『朱熹集』 2, 권24, 「與汪尙書 – 己丑」, 成都 : 四川敎育出版社, 1996, 1277쪽 참조.

015 정조는 당송 팔대가(唐宋八大家)의 작품을 직접 선별해서 1781년(정조 5)에 『八子百選』, 1798년(정조 22)에 『八家手圈』을 편찬했다. 당송 팔대가 문장의 의의와 소식(蘇軾) 문장의 특징을 밝히는 부분만 옮기면 다음과 같다. 『弘齋全書』卷181, 「羣書標記3 八家手圈」. "唐宋八子者, 文章之淵府也. 流西京之愷悌, 蕩南朝之脂韋, 鉅細洪纖, 各臻其妙, 竊嘗譬之古人焉. (…) 蘇氏三父子, 老如莊生說劒, 光怪百出, 長如韓信耀兵, 左絳灌而右樊彭, 發號出令, 變化不窮, 少如桓榮稽古, 陳車馬印綬, 以誇羣子弟. (…) 世道汙隆, 卜之文體, 苟欲鼓委靡之氣, 洗噍喟之音, 捨八子奚以哉!"

016 정조는 1781, 1783, 1784, 1789, 1790년 다섯 차례에 걸쳐 정약용 등 규장각 초계문신 49명과 함께 시경(詩經) 강의를 열었다. 이에 대한 자세한 사항은 천기철, 「정조조 詩經講義에서의 毛奇齡 說의 비판과 수용」, 부산대 박사논문, 2004 참조. 이 밖에 심경호, 「조선 후기의 경학 연구법 분화와 毛奇齡 비판」, 『동양학』 29, 단국대 동양학연구소, 1999 ; 김문식, 「조선 후기 毛奇齡 경학의 수용 양상」, 『사학지』 38, 단국사학회, 2006 참조.

017 『日省錄』 1778년(정조 2) 2월 14일 기사. "明時, 利瑪竇修正曆法, 極其精妙. 瑪竇以外國之人, 何以獨解其妙處, 亦果能到十分處, 不復有差舛之慮否?"

018 『弘齋全書』 卷165, 『日得錄』 「文學」. "利瑪竇倡所謂耶穌之敎, 爲吾道之蟊賊, 而獨我國以禮義之邦, 士大夫尊信孔孟而不爲異端所惑, 近有一種邪學, 傅會其說, 傷敎而敗倫, 殘民而害生, 其禍至憯也. 而其所謂廢祭之說, 尤有不忍言者. (…) 闢異端之道, 莫如正學之扶植, 此今日士大夫之所當怵畏而勉焉者也."

019 『日省錄』 1778년 2월 14일 기사 참조.

020 『弘齋全書』 卷55, 「題千歲曆卷首」 참조.

021 『弘齋全書』 卷50, 策問3 「天文」 참조.

022 『조선왕조실록』 1791년(정조 15) 10월 11일 기사 참조.

023 『조선왕조실록』 1787년(정조 11) 10월 10일 기사 참조.

024 『조선왕조실록』 1788년(정조 12) 8월 6일 기사. "予意則使吾道大明, 正學丕闡, 則如此邪說, 可以自起自滅."

025 위 책, 위의 글 참조.

026 천주교 탄압을 무마하기 위해 정조가 문체반정을 일으켜 탕평정국을 지속하려 했다는 관점은 정옥자, 『조선 후기 문화운동사』, 일조각, 1988, 99쪽 ; 박광용, 『영조와 정조의 나라』, 푸른역사, 1998, 25쪽 ; 유봉학, 『정조대왕의 꿈 – 개혁과 갈등의 시대』, 신구문화사, 2001, 96쪽 등 참조.

027 『조선왕조실록』 1791년(정조 15) 11월 12일 기사 참조.

028 『조선왕조실록』 1791년(정조 15) 11월 11일 기사. "刑曹啓言: '捕得邪學罪人鄭義爀, 鄭麟爀, 崔仁吉, 崔仁成, 孫景允, 玄啓溫, 許涑, 金啓煥, 金德愈, 崔必悌, 崔仁喆等十一名, 或於曹庭曉諭感化, 或令渠家懇勸回悟.' 敎曰: '中人等詿惑者, 必欲掃蕩窩窟者, 一則欲人其人, 一則寓化民成俗之意. (…) 要之, 皆期於革面圖新, 則卿等可謂效一日之責.'"

029 『조선왕조실록』 1791년(정조 15) 11월 8일 ; 『弘齋全書』 卷150, 『審理錄』 16, 「全

羅道珍山郡尹持忠權尙然獄」 참조.

030 『조선왕조실록』 1791년(정조 15) 10월 16·20·23·24·25일, 11월 3·6· 7일 참조.

031 『조선왕조실록』 1791년(정조 15) 11월 7일. "爲邪學者, 豈獨權, 尹乎? 今若一一査出, 人人究覈, 則殆近於不敎之刑. 但當用懲一礪百之典, 已現露者, 以法繩之, 則是生道殺人也." ; 『조선왕조실록』 1791년(정조 15) 10월 25일. "顧今已著者, 不可不亟令嚴治, 使未著者, 開自新之路."

032 『조선왕조실록』 1795년(정조 19) 7월 4일 ; 『조선왕조실록』 1797년(정조 21) 11월 11일, 13일 ; 규장각본 『推案及鞫案』,「辛酉邪獄 - 罪人李家煥等推案」·「辛酉邪獄-罪人李基讓等推案」·「辛酉邪獄 - 罪人姜彝天等推案」·「辛酉邪獄-罪人金鑢等推案」, 서종태·한건 엮음, 『조선 후기 신자 재판기록』 上·中, 국학자료원, 2004 참조.

033 최석우 역, 「구베아 주교의 셋째 서한(1797년 8월 15일), 『교회사연구』 제8집, 200쪽.

3장 : 천문학사의 관점에서 정조 시대 다시 보기

001 대표적인 것으로 문중양, 「18세기 후반 조선 과학기술의 추이와 성격 : 정조대 정부 부분의 천문역산 활동을 중심으로」, 『역사와 현실』 39호, 2001, 199~231쪽 ; 문중양, 「'향력'에서 '동력'으로 : 조선 후기 자국력을 갖고자 하는 열망」, 『역사학보』 218호, 2013, 237~270쪽 ; 박권수, 「서명응, 서호수 부자의 과학활동과 사상 : 천문역산(天文曆算) 분야를 중심으로」, 『한국실학연구』 11호, 2006, 109~125쪽 ; 한영호, 「조선의 신법일구와 시학의 자취」, 『대동문화연구』 47호, 2004, 361~396쪽 ; 한영호, 「서양 과학의 수용과 조선의 신법 천문의기」, 연세대학교 국학연구원 편, 『한국실학사상사연구 4』, 혜안, 2005, 335~393쪽 ; 전용훈, 「정조대 역법과 술수학 지식 : 『천세력』과 『협길통의』를 중심으로」, 『한국문화』 54호, 2011, 311~338쪽 ; 안대옥, 「18세기 정조기 조선 서학 수용의 계보」, 『동양철학연구』 71호, 2012, 55~90쪽 등을 참조.

002 세종 때의 "칠정산(七政算)"이 의미하는 바도 일곱 천체의 운동을 계산하는 방법이다.

003 예를 들어 조선 세종 때 편찬된 『칠정산내편(七政算內篇)』에는 시간규범의 수립에 필요한 역일(曆日), 일전(日躔), 월리(月離), 중성(中星) 항목 외에 교식(交食), 오성(五星) 항목이 있으며, 점성술적으로 의미가 있는 가상천체인 사여(四餘)를 계산하는 방법도 수록되어 있다.

004 『國朝曆象考』 卷之一 曆象沿革, 1a~4b(이하 인쇄본 1면의 페이지를 판심을 사이로 우=a, 좌=b로 표시함).

005 이에 대한 연구로 전용훈, 「17·18세기 서양 천문연산학의 도입과 전개 : 시헌력의 수입과 시행을 중심으로」, 연세대학교 국학연구원편, 『한국실학사상사연구 4』, 혜안, 2005, 275~333쪽 ; 이용범, 「法住寺所藏의 新法天文圖說에 對하여 : 在淸天主敎神父를 通한 西洋天文學의 朝鮮傳來와 그 影響」, 『진단학보』 31호, 1966, 1~66쪽 ; 32호, 1966, 59~118쪽 등이 있다.

006 이에 대해서는 Keizo Hashimoto, *Hsu Kuang-ch'i and Astronomical Reform: The Process of the Chinese Acceptance of Western Astronomy 1629~1635*, Kansai University Press, 1988, pp. 104~163 참조.

007 『曆象考成』에서 개정된 내용에 대해서는 橋本敬造, 「曆象考成の成立」, 『明淸時代の科學技術史』, 京都大學人文科學硏究所, 1970, 67~85쪽 참조.

008 이 경우에도 우주의 중심은 여전히 지구이다. 『역상고성후편』에 적용된 타원법에 대해서는 橋本敬造, 「橢圓法の展開」, 『東方學報』 42호, 1972, 245~272쪽 참조.

009 지반경차는 지구 중심과 표면 사이의 거리가 만드는 시차이며, 청몽기차는 지구 대기의 굴절로 만들어지는 시차이다.

010 정조가 신하들에게 요구한 천문학 진흥책을 통해 정조의 천문학 이해 수준과 당시 천문학을 개혁하려 했던 의도를 파악할 수 있다. 이에 대해서는 구만옥, 「조선 후기 천문역산학의 개혁 방안 : 정조의 천문책에 대한 대책을 중심으로」, 『한국과학사학회지』 28-2호, 2006, 189~225쪽 ; 구만옥, 「조선 후기 천문역산학의 주요 쟁점 : 정조의 천문책과 그에 대한 대책을 중심으로」, 『한국사상사학』 27호, 2006, 217~257쪽 등 참조.

011 문중양, 앞의 논문, 2001, 210~229쪽 참조.

012 『群書標記』 群書標記五 命撰一, 千歲曆三卷 刊本.

013 『群書標記』 群書標記六 命撰二, 七政步法一卷 刊本. 『칠정보법』은 19세기 중반의 역산 매뉴얼인 『추보첩례(推步捷例)』로 계승되었다. 전용훈, 「19세기 조선의 역산 매뉴얼 『추보첩례』」, 『규장각』 44호, 2014, 93~125쪽 참조.

014 조선시대 시각법의 변화와 개정 추이에 대해서는 한영호, 「조선의 更漏法」, 『동방학지』 143호, 2008, 167~218쪽 참조.

015 정조 시대 청과 조선의 역산 결과 차이에 대해 조선의 결과를 신뢰했던 사례에 대해서는 전용훈, 앞의 논문, 2005, 329~331쪽 ; 문중양, 앞의 논문, 2013, 259~263쪽 등을 참조.

016 선택에는 시간 외에 방향과 위치를 얻는 일도 포함되지만, 이것은 시간 선택에 비해 비중이 대단히 적다. 이 글에서는 논의상 편의를 위해 시간 선택만을 다루고자 한다.

017 서운관은 크게 천문학, 지리학, 명과학(命課學)이라는 세 가지 하위 부문으로 이루어졌다. 명과학에서는 주로 점술(占術)과 추명(推命)을 담당했으나, 정조 시대에 들어 선택이 점술이나 추명보다 더 중요하게 인식되면서 선택을 담당하는 관원을 추길관(諏吉官), 수선관(修選官) 등으로 불렀다.

018 문중양, 앞의 논문, 2001, 223쪽.

019 이에 대해서는 黃一農, 「擇日之爭與「康熙曆獄」」, 『清華學報』 21-2호, 1991, 247~280쪽을 참조.

020 중국과 조선에서 선택서의 흐름에 관해서는 전용훈, 앞의 논문, 2011, 316~322쪽 참조.

021 『辛亥啓下觀象監釐正節目』. "國家諏吉之方, 則關係至重, 凡揀選黜陟之際, 尤宜十分詳審, 今番釐正時, 則監生等, 旣未習新法方書, 不得不以曾有名稱者及年少聰敏者…."

022 이 책의 수요는 근대에도 계속되어 1902년, 1923년에도 간행되었으며, 현재에도 널리 사용되고 있다.

023 『辛亥啓下觀象監釐正節目』. "至於命課學, 則專掌諏吉, 如朝賀, 封冊, 讌享, 動駕, 試士, 閱武等, 涓擇 俱係至重至敬之事, 而培養之道訓課之方, 又不如天文學, 尤其不寒心…."

024 『辛亥啓下觀象監釐正節目』. "方外未課人中, 或有術業卓異者, 則筵稟然後, 始乃塡差." 17세기 왕실의 능지 선정에 참여한 방외지사에 대해서는 박권수, 「17세기 조선왕실의 王陵地 선정 과정과 方外地師의 역할 : 孝宗과 顯宗대의 山陵 조성 과정을 중심으로」, 『문화 역사 지리』 27-1호, 2015, 33~47쪽 참조.

025 선택서는 원래 어용과 민용 모두에 사용된다. 여러 정황으로 볼 때, 조선 후기에 선택은 민간에서도 수요가 지속적으로 증가하고 있었던 것으로 보이며, 특히 정조 시대에는 수요의 급격한 증가가 있었던 것으로 짐작된다.

026 『國朝曆象考』 卷之一, 凡例, 2b~3a. 이날 해시에 남중하는 별은 규수(奎宿)였는데, 이 별자리는 문운(文運)이 조선에 있다는 것을 보여주는 징조로 해석되었다.

027 정조 시대 의례의 정비와 의례서 편찬에 대해서는 김지영, 「18세기 후반 國家典禮의 정비와 『春官通考』」, 『한국학보』 30-1호, 2004, 95~131쪽 ; 김문식, 「『국조오례통편』의 자료적 특징」, 『한국문화연구』 12호, 2007, 65~106쪽 ; 송지원, 「弘齋正祖

의 國家典禮 정비와 그 의미」, 『동양문화연구』 3호, 2009, 129~150쪽 ; 송지원, 「정조대 의례 정비와 『春官通考』 편찬」, 『규장각』 38호, 2011, 97~151쪽 등을 참조.

028 김영식, 「전통시대 중국사회의 학자들과 전문 과학기술지식」, 『유가전통과 과학』, 예문서원, 2013, 248~250쪽 참조.

029 안대옥, 「청대 전기 서학 수용의 형식과 외연」, 『중국사연구』 65호, 2010, 171쪽. 서양 과학을 경학의 틀에 결합시킨 매문정의 작업에 대해서는 川原秀城, 「梅文鼎與東亞」, 『宗教哲學』 第45期, 2008, 109~123쪽 참조.

030 梁啓超, 『中國近三百年學術史』, 三聯書店, 2006, 294~299쪽 ; 벤저민 엘먼 지음, 양휘웅 옮김, 『성리학에서 고증학으로』, 예문서원, 2004, 219~228쪽 등을 참조.

031 서양 과학 서적의 조선 전래에 대해서는 노대환, 「조선 후기의 서학유입과 서기수용론」, 『진단학보』 83호, 1997, 121~154쪽 ; 노대환, 「19세기 전반 西洋認識의 변화와 西器受用論」, 『한국사연구』 95호, 1996, 109~137쪽 ; 송일기·윤주영, 「中國本 西學書의 韓國 傳來에 관한 文獻的 考察」, 『서지학연구』 15호, 1998, 159~195쪽 등을 참조.

032 이하 서울 학계에서 이루어진 서양 과학 서적의 유통과 지적 패러다임의 변화에 대해서는 전용훈, 「19세기 조선 수학의 지적 풍토 : 홍길주(1786~1841)의 수학과 그 연원」, 『한국과학사학회지』 26-2호, 2004, 305~313쪽을 참조.

033 『수리정온』 또한 서양 수학과 중국 수학의 통합을 목표로 편찬된 것으로, 고대 중국의 지식들이 서양 수학의 이론적 논의를 통해 새롭게 해석될 수 있는 길을 열었다. 『수리정온』이 조선 지식계에 미친 영향에 대해서는 김문용, 「조선 후기 서양 수학의 영향과 수리 관념의 변화」, 『한국실학연구』 24호, 2012, 403~441쪽 ; 구만옥, 「마테오 리치(利瑪竇) 이후 서양 수학에 대한 조선 지식인의 반응」, 『한국실학연구』 20호, 2010, 301~355쪽 등을 참조.

034 이에 대해서는 안대옥, 「『주비산경(周髀算經)』과 서학중원설(西學中源說): 명말 서학수용 이후 『주비산경』 독법의 변화를 중심으로」, 『한국실학연구』 18호, 2009, 691~727쪽 ; 노대환, 「조선 후기 '西學中國源流說'의 전개와 그 성격」, 『역사학보』 178호, 2003, 113~139쪽 ; 노대환, 「正祖代의 西器受容 논의 : '중국원류설'을 중심으로」, 『한국학보』 25-1호, 1999, 126~167쪽 등을 참조.

035 전용훈, 앞의 논문, 2004, 310쪽.

036 시헌력의 이론을 망라한 『서양신법역서』를 100권으로 재편집한 것이다.

037 전용훈, 앞의 논문, 2004, 306쪽. 홍석주의 독서록에는 이 외에도 여러 수학서와 천문학서가 제시되어 있다.

038 문중양은 19세기 과학사를 근대화에 실패한 역사로 보는 시각을 비판하면서, 당시에는 천문학, 우주론, 기철학 등으로 대표되는 과학적 논의가 활발했으며, 이것은 전근대 과학으로서 나름대로의 의미를 가진 활동이었다고 보았다. 문중양, 「전근대라는 이름의 덫에 물린 19세기 조선 과학의 역사성」, 『한국문화』 54호, 2011, 99~130쪽.

039 유경로, 「조선시대 3쌍의 천문학자」, 편찬위원회 편, 『한국 천문학사 연구』, 녹두, 1999, 255쪽.

040 홍길주의 수학 연구에 대해서는 전용훈, 앞의 논문, 2004 ; Jun, Yong Hoon, "Mathematics in Context: A Case in Early Nineteenth Century in Korea", *Science in Context*, vol.19-4, 2006, pp. 475~512 등을 참조.

041 이하 19세기 천문학의 성격에 대한 서술은 필자가 몇 가지 관련 연구를 통해 얻은 개인적인 견해임을 밝혀둔다.

042 남병철과 남병길 형제의 저작에 대해서는 이노국, 『19세기 천문수학서적 연구 : 남병철·남병길 저술을 중심으로』, 한국학술정보, 2006을 참조.

043 『시헌기요』는 시헌력에 채용된 서양천문학의 이론서인 반면 『추보첩례』는 그 이론에 기초하여 만들어진 역산 매뉴얼이다. 전용훈, 앞의 논문, 2014, 121쪽.

044 이에 대해서는 전용훈, 「19세기 조선에서 서양 과학과 천문학의 성격 : 청조 고증학의 영향을 중심으로」, 『한국과학사학회지』 35-3호, 2013, 435~464쪽을 참조.

045 우리나라에 근대천문학이 도입되는 과정에 대해서는 전용훈, 「전통적 역산천문학의 단절과 근대천문학의 유입」, 『한국문화』 59호, 2012, 37~64쪽을 참조.

4장 : 19세기의 부세 운영과 '향중공론'의 대두

001 송양섭, 『18세기 조선의 공공성과 민본이념 – 손상익하의 정치학, 그 이상과 현실』, 태학사, 2015. 조선 후기 '공' 이념의 연구 현황에 대해서는 이근호, 「조선 후기 '공' 담론 연구 현황과 전망」, 『역사와 현실』 93, 2014 참조.

002 안병욱, 「19세기 임술민란에 있어서의 '향회'와 '요호'」, 『한국사론』 14, 1986 ; 안병욱, 「조선 후기 자치와 저항 조직으로서의 향회」, 『논문집』 18, 성심여대, 1986 ; 송찬섭, 「1862년 진주농민항쟁의 조직과 활동」, 『한국사론』 21, 1989 ; 김인걸, 「조선 후기 촌락 조직의 변모와 1862년 농민항쟁의 조직 기반」, 『진단학보』 67, 1989 ; 김용민, 「1860년대 농민항쟁의 조직 기반과 민회」, 『사총』 43, 1994 ; 송찬섭, 「농민항

쟁과 민회」, 『역사비평』 37, 1997 ; 장동표, 「19세기 말 함안 지방 재정 운영에서의 향회와 포흠」, 『국사관논총』 68, 1996 ; 고석규, 『19세기 조선의 향촌사회 연구 – 지배와 저항의 구조』, 서울대출판부, 1998.

003 김선경, 「19세기 농민저항의 정치」, 『역사연구』 16, 2006 ; 김선경, 「갑오농민전쟁과 민중의식의 성장」, 『사회와 역사』 64, 2003.

004 배항섭, 「19세기 후반 민중운동과 公論」, 『한국사연구』 161, 2013 ; 배항섭, 「19세기 향촌사회질서의 변화와 민중의 대응」, 『조선시대사학보』 71, 2014.

005 김경숙, 「등장을 통해 본 조선 후기 연명정소와 공론의 형성」, 『규장각』 36, 2010 ; 김경숙, 「조선 후기 사대부가의 연명정소 활동과 공론형성 – 안동 주촌 진성이씨가의 사례를 중심으로」, 『사학연구』 109, 2013.

006 『玉山文牒』 慶山縣(1851).

007 '공'의 개념이 가변적이었던 만큼 '사'의 영역도 유동적이었다. 가령 '공'의 공간적 범위가 '동·리 → 면 → 군현 → 도 → 국가'로 넓어지면서 '사'의 영역도 연동하여 그 외연을 넓혀간다. 마을 단위[동·리]의 '공'은 면이나 군현으로 '공'의 범주가 확장되면서 '사'로 재규정되고, 면이나 군현도 '공'이 도나 국가 단위로 확장됨과 동시에 '사'로 전변했다. '공'의 가변적 범주가 포괄하는 동심원의 다층적 내원(內圓)들은 '공'과 '사'가 그 자체로 대단히 상대적임을 보여준다. '향중공론'의 '향중'의 범위도 마찬가지이다. '향중'은 공간적 범위로서도 대단히 유동적이지만 추상적인 논의 구조로서도 일률적으로 규정하기에는 여러 어려움이 있다. 여기에서는 다만 종래 지배의 객체로서 지방사회의 논의가 '사'로 치부되었던 데 반해 19세기에 접어들면 사회적으로 '공'의 기준이 서서히 상대화되면서 '향중'의 '공'도 중앙의 '공'과 함께 스스로의 정체성을 확보해가고 있음을 지적하는 데 주안점을 두고자 한다.

008 『승정원일기』 51책, 영조 17년 11월 9일.

009 『승정원일기』 587책, 영조 원년 2월 18일.

010 『栗谷全書』 卷7, 疏箚二, 「代白參贊仁傑論時事疏」.

011 송양섭, 앞의 책, 2015.

012 이근호, 「18세기 공론정치 구조에 대한 시론」, 『조선시대사학보』 71, 2014.

013 19세기 정치사연구반, 『조선정치사』, 청년사, 1990.

014 일찍이 이이는 '모든 인심이 다 같이 그렇게 여기는 것을 공론이라 하고 공론이 있는 것을 국시라고 하니, 국시란 바로 온 나라의 사람들이 꾀하지 않고도 옳게 여기는 것이다. 이해로 꾀는 것도 아니고 위협으로 두렵게 하는 것도 아니며 삼척동자라 할지라도 그것이 옳은 것임을 알 수 있는 것이 바로 국시이다(『선조수정실록』 권13,

12년 5월 1일 을사)'라고 말했다. 이이는 '공론'을 다중이 공감할 수 있는 상식적인 틀에서 형성된 여론으로 규정하고 있다. 하지만 '공론'의 형성도 일종의 작위를 통한 굴절이 불가피했는데, 여기에는 여론을 만들어내거나 언론에 개입할 수 있는 정치적·사회적 권력이 전제되었다. 사회와 조직의 구성원 모두가 동의하는 '공'을 상상하기란 쉬운 일이 아니지만, 과도한 권력과 작위가 개입될 경우 '공'은 필연적으로 스스로를 부정하면서 새로운 내용과 주도세력에 의해 대체되는 운명을 맞게 된다.

015 이철성, 「18세기 田稅 比摠制의 실시와 그 성격」, 『한국사연구』 81, 1993 ; 송양섭, 「19세기 良役收取法의 변화 – 洞布制의 성립과 관련하여」, 『한국사연구』 89, 1995 ; 김의환, 「17·18세기 鹽稅政策의 변동 – 均役法 給代財源과 관련하여」, 『조선시대사학보』 6, 1998 ; 송양섭, 「조선시대 관권과 사족, 타협과 충돌」, 『역사비평』 65, 2003 ; 송양섭, 「부역실총에 나타난 재원 파악 방식과 재정정책」, 『역사와 현실』 70, 2008 ; 손병규, 「조선 후기 비총제 재정의 비교사적 검토」, 『역사와 현실』 81, 2011 ; 손병규, 「조선 후기 비총제적 재정체계의 형성과 그 정치성」, 『역사와 현실』 81, 2011 ; 권기중, 「조선 후기 부세 운영과 감사의 역할」, 『역사와 현실』 81, 2011 ; 최주희, 「18세기 중반 『탁지정례』류 간행의 재정적 특성과 정치적 의도」, 『역사와 현실』 81, 2011 ; 송양섭, 앞의 책.

016 이 문제에 대해서는 다음을 참조할 것. 한영국, 「대동법의 실시」, 『한국사』 13, 1981 ; 정연식, 「균역법 시행 이후의 지방재정의 변화」, 『진단학보』 67, 1989; 김덕진, 『조선 후기 지방재정과 잡역세』, 국학자료원, 1999 ; 손병규, 『조선왕조 재정시스템의 재발견』, 역사비평사, 2008 ; 송양섭, 「18~19세기 공주목의 재정구조와 민역청의 운영 – 『민역청절목』·『견역청(추)절목』을 중심으로」, 『동방학지』 154, 2011 ; 손병규, 「'삼정문란'과 '지방재정 위기'에 대한 재인식」, 『역사비평』 101, 2011 ; 임성수, 「조선 후기 전결세 징수와 '중간비용' 연구」, 『대동문화연구』 92, 2015.

017 『역주목민심서』 I, 제1장 赴任 六條 ; 제1장 除拜, 14~18쪽 ; 제2장 律己 六條 ; 제5장 節用, 178~179쪽 ; 제2장 淸心, 106~110쪽 ; 『역주목민심서』 IV, 제3장 敎民, 8~11쪽.

018 이 시기 관주도 향촌통제책에 대해서는 김인걸, 『조선 후기 향촌사회 변동에 관한 연구 – 18·19세기 '향권' 담당층의 변화를 중심으로』, 서울대 박사학위논문, 1991 참조.

019 『龍城誌』 「完議」(18세기 중엽).

020 『忠淸監營啓錄』, 憲宗 3年 11月 初9日.

021 『治郡要訣』(『조선민정자료 목민편』, 8쪽).

022 『政要』 三(『조선민정자료목민편』, 75쪽). 훼이샤오통(費孝通)은 중국 향촌사회에서 '모든 것을 상세히 아는 것[熟悉]'에서 신뢰가 발생하며 이 때문에 신뢰는 계약이나 행위의 규칙에 대하여 생각할 필요가 없을 정도로 믿게 되는 '熟知'에서 나온다고 했다(훼이샤오통 지음, 이경규 옮김, 『중국 사회의 기본구조』, 일조각, 1995, 7~9쪽). 조선의 향촌사회도 중국의 그것과 원리적으로 다르지 않을 것으로 판단되는 바, '향중공론'은 일차적으로 생활공간을 함께하는 구성원들의 '熟悉'·'熟知'과 같은 익숙함에서 우러나오는 신뢰에 바탕을 두고 형성되었을 것으로 생각된다.

023 그 전형적인 예가 바로 정약용이 『목민심서』에서 그리는 수령 상이었다. 이에 대해서는 송양섭, 「『목민심서』에 나타난 정약용의 수령 인식과 지방행정의 방향」, 『다산학』 28, 2016 참조.

024 安鼎福, 『正要抄』.

025 『日省錄』, 正祖 21年 2月 13日.

026 李成中, 『質菴遺稿』 권1 「湖南厘正使書啓」(1754).

027 『牧民心書』 제7부 예전 6조.

028 『玉山文牒』 慶山縣(1851).

029 『日省錄』 哲宗 5年 7月 25日; 『日省錄』 哲宗 5年 7月 30日.

030 金榦, 『厚齋先生集』 「通諭境內上下民約條」(1701) ; 신정희, 「조선 후기 영남 지방 향약의 일 형태 – 상주 지방 향약을 중심으로」, 『역사교육논집』 8, 1986.

031 최호, 「조선 후기 밀양의 사족과 향약」, 『조선 후기 향약 연구』, 민음사 ; 정진영, 「18·19세기 사족의 촌락 지배와 그 해체 과정」, 『조선시대 향촌사회사』, 한길사, 1997.

032 『東下面中節目完議冊』(1791).

033 「尙州內南面曲木里上尊位牒呈」(1857) ; 「內南面曲木里大小民等狀」(1863).

034 『山陰記事』 「傳令西下執綱」(1840~1844).

035 『高山縣邑誌』, 附事例(1847).

036 『綾州牧虎岩面陞戶稧冊』(1879).

037 이규대, 「19세기 동계와 동역」, 『조선시대 향약 연구』, 민음사, 1990.

038 염정섭, 「고문서를 통해 본 조선시대의 토지소유관계」, 『동아시아 근세사회의 비교』, 혜안, 69~70쪽.

039 김선경, 「조선 후기의 조세 수취와 면·리 운영」, 연세대 석사논문 ; 김용민, 「19세기 면의 운영층 강화와 면임의 역할」, 『한국사학보』 3·5, 1998 ; 오영교, 『조선 후기 향

촌지배정책 연구』, 혜안, 2001.

040 배항섭, 앞의 논문, 2014, 112~114쪽.

041 고동환, 「19세기 賦稅運營의 변화와 呈訴運動」, 『국사관논총』 43, 1993 ; 한상권, 「19세기 민소의 양상과 추이 – 순조대 상언·격쟁의 분석을 중심으로」, 『국가이념과 대외인식 – 17~19세기』, 아연출판부, 2002 ; 김경숙, 앞의 논문, 2010.

042 「完議·立議2」 기유(1805) 『古文書集成』 35(巨濟 舊助羅里篇), 606쪽 ; 「完議·立議1」 己酉(1789), 같은 책, 605쪽 ; 「知世鎭使役統營戰兵船駕龍木物載運船四洞第次正間冊」(1853~1887), 같은 책, 371~377쪽 ; 「五洞節目」.

043 「完議·立議1」 己酉(1789), 같은 책, 605쪽; 完文2(1789), 같은 책, 571쪽 ; 「完文3」 경술(1790), 같은 책, 572쪽.

044 구조라와 인근 마을의 해세와 진상 납부를 둘러싼 갈등의 전말에 대해서는 전민영, 「18세기 말~19세기 海村의 共同納 운영 방식 – 巨濟 舊助羅里 고문서를 중심으로」, 『고문서연구』 48, 2016 참조.

045 『尙州事例』(1888).

046 「寧海大小民人等狀」(1888·한국국학진흥원 소장).

047 안병욱, 앞의 논문, 1986.

048 『日省錄』 哲宗 14年 1月 18日.

049 『承政院日記』 132冊, 高宗 16年 11月 15日.

050 배항섭, 앞의 논문, 115~116쪽.

051 閔胄顯, 『沙厓集』 3 「三政策」 ; 任伯經, 『紫閣謾稿』, 「策」 ; 『民狀置簿冊』, 辛未(1871) 9月 29日.

052 주요 자료의 왕대별 대민·소민 용례의 빈도수를 표로 나타내면 다음과 같다. 시기별 자료의 구성 방식에 차이는 있지만 대체적인 경향성은 보여준다고 생각한다.

시기 / 자료	17세기				18세기			19세기			
	인조	효종	현종	숙종	경종	영조	정조	순조	헌종	철종	고종
왕조실록	0	2	0	3	1	4	14	4	0	3	34
비변사등록	0	1	0	2	0	6	18	9	4	12	12
승정원일기	1	7	4	18	5	49	122	52	17	49	143
계	0	3	4	5	1	10	32	13	4	15	46

053 송양섭, 앞의 책, 2015.

054 김용섭, 「조선 후기의 부세제도 이정책」, 『한국근대농업사연구 (상)』, 일조각, 1984 ; 송양섭, 「19세기 양역수취법의 변화」, 『한국사연구』 89, 1995 ; 송양섭, 「균역법 시행 이후 군역제 변동의 추이와 동포제의 운영」, 『군사』 31, 1995.

055 19세기 접어들어 호적과 별도로 가좌책의 작성이 일반화되고 있었는데, 여기에는 호의 구성원은 물론 토지, 가축, 가재 등 경제력을 파악할 수 있는 다양한 정보가 수록되어 있었다. 가좌책은 건실한 호를 조세원으로 파악하기 위해 군현 차원에서 작성되고 있었던 것으로 생각되며, 이러한 흐름은 대소민의 인민 파악의 흐름과 궤를 같이하는 것으로 이해할 수 있다. 가좌책에 대한 사례 연구로는 허원영, 「18세기 후반 순천부 농민의 존재양태와 농업경영 – 『順天府西面家座冊』(1774) 분석을 중심으로」, 『역사문화연구』 47, 2013이 있다.

056 柳重教, 『三政策』 2, 「三政策」, 126~127쪽.

057 崔瑆煥, 『顧問備略』 1, 糶糴.

058 이와 관련해서는 다음 논고를 참조. 윤정애, 「한말 지방제도 개혁 연구」, 『역사학보』 105, 1985 ; 김태웅, 「1894~1910년 지방세제의 시행과 일제의 조세 수탈」, 『한국사론』 26, 1991 ; 이상찬, 「1894~5년 지방제도 개혁의 방향 – 향회의 법제화 시도를 중심으로」, 『진단학보』 67, 1989 ; 유정현, 「1894~1904년 지방재정제도의 개혁과 이서층 동향」, 『진단학보』 73, 1992 ; 정은경, 「갑오개혁기 향회제도에 관한 연구」, 한양대 박사학위논문, 1997.

5장 : 19세기에 드리운 정조의 잔영과 그에 대한 기억

001 尹行恁, 『碩齋稿』 附錄, 「行狀」, "先王之志是繼 先王之道是遵 政令事爲 無大無小 一無改於先王在宥之日". 윤행임의 정치 활동에 대해서는 노대환, 「尹行恁(1762~1801)의 정치 활동과 학문 성향」, 『국학연구』 19, 2011, 293~294쪽 참조.

002 오수창, 「정국의 추이」, 『조선정치사 1800~1863』 상, 청년사, 1990, 77~78쪽.

003 『승정원일기』 97책, 순조 즉위년 12월 18일.

004 순조 초반 유배에 처해졌던 시파 계의 김이재(金履載)는 벽파가 정조의 유지를 내세워 정조의 유신(遺臣)을 제거했다고 비판했다. 『순조실록』 순조 29년 12월 12일.

005 심노숭 지음, 안대회 등 옮김, 『자저실기』, 휴머니스트, 2014, 255·263쪽.

006 『순조실록』 순조 6년 4월 1일.

007 『순조실록』 순조 2년 1월 20일. 장용영 혁파 과정에 대해서는 배우성, 「純祖 前半期의 政局과 軍營政策의 推移」, 『규장각』 14, 1991, 64~79쪽 참조.

008 『순조실록』 순조 6년 3월 3일.

009 『승정원일기』 순조 1년 8월 29일.

010 정조의 우현좌척론에 대해서는 유봉학, 『개혁과 갈등의 시대 – 정조와 19세기』, 신구문화사, 2009, 143~150쪽 참조.

011 『정조실록』 부록, 「諡冊文」.

012 『승정원일기』 순조 즉위년 8월 1일.

013 『순조실록』 권1, 순조 즉위년 8월 18일.

014 『순조실록』 권16, 순조 12년 11월 7일.

015 오수창, 앞의 논문, 84~93쪽.

016 南公轍, 『金陵集』 권7, 「辭都承旨疏」.

017 대사헌 金履度가 무예청 강화책을 비판하자 순조는 정조 대의 제도를 회복한 것뿐이라고 답했다. 『순조실록』 순조 10년 3월 7일.

018 효명세자의 왕권 강화 시도에 대해서는 金明淑, 「19世紀 反外戚勢力의 政治動向 – 純祖朝 孝明世子의 代理聽政 例를 중심으로」, 『조선시대사학보』 3, 1997 참조했다.

019 『비변사등록』 헌종 1년 7월 5일.

020 『비변사등록』 헌종 2년 8월 20일.

021 『비변사등록』 헌종 2년 4월 6일.

022 『비변사등록』 헌종 7년 7월 16일. 실제 정조는 한번 옥안을 판결할 때마다 한 층씩 정신적 기능이 손상된다고 밝혔을 정도로 옥안 처리에 심혈을 기울었다. 『홍재전서』 권167, 「일득록 : 정사」.

023 『헌종실록』 헌종 11년 1월 10일.

024 『승정원일기』 헌종 12년 7월 25일.

025 총위영에 대해서는 崔孝軾, 「總衛營 研究」, 『동국논집』 10, 1991 ; 배항섭, 『19세기 조선의 군사제도 연구』, 국학자료원, 2002, 32~38쪽 참조.

026 『국조보감』, 「憲宗大王御製序文」.

027 『국조보감』 철종 10년 9월.

028 『국조보감』, 「純宗皇帝御製序文」.

029 『승정원일기』 철종 9년 9월 2일.

030 『철종실록』 철종 6년 1월 6일.

031 『비변사등록』 철종 3년 4월 4일.

032 『일성록』 철종 7년 1월 15일.

033 『철종실록』 철종 6년 8월 8일.

034 노론 측의 공세가 계속되자 철종은 예전 일을 끄집어내 쟁변하는 것은 당론이고, 자

신들의 스승을 위한 것이며, 자신들만 옳게 여기는 습성이라고 지적했다. 그러자 우의정 조두순은 철종의 이러한 말이 차후에 어떤 문제가 발생할지 모른다고 노골적으로 반발하여 사실상 철종을 굴복시켰다. 『철종실록』 철종 6년 9월 5일.

035 『승정원일기』 고종 28년 8월 25일. 崔炳鈺, 「朝鮮朝末의 武衛所硏究」, 『군사』 21, 1990 참조.

036 연갑수, 『규장각 – 그 역사와 문화의 재발견』, 서울대학교출판문화원, 2009, 53쪽.

037 정조 대의 규장각과 초계문신제에 대해서는 鄭玉子, 「奎章閣과 抄啓文臣教育」, 『朝鮮後期文化運動史』, 일조각, 1997 참조.

038 『비변사등록』 헌종 12년 9월 21일.

039 『고종실록』 고종 11년 7월 15일.

040 『비변사등록』 헌종 14년 9월 11일.

041 『다산시문집』 권17, 「紀事: 紀古今島張氏女子事」.

042 『홍재전서』 권31, 「教 : 申告嶺南章甫教」(1782).

043 허태용, 「정조대 후반 탕평정국과 진산사건의 성격」, 『민족문화』 35, 2010 참조.

044 『정조실록』 정조 16년 윤4월 27일.

045 『홍재전서』 권54, 「雜著: 孝廟御札跋」(1776).

046 『헌종실록』 헌종 5년 2월 18일. 윤광안은 1808년 경상도관찰사로 재직할 당시 주자의 영정을 봉안하고 송시열을 배향한 영양의 운곡영당(雲谷影堂)을 훼철한 일로 문제가 되어 유배되었다.

047 鄭奎漢, 『華山集』 권4, 「擬性潭先生請諡疏」.

048 『승정원일기』 철종 6년 8월 2일 ; 『일성록』 철종 6년 8월 8일. 윤선거 부자는 숙종 대에 관작이 추탈되었다가 경종 대에 회복되었다. 정조는 즉위 후 노론을 의식하여 그들의 관작을 추탈했다가 뒤에 복구시켰다.

049 『승정원일기』 고종 36년 6월 27일(양 8월 3일). 1899년 장헌세자 추숭 사업에 대해서는 김문식, 「정조의 유업을 계승한 고종황제」, 『문헌과 해석』 15, 2001 참조.

050 『승정원일기』 고종 36년 7월 20일(양 8월 25일).

051 김문식, 『정조의 제왕학』, 태학사, 2007, 304쪽.

052 『국조보감』 권74, 정조 17년 2월.

053 『순조실록』 순조 32년 4월 3일.

054 『홍재전서』 권12, 「翼靖公奏藁財賦類叙 : 奴婢引」. 정조대 노비제 개혁 논의에 대해서는 김성윤, 「正祖代의 土地制·奴婢制 改革論議와 政治圈」, 『지역과 역사』 3, 1997 참조.

055 『고종실록』 고종 1년 7월 30일.

056 『고종실록』 고종 23년 1월 2일.

057 『헌종실록』 헌종 5년 10월 18일.

058 『고종실록』 고종 3년 8월 3일.

059 『승정원일기』 고종 18년 5월 15일.

060 유봉학, 「惕齋 李書九의 學問과 政治的 志向」, 『한국문화』 21, 1991, 335~336쪽 참조.

061 송찬섭, 「正祖代 壯勇營穀의 設置와 運營」, 『한국문화』 24, 1999, 262~272쪽 참조.

062 연갑수, 앞의 논문, 45~47쪽.

063 『경세유표』 권1, 「禮官之屬 : 弘文館」.

064 『일성록』 헌종 14년 9월 10일.

6장 : 오늘날의 역사학, 정조 연간 탕평정치, 그리고 19세기 세도정치의 삼각 대화

001 이 책, 서장, 13쪽.

002 한국역사연구회 19세기정치사연구반, 『조선정치사 1800~1863』 상·하, 청년사, 1990 ; 오수창, 「18세기 조선 정치사상과 그 전후 맥락」, 『정조와 18세기』, 푸른역사, 2013(『역사학보』 123, 2012에 실린 같은 제목의 논문을 수정한 것임) ; 오수창, 「조선 후기 體制認識과 민중운동 試論」, 『한국문화』 60, 서울대 규장각한국학연구원, 2012.

003 앞 시기와의 연장선상에서 19세기 전반 민의 정치 활동을 강조한 연구로 다음과 같은 사례를 들 수 있다. 안병욱, 「19세기 민중의식의 성장과 민중운동 – '향회'와 '민란'을 중심으로」, 『역사비평』 1, 1987 ; 한명기, 「제7장 사회세력의 위상과 저항」, 『조선정치사 1800~1863』, 청년사, 1990 ; 김인걸, 「조선 후기 여론과 정치 – '公論政治'의 지속과 단절」, 『조선의 정치와 사회』, 집문당, 2002 ; 배항섭, 「19세기 지배질서의 변화와 정치문화의 변용 – 仁政 願望의 향방을 중심으로」, 『한국사학보』 39, 2010.

004 이 책 1장의 글.(원래는 최성환, 「조선 후기 정치의 맥락에서 탕평 군주 정조 읽기」, 『역사비평』 115, 2016년 여름호.)

005 이 책, 1장, 59쪽.

006 서울대학교 정치학과 교수, 『정치학의 이해』, 박영사, 2002, 3쪽(『정치학 대사전』, 박영사, 1975의 재인용).

007 김준석, 「18세기 蕩平論의 전개와 王權」, 『동양 삼국의 왕권과 관료제』, 국학자료원, 1998, 288~290쪽.

008 오수창, 「18세기 조선 정치사상과 그 전후 맥락」, 43쪽 참조.

009 이 책, 1장, 47쪽.

010 이 책, 1장, 53~54쪽.

011 『정조실록』 정조 18년 9월 30일 갑인 ; 윤정, 「정조 대 단종 사적 정비와 '군신분의'의 확립」, 『한국문화』 35, 2005, 264~266쪽 ; 오수창, 「18세기 조선 정치사상과 그 전후 맥락」, 39쪽.

012 이 책, 1장, 39쪽.

013 최성환, 「'정조-심환지 어찰'과 조선 후기 정치사 연구의 전망」, 『역사와 현실』 79, 2011, 337~340쪽.

014 송양섭, 『18세기 조선의 공공성과 민본이념』, 태학사, 2015, 158쪽.

015 이태진, 「정조 – 유학적 계몽절대군주」, 『한국사 시민강좌』 13, 1993, 73~78쪽 ; 이태진, 「조선왕조의 유교정치와 왕권」, 『한국사론』 23, 1990, 227~228쪽 ; 김용흠, 「19세기 전반 세도정치의 형성과 정치 운영」, 『한국사연구』 132, 2006, 198쪽.

016 박현순, 「정조의 『臨軒題叢』 편찬과 御題 출제」, 『규장각』 48, 2016, 159~165쪽.

017 김성윤, 『조선 후기 탕평정치 연구』, 지식산업사, 1997, 186~201, 326쪽.

018 개설서 서술의 최근 사례는 홍순민, 「정치 운영과 왕권의 추이」, 『조선시대사 1. 국가와 세계』, 푸른역사, 2015, 40쪽.

019 박광용, 『영조와 정조의 나라』, 푸른역사, 1998, 271쪽.

020 다만 「정조 읽기」는 견해가 다르다. 앞에서 소개한 바와 같이 정조가 붕당을 관리하여 탕평이 여러 붕당들과 공존할 수 있었고, 견제와 균형의 원리로 작동되었던 붕당정치 질서도 존중되었다는 것이다(이 책, 1장, 46~50쪽). 하지만 이러한 주장은 넘어야 할 고개가 많다. '황극'이라는 말로 대표되듯 군주의 절대적 지위를 현실에 구현하고자 한 탕평정치와 신하들의 공론을 앞세운 붕당정치의 질서를 대립적인 것으로 보아온 것이 지금까지의 통설이다. 논자도 지적했듯이 영조까지만 하여도 붕당타파를 목적으로 삼았다. 정조가 각 붕당의 원칙론을 조정에 수렴하려 한 노력은 확인되지만, 정조가 내세운 절대적 군주권과 신하들의 공론이 현실정치에서 조화롭게 양립한 상황은 눈앞에 그려보기 쉽지 않다.

021 이태진, 「정조의 『대학』 탐구와 새로운 군주론」, 『이회재의 사상과 그 세계』, 성균

관대 대동문화연구원, 1992 ; 이태진, 「조선시대 '민본' 의식의 변천과 18세기 '민국' 이념의 대두」, 『조선 후기 탕평정치의 재조명』 태학사, 2011, 36~38쪽. 이러한 설명은 영조대의 발전적 면모를 계승한 것이다. 김백철, 「영조대 '민국' 논의와 변화된 왕정상」, 『조선 후기 탕평정치의 재조명』 상, 태학사, 2011, 117~119쪽.

022 김인걸, 「정조의 '국체' 인식」, 『정조와 정조시대』, 서울대학교출판문화원, 2011, 133~ 135쪽.

023 김성윤, 『조선 후기 탕평정치 연구』, 140~141쪽.

024 이 책, 1장, 51쪽.

025 한상권, 「백성과 소통한 군주, 정조」, 『역사비평』 89, 2009년 겨울, 164~166쪽.

026 오수창, 『조선 후기 평안도 사회발전 연구』, 일조각, 2012, 78~99쪽.

027 이 책, 1장, 51쪽.

028 박광용, 「3. 정조 대 탕평정국과 왕정체제의 강화」, 『한국사 32. 조선 후기의 정치』, 국사편찬위원회, 1997, 85~86쪽.

029 김성윤, 『조선 후기 탕평정치 연구』, 159~185, 324~325쪽.

030 이하 세도정치기의 왕권과 권세가 등에 대해서는 한국역사연구회 19세기정치사연구반, 『조선정치사 1800~1863』에 의거함. 이 책에 대해서는 변원림(『순원왕후 독재와 19세기 조선사회의 동요』, 일지사, 2012)의 전면적인 비판을 비롯하여 그 외 논고들에서 비판과 수정이 가해졌다. 그러나 필자의 경우 주요 논지를 변경할 필요는 느끼지 않는다. 예를 들어 변원림이 반남 박씨 여러 인물이 정계에 포열되어 있었다는 이유로 김조순의 독재를 부정한 것(23쪽)은, 그 시기 외척들이 정치적 기반이 동일한 까닭에 적대하면서도 공존하는 정도가 높았다고 설명한 것을 무시한 것이다. 또한 필자는 순조가 효명세자로 하여금 김조순 세력을 견제하도록 했음을 정치적 맥락 속에서 길게 설명했는데, 변원림은 그것을 '뒷받침할 사료가 없다'는 서술로 간단히 부정했다(31쪽). 역사적 상황의 탐구가 사료 해석으로 대치될 수는 없다. 다만 이 책의 필자 논고에 사실의 오류가 있다. 영조대 홍봉한을 중심으로 한 정치세력을 소개하면서 그를 사도세자의 '외조부'로 기재한 것(73쪽)은 '장인'의 잘못이다. 그 오류는 국사편찬위원회, 『한국사 32. 조선 후기의 정치』 중 필자가 담당한 「2. 세도정치의 전개」(244쪽)에 그대로 이어졌고, 재판에서 비로소 수정했다. 또한 필자가 주로 『조선정치사 1800~1863』을 바탕으로 집필한 『한국사 32. 조선 후기의 정치』의 「1. 세도정치의 성립과 운영구조」에서 朴齊炯의 『近世朝鮮政鑑』에 19세기 정치를 가리키는 '勢道'의 용어가 처음 쓰였다고 한 것(201쪽)은, 변원림이 위 책 33쪽에서 지적한 대로 '世道'의 오류이다. 순 한글의 원칙으로 작성된 원고에 한자를 덧씌

우는 과정에서 빚어진 잘못이다. 이 오류의 지적에 대해 감사드린다.

031 위의 책 중 오종록, 「제9장 중앙 군영의 변동과 정치적 기능」, 474~483쪽.

032 이태진, 「정조 – 유학적 계몽 절대군주」, 85쪽.

033 최성환, 「'정조-심환지 어찰'과 조선 후기 정치사 연구의 전망」, 349~350쪽.

034 한국역사연구회 19세기정치사연구반, 『조선정치사 1800~1863』 하, 결론, 762쪽.

035 위의 책, 576~582, 597~598쪽.

036 위의 책, 608~617쪽.

037 유봉학, 『개혁과 갈등의 시대 – 정조와 19세기』, 신구문화사, 2009, 24~31쪽.

038 이 책, 1장, 36쪽.

039 한국역사연구회 19세기정치사연구반, 『조선정치사 1800~1863』 하, 764~765쪽.

040 위의 책, 759쪽.

041 최성환, 「'정조-심환지 어찰'과 조선 후기 정치사 연구의 전망」, 350쪽. 여기서는 『조선정치사 1800~1863』과 유봉학, 『개혁과 갈등의 시대 – 정조와 19세기』를 비판 대상으로 지목했다.

042 최성환, 「'정조-심환지 어찰'과 조선 후기 정치사 연구의 전망」, 350쪽.

043 이 책, 1장, 50쪽. 정파의 정확한 분류에 대한 강조는 최성환, 「'정조-심환지 어찰'과 조선 후기 정치사 연구의 전망」에서도 마찬가지이다(346쪽 등).

7장 : 18~19세기 서울과 지방의 격차와 지식인의 인식

001 『승정원일기』 48책, 영조 14년 9월 17일 병인 32/33 기사(이하 국사편찬위원회 한국학데이터베이스를 이용했다).

002 이 글 2절 참조.

003 『승정원일기』 50책, 영조 17년 1월 23일 기축 20/29 기사.

004 유봉학, 「1. 學界의 京·鄕分岐와 思想的 推移」, 『燕巖一派 北學思想 硏究』, 일지사, 1995(이 책은 1992년의 박사학위논문을 출간한 것이다).

005 고동환, 『朝鮮後期 서울商業發達史硏究』, 지식산업사, 1998(이 책은 1993년의 박사학위논문을 출간한 것이다).

006 한국역사연구회 19세기정치사연구반, 『조선정치사 1800~1863』 상·하, 청년사, 1990.

007 한국역사연구회 19세기정치사연구반, 「제1부 19세기 전반의 정치세력」, 『조선정치

사 1800~1863』 상, 청년사, 1990.

008 박홍갑, 『朝鮮時代 門蔭制度 硏究』, 탐구당, 1994 ; 이남희, 『朝鮮後期 雜科中人 硏究』, 이회문화사, 1999; 차미희, 『朝鮮時代 文科制度硏究』, 국학자료원, 1999 ; 박현순, 『조선 후기의 과거』, 소명출판, 2014.

009 차장섭, 『朝鮮後期閥閱硏究』, 일조각, 1997 ; 강명관, 『조선 후기 여항문학 연구』, 창작과비평사, 1997; 이경구, 『조선 후기 安東 金門 연구』, 일지사, 2007.

010 이경구, 『조선 후기 사상사의 미래를 위하여』, 푸른역사, 2013, 2장·4장.

011 이현진, 「조선 후기 京·鄕 분기와 수도 집중」, 『서울학연구』 52, 2013.

012 이 글에서는 향암 용례의 대강을 개설했다. 향암의 모든 용례에 대한 상세한 분석은 이후 연구에서 진행할 예정이다.

013 『영조실록』 4년 2월 25일 병오 3번째 기사 ; 『승정원일기』 35책, 영조 4년 2월 25일 병오 33/33 기사(번역문은 조금 더 자세한 『승정원일기』에 따랐다).

014 『영조실록』 24년 9월 7일 무오 1번째 기사.

015 단국대학교 동양학연구소에서 편찬한 『漢韓大辭典』(2008)·『韓國漢字語辭典』(2002), 중국의 『漢語大詞典』(1994), 일본의 『大漢和辭典』(수정판, 1986)을 검색했다.

016 이항복, 『白沙集』 권5, 「庚子 以都體察使 在全羅道箚」.

017 『승정원일기』 23책, 숙종 34년 2월 4일 신사 17/17 기사.

018 『영조실록』 2년 7월 16일 병오 2번째 기사.

019 『승정원일기』 72책, 영조 45년 2월 3일 병진 34/38 기사.

020 『승정원일기』 33책, 영조 2년 7월 3일 계사 29/30 기사.

021 『승정원일기』 37책, 영조 5년 2월 26일 신축 32/46 기사.

022 『승정원일기』 50책, 영조 16년 12월 9일 을사 14/14 기사.

023 『승정원일기』 46책, 영조 12년 6월 17일 경진 28/33 기사.

024 『승정원일기』 90책, 정조 16년 4월 30일 무진 26/27 기사, "上曰, (…) 大抵鄕闇客, 只知고쟝박이義理, 爲此說也."; 『정조실록』 정조 17년 4월 23일 을유 5번째 기사.

025 『승정원일기』에서 경화, 명문, 세가, 잠영, 벌열이라는 단어가 등장하는 연간 빈도를 조사하면 다음과 같다.

	경화	명문	세가	잠영	벌열
영조	5.04	0.98	2.23	1.44	1.02
정조	2.00	0.83	1.92	3.33	1.04
순조	1.32	1.59	2.88	2.76	0.94

헌종	0.40	2.27	1.13	1.00	0.47
철종	0.36	1.36	0.79	1.64	0.50
고종	0.20	0.55	0.48	2.75	0.57

026 김평묵, 『重菴集』 권36, 「大谷問答 : 丙寅八月」.

027 『승정원일기』 102책, 순조 8년 1월 4일 신축 15/15 기사, "借文借筆, 則自以爲高致, 無囑無干, 則笑之以鄕闇, (…) 以是而似聞遠方之人, 漸多不赴."

028 남구만, 『藥泉集』 권3, 「因星變陳所懷疏」.

029 성대중, 『靑城雜記』 권2, 「質言」; 권4, 「醒言」.

030 『승정원일기』 50책, 영조 16년 11월 7일 갑술 16/17 기사.

031 유만주 지음, 김하라 옮김, 『일기를 쓰다 2 : 흠영 선집』, 돌베개, 2015, 24쪽.

032 『영조실록』 49년 5월 8일 병인 1번째 기사 ; 『정조실록』 4년 5월 11일 기축 2번째 기사 ; 『순조실록』 19년 4월 8일 기사 5번째 기사 ; 중국과 조선을 비교하며 서울 세가들의 요직 독점을 비판한 경우도 있었다(최덕중, 국역 『연행록 선집』 3, 277쪽).

033 성대중, 앞의 글.

034 윤기, 『無名子集』 詩稿 6책, 「錢-五十韻」 ; 윤기는 이 시 외에도 「詠有錢者百事勝人」, 「詠守錢虜」, 「詠買賣」, 「投牋者」, 「錢說」, 「先錢官」, 「今世未有無錢無勢而得官者」 등 돈이 위세를 부리고 사람들이 돈의 노예가 되는 풍조를 날카롭게 포착한 일련의 시와 문장을 지었다.

035 이옥 지음, 실시학사 고전문학연구회 옮김, 『완역 이옥 전집』 2책, 휴머니스트, 2009, 350~353쪽.

036 윤기, 앞의 책, 「雜謠-其三」.

037 최성환 지음, 김성재 옮김, 『어시재 최성환의 고문비략』, 사람의무늬, 2014, 274~275쪽.

038 김정중의 연행은 한국고전번역원의 『연행록선집』(1989) 제6책 참조.

039 안동 김씨 향파의 동향에 대해서는 이경구, 『조선 후기 安東 金門 연구』, 일지사, 2007, 25~29쪽 참조.

040 박래겸 지음, 조남권·박동욱 옮김, 『서수일기 – 126일간의 평안도 암행어사 기록』, 푸른역사, 2013, 72~74쪽.

041 조희룡 지음, 실시학사 고전문학연구회 역주, 『趙熙龍 全集』 2책, 한길아트, 1999, 130~131쪽.

042 김려 지음, 강혜선 옮김, 『유배객, 세상을 알다 – 김려 산문선』, 태학사, 2007, 95~96쪽.

043 정약용 지음, 송재소 옮김, 『茶山詩選』, 창작과비평사, 1981, 258~262쪽.

044 최성환, 앞의 책, 221~223쪽.

045 위백규, 『存齋集』 권17, 「五荒解」.

046 황윤석의 정체성과 지방의식에 대해서는 배우성, 「18세기 지방 지식인 황윤석과 지방 의식」, 『한국사연구』 135, 2006 참조.

047 이옥, 앞의 책, 1책, 「방언」, 357~359쪽.

048 이옥, 앞의 책, 2책, 「방언」, 106~107쪽.

049 성대중, 앞의 책, 권4, 「醒言」.

8장 : 19세기 조선의 지식인 지형

001 이에 대해서는 조성산, 「18세기 후반~19세기 전반 주자학적 지식체계의 균열과 그 의미」, 『역사교육』 110, 2009 참조.

002 朴趾源, 『熱河日記』 卷14 別集 山莊雜記 「象記」.

003 洪吉周, 『縹礱乙 』 卷16 「明理」.

004 洪吉周, 『縹礱乙 』 卷16 「明理」.

005 洪吉周, 『沆瀣丙函』 卷7 「睡餘瀾筆 下」, "后儒口稱程朱 而實不知程朱 余嘗謂 程朱之功 其明義理植倫常 使後世知有父子君臣 當屬第一件 雖謂之不在禹下 可也 其表章爲學功夫次第 立涵養克己持敬等名目 俾後之學者 得有着手處 這便是第二功 至若心性理氣之辨 發前人所未發者 只算做第三功."

006 이들과 앞서 언급한 주자학자들과의 개인적인 관계가 적대적인 것은 아니었다. 박지원은 유언호와, 홍길주는 형 홍석주와 매우 가까운 관계였다.

007 丁若鏞, 『與猶堂全書』 第二集 經集 第四卷○中庸講義補卷一 中庸講義補 鬼神之爲德節, "大抵鬼神 非理非氣 何必以理氣二字 左牽右引乎."

008 고야스 노부쿠니 지음, 이승연 옮김, 『귀신론』, 역사비평사, 2006, 153~160쪽.

009 이에 대해서는 홍원식, 「한주학파의 공자교 운동」, 『한국학논집』 26, 1999 참조.

010 이에 관해서는 우윤, 「19세기 민중운동과 민중사상 – 후천개벽, 정감록, 미륵신앙을 중심으로」, 『역사비평』 2, 1988; 백승종, 「18~19세기 『정감록』을 비롯한 각종 예언서의 내용과 그에 대한 당시대인들의 해석」. 『진단학보』 88, 1999 참조.

011 양은용, 「韓國近代에 있어서 勸善書의 流行에 대하여 – 三教融會와 善」, 『원불교사상』 20, 1996; 양은용, 「韓國道教의 近代的 變貌」, 『한국종교사연구』 5, 1996

; 양은용, 「經農權重顯의 功過新格과 道教倫理」, 『한국종교사연구』 6, 1996 ; 최혜영, 「朝鮮後期 善書의 倫理思想研究」, 한국교원대학교 대학원 박사학위논문, 1997, 38~40쪽.

012 조성산, 「19세기 전반 노론계 불교인식의 정치적 성격」, 『한국사상사학』 13, 1999, 333쪽.

013 김윤수, 「고종시대의 난단도교」, 『동양철학』 30, 2007; 김윤경, 「조선 후기 민간도교의 발현과 전개 – 조선 후기 관제신앙, 선음즐교, 무상단」, 『한국철학논집』 35, 2012.

014 崔漢綺, 『人政』 卷12 教人門 五 「功過學」, "功過之學 從近熾行 以福善禍淫 勸懲愚迷 雖若有補 其實有害."(최혜영, 앞의 논문, 40쪽, 각주 82에서 재인용)

015 이 논쟁에 대해서는 한기두, 『한국불교사상연구』, 일지사, 1980 참조.

016 조성산, 앞의 논문(1999), 319~334쪽.

017 조성산, 앞의 논문(1999), 333~334쪽.

018 이에 대한 설명은 정민, 「18, 19세기 조선 지식인의 병세의식」, 『한국문화』 54, 2011, 183쪽 ; 高橋博已, 『東アジアの文藝共和國』, 新典社, 2009 참조.

019 이에 대해서는 이민희, 『16~19세기 서적중개상과 소설·서적 유통관계 연구』, 역락, 2007, 44~45쪽 참조.

020 유봉학, 『燕巖一派 北學思想 研究』, 一志社, 1995, 20쪽.

021 사이토 마레시 지음, 황호덕·임상석·류충희 옮김, 『근대어의 탄생과 한문 – 한문맥과 근대 일본』, 현실문화, 2010, 44~46쪽.

022 任允摯堂, 『任允摯堂遺稿』 上篇 「宋氏婦傳」, "讚曰 宋氏婦韓 令德孔飭 旣孝於親 又達厥識 引夫當道 勵志爲學 古稱女士 非是之謂."

023 이 시기 여성 지식인들에 대해서는 다음 논문들을 참조할 수 있다. 이영춘, 『임윤지당』, 혜안, 1998 ; 이영춘, 「강정일당(姜靜一堂)의 생애와 학문」, 『조선시대사학보』 13, 2000 ; 이영춘, 『강정일당』, 가람기획, 2002; 이혜순, 「여성담론으로서의 임윤지당(任允摯堂)의 이기심성론 – 조선조 후기 여성 지성사 서술을 위한 시론」, 『고전문학연구』 26, 2004 ; 이혜순, 「임윤지당의 정치담론 – 조선 후기 여성 지성사 서술의 일환으로」, 『한국한문학연구』 35, 2005 ; 김현, 「성리학적 가치관의 확산과 여성」, 『민족문화연구』 41, 2004 ; 김영민, 「형용모순을 넘어서 – 두 명의 조선시대 여성 성리학자」, 『철학』 83, 2005 ; 문희순, 「호서 지역 여성 한문학의 사적 전개」, 『한국한문학연구』 39, 2005 ; 이남희, 「조선 후기 지식인 여성의 생활세계와 사회의식 – 임윤지당과 강정일당을 중심으로」, 『원불교사상과 종교문화』 52, 2012.

024 19세기 중인층의 면모에 대해서는 박종훈, 「19세기 조선 중인들의 국내외적 활동 양

상 – 小棠 金奭準의 懷人詩를 중심으로」, 『동방학』 25, 2012 참조.

025 유봉학, 앞의 책, 36쪽.

026 한영규, 『조희룡과 추사파 중인의 시대』, 학자원, 2012.

027 최성환에 대해서는 이우성, 「최성환의 고문비략」, 연세대 동방학연구소 제6회 실학 공개강좌, 1972 ; 백현숙, 「최성환의 인물과 저작물」, 『역사학보』 103, 1984 ; 정우봉, 「19세기 성령론의 재조명 – 최성환의 성령론을 중심으로」, 『한국한문학연구』 35, 2005 참조. 최근에는 최성환에 대한 관심이 다시 제고되어서 "조선 후기 실학사의 재조명"(제6회 실학연구 공동발표회 : 조선 후기 實學史의 재조명, 재단법인 실시학사, 2016)을 통하여 네 편의 논문들이 발표되었다. 권오영, 「최성환의 저술 편력과 학풍」; 김선희, 「최성환의 지적 교유와 19세기 중인들의 지적 네트워크」; 노대환, 「19세기 경세론의 전개와 최성환의 『고문비략(顧問備略)』」; 송양섭, 「최성환의 현실인식과 국가개혁 구상 – 『고문비략』을 중심으로」.

028 김성재, 『어시재 최성환의 고문비략』, 사람의무늬, 2014, 15쪽.

029 이에 대해서는 이능화, 『조선도교사』, 보성문화사, 2000, 303~317쪽 참조.

030 고동환, 「조선 후기 지식 세계의 확대와 실학」, 『한국사시민강좌』 48, 2011, 70~71쪽.

031 18세기 癖과 癡를 추구하는 경향에 대해서는 정민, 『18세기 조선 지식인의 발견』, 휴머니스트, 2007, 85~109쪽 참조.

032 洪吉周, 『縹礱乙　』 卷2 雜文紀 二 「金泳傳」.

033 정민, 앞의 책, 101쪽, 104쪽.

034 아래의 이희경, 이규상, 홍한주, 유희, 홍희준의 언문과 훈민정음 인식에 대해서는 조성산, 「조선 후기 소론계의 東音 인식과 訓民正音 연구」, 『한국사학보』 36, 2009, 105~111쪽 참조.

035 李喜經, 『雪岫外史』, 아세아문화사, 1986, 40쪽, "昔我世宗大王之聖鑑孔昭 思叶華音 刱爲諺文 以明反切之義 而寖及後世 緣其易曉 不學詩書 競相傳習 只用於婦人書札之相通 然則諺之爲文 別是東國之文 而又非同文之義也 尤可歎也."

036 李奎象, 『一夢稿』 卷23 「世界說」, "在文章亦然 各國諺書 可屬於陰 古來蒼頡製字 可屬於陽也 各國科式文 可屬於陰 古人義理文 可屬於陽也 故諺文科文到處倍蓰 古字古文到處漸縮 如持東方一域而日觀於其消長之勢 則不久似以諺文爲其域內公行文字 卽今或有諺文疏本者云 若公移文字難書倉卒者不無副急間間用諺文者 此其兆矣."

037 洪翰周, 『智水拈筆』, 아세아문화사, 1984, 163~164쪽, "我國則世宗製訓民正音 以教東俗 盖爲東人不辨音韻故欲正之耳 非爲女子書牘之資而設也 然而其書易曉 凡言語事情 無所不形道 故雖庸才闇識之賤女 擧皆效習遍于國中者 今四百年而遂爲一種婦女之文字 誠可笑也."

038 洪羲俊, 『傳舊』 4 「諺書訓義說」, "夫以諺字釋文字之音 以文字釋諺字之義 形聲相須 音義互釋 如鳥之有翼 如車之有輪 則可以通行於天下萬國者也 此乃音韻家之要訣 而亦足以發揮於訓民正音者也夫."

039 언문소설의 보급과 그 독자층에 관련해서는 大谷森繁, 『朝鮮後期 小說讀者 研究』, 고려대 민족문화연구원, 1985, 103~119쪽 ; 김석배, 「18, 9세기의 한글소설과 流通」, 『문학과 언어』 8-1, 1987, 3~9쪽 ; 정병설, 「조선 후기 한글소설의 성장과 유통」, 『진단학보』 100, 2005 ; 정병설, 「조선 후기의 한글소설 바람」, 『한국사시민강좌』 37, 2005, 151~153쪽 ; 정병설, 「조선 후기 한글 방각소설의 전국적 유통 가능성에 대한 시론」, 『다산과 현대』 3, 2010 참조.

040 조광, 「朝鮮後期 西學書의 受容과 普及」, 『민족문화연구』 44, 2006, 202~209쪽 ; 정병설, 「조선 후기 한글 출판 성행의 매체사적 의미」, 『진단학보』 106, 2008, 152~155쪽 ; 노용필, 「조선 후기 천주교 한글 필사본 교리서의 유통」, 『인문논총』 23, 2009.

041 『承政院日記』 87卷 655쪽 正祖 12年 8月2日 辛卯條, "雖至愚田氓 沒知村婦 諺謄其書 奉如神明."(조광, 앞의 논문, 205쪽 각주 14에서 재인용).

042 이호권, 「조선시대 한글 문헌 간행의 시기별 경향과 특징」, 『한국어학』 41, 2008, 109쪽.

043 이 내용은 1940년에 발행된 문장 14호에 실린 윤규섭의 수필의 한 부분이며, 이태영, 「완판본의 개념과 범위」, 『열상고전연구』 38, 2013, 17쪽에서 간접 인용했음.

044 홍윤표, 「한글의 역사와 완판본 한글고소설의 문헌적 가치」, 『국어문학』 43, 2007, 13~14쪽; 이태영, 앞의 논문, 21쪽.

045 고동환, 「19세기 후반 지식 체계의 변화와 다산(茶山) 호출(呼出)의 성격」, 『다산과 현대』 4·5, 2012, 31쪽.

046 고동환, 앞의 논문(2011), 70쪽.

047 고동환, 앞의 논문(2012), 32쪽.

048 향촌 지식인의 사회적 성장에는 지방 書堂의 설립 또한 중요한 기여를 했다. 이에 대해서는 정순우, 「19세기 서당 설립과 향촌사회의 동향」, 『한국의 사회와 문화』 16, 1991 ; 정순우, 『서당의 사회사』, 2013, 태학사 ; 고동환, 앞의 논문(2011) ; 고동

환, 앞의 논문(2012).

049 고동환, 앞의 논문(2011), 70~71쪽.

050 東學과 士 의식과의 관련성에 대해서는 조경달, 『민중과 유토피아』, 역사비평사, 2009, 33~49쪽 참조.

051 이석래 역주, 『춘향전』, 범우, 2009, 162~163쪽.

052 춘향이 가졌던 성리학적 도덕의식, 즉 자신을 주체적인 도덕의 실천자로서 인식하는 것에 대해서는 김영민, 「정치사상 텍스트로서의 춘향전」, 『한국정치학회보』 41-4, 2007, 39~40쪽 참조.

053 이 부분은 동학농민군들이 유교적 언어와 이념을 통하여 집권층을 질책하는 것을 연상케 한다. 동학농민군들의 유교적 언어와 이념에 대해서는 조혜인, 「동학과 주자학 – 유교적 종교개혁의 맥락」, 『사회와 역사』 17, 1990 ; 윤사순, 「동학의 유교적 측면」, 영남대학교 민족문화연구소 편, 『동학사상의 새로운 조명』, 1998 ; 김상준, 「대중유교로서의 동학 – 유교적 근대성의 관점에서」, 『사회와 역사』 68, 2005 ; 배항섭, 「1880~90년대 동학의 확산과 동학에 대한 민중의 인식 – 유교 이념과의 관련을 중심으로」, 『조선시대사학보』 77, 2016, 251~255쪽 참조.

054 주자학이 제시한 學의 의미에 대해서는 민병희, 「朱熹의 사회·정치적 구상으로서의 "學" – "功利之學", "虛空之學"과의 대조를 중심으로」, 『동양사학연구』 104, 2008, 106~115쪽 ; 민병희, 「性理學과 동아시아 사회 – 그 새로운 설명 틀을 찾아서」, 『사림』 32, 2009, 22~27쪽 참조.

055 "吾徒雖草野遺民 食君之土 服君之衣 不可坐視國家之危 而八路同心 億兆詢議 今擧義旗 以輔國安民 爲死生之誓."(『東學亂記錄』 上, 국사편찬위원회, 1959, 142~143쪽, 「茂長東學輩布告文」. 이 내용은 배항섭, 「19세기 후반 민중운동과 公論」, 『한국사연구』 161, 2013, 332쪽 각주 60에서 재인용).

056 19세기 민란을 민이 사회적 발언의 주체로 등장하는 과정으로 본 연구들과(김선경, 「19세기 농민저항의 정치」, 『역사연구』 6, 2006 ; 김선경, 「갑오농민전쟁과 민중의식의 성장」, 『사회와 역사』 64, 2003) 19세기 후반 민중운동을 통하여 만들어지는 새로운 공론이 기존 사족 중심의 공론을 대체할 수 있는 가능성을 가졌다고 본 연구는(배항섭, 앞의 논문, 2013) 정치주체로서의 농민을 강조하고 있다. 또한 19세기 민과 국가권력의 직접적인 대립(오수창, 「18세기 조선 정치사상과 그 전후 맥락」, 『역사학보』 213, 2012, 39~43쪽 ; 오수창, 「조선 후기 체제인식과 민중운동 試論」, 『한국문화』 60, 2012, 265~267쪽)에 대한 지적은 농민들이 사족층이라는 매개 없이 온전한 정치주체로서 국가권력과 직접적으로 대면하는 현상을 보여주고 있다.

057 이에 대해서는 강석화, 『조선 후기 함경도와 북방영토의식』, 경세원, 2000 ; 정해득, 「조선 후기 관북 유림의 형성과 동향」, 『경기사학』 2, 1998 ; 장유승, 「조선 후기 서북 지역 문인 연구」, 서울대 박사학위논문, 2010 참조.

058 오수창, 「17, 18세기 平安道 儒生層의 정치적 성격」, 『한국문화』 16, 1995, 121~122쪽 ; 오수창, 「조선시대 평안도 출신 문신(文臣)에 대한 차별과 통청(通淸)」, 『한국문화연구』 15, 2008, 69~73쪽.

059 유봉학, 앞의 책, 24~56쪽.

060 남지대, 「중앙정치세력의 형성구조」, 『조선정치사』 상, 청년사, 1990, 147~150쪽.

061 고석규, 『19세기 조선의 향촌사회 연구』, 서울대학교 출판부, 1998, 212~216쪽.

062 이에 대해서는 권기중, 「조선 후기 수령의 지방재정 운영과 公私 관념」, 『사림』 48, 2014, 201~207쪽 참조.

063 균열된 지방사족들과의 관계를 회복하고자 하는 중앙정부 차원의 노력이 없었던 것은 아니었다. 1862년 三政策問은 그러한 노력의 하나로 볼 수 있다. 1862년 농민항쟁 이후 중앙정부는 경외의 사족들에게 삼정에 대한 대책을 문의했다. 삼정책문은 과거시험의 형태를 띠었고, 지역별 입격자 숫자도 과거시험의 지역별 입격자 배정과 흡사했다. 이것은 지방의 지식인들이 중앙 정치에 참여할 수 있는 좋은 기회가 되었다. 이와 같은 삼정책문의 성격에 대해서는 송찬섭, 「1862년 三政策問에 따른 京外對策의 검토」, 『사림』 48, 2014, 159~177쪽 참조. 이것은 중앙정부가 삼정에 대한 해결책을 지방 사족들에게 널리 물어봄으로써 지방 사족들과의 연대를 새롭게 모색하고자 하는 것으로 볼 수 있다. 하지만 그만큼 중앙과 지방의 연대의식이 균열되었음을 반증하는 것이기도 했다.

064 김인걸, 「조선 후기 재지사족의 거향관(居鄕觀) 변화」, 『역사와 현실』 11, 1994, 167~180쪽.

065 魏伯珪, 『存齋集』 卷13 「格物說」, "或曰方今雖山店浦村 皆能京服京音 幾革鄙俚之俗 是可喜也 曰非可喜也 凡物有質然後可以文可以遠 今俗京音京服 是民志不定 皆外馳於繁文 其質都喪 擧世大小 無忠厚信實之人 皮之不存 毛將焉付 甚不可也 退翁之不改嶺音 眞古意也 易曰上天下澤履 君子以 辨上下定民志 斯其至矣."(조성산, 「18세기 영·호남 유학의 학맥과 학풍」, 『국학연구』 9, 2006, 198쪽 참조)

066 魏伯珪, 『存齋集』 卷13 雜著 格物說 事物, "今京語卽漢陽本音 未必是京師而得正音也 舊時新羅則嶺南音爲京音 百濟則湖南爲京音 高句麗則關西爲京音 檀君則海西爲京音 濊貊則關東爲京音 沃沮則關北爲京音 何嘗以京而變

其土俗哉 今以京音而譏笑鄕音 鄕人遊京者 必欲效京音 皆固陋者也."

067 조경달, 앞의 책, 60~66쪽.

068 이지양, 「黃胤錫의 書籍筆寫 및 購入으로 본 京鄕 간의 知識 動向 – 1768년~1771년까지의 한양 생활을 중심으로」, 『한국한문학연구』 53, 2014.

069 김상기, 「金福漢의 學統과 思想」, 『한국사연구』 88, 1995, 85~92쪽 참조.

070 이에 대해서는 강경훈, 「重菴 姜彜天 文學 硏究 – 18세기 近畿 南人·小北文壇의 展開와 관련하여」, 동국대 박사학위논문, 2001, 59~70쪽 참조.

071 정만조, 「英祖 14년의 安東 金尙憲書院 建立是非」, 『朝鮮時代 書院硏究』, 集文堂, 1997 ; 정진영, 「18세기 영남 노론의 존재형태 – 영조 14년(1738) 안동 김상헌 서원 건립과 훼파를 통해본 '새로운 세력'에 대한 검토」, 『한국사연구』 171, 2015 참조.

072 고영진, 「16세기 湖南士林의 활동과 학문」, 『남명학연구』 3, 1993, 24~33쪽 참조.

073 이들에 대해서는 임형택, 「丁若鏞의 康津 流配時의 교육활동과 그 성과」, 『韓國漢文學硏究』 21, 1998, 126~129쪽 참조.

074 이에 대해서는 조경달, 앞의 책, 33~49쪽 참조.

참고문헌

● 서장 : 다시 보는 정조와 19세기

『정조실록』, 『승정원일기』, 『일성록』.
김조순, 『楓皐集』.
박제가, 정민 등 옮김, 『정유각집』, 2010.
박지원, 『열하일기』.
유만주 지음, 김하라 편역, 『일기를 쓰다 : 흠영 선집』 1·2, 돌베개, 2015.
정조, 백승호·장유승 등 탈초·번역·교열, 『정조어찰첩』, 성균관대학교출판부, 2009.
최성환, 김성재 역, 『어시재 최성환의 고문비략』, 사람의무늬, 2014.
홍한주, 김윤조·진재교 옮김, 『19세기 견문지식의 축적과 지식의 탄생 : 지수염필』, 소명출판, 2013.

김경미, 「19세기 소설사의 쟁점과 전망」, 『한국고전연구』 23, 2011.
문중양, 『조선 후기 水利學과 水利담론』, 집문당, 2000.
미야지마 히로시, 『나의 한국학 공부』, 너머북스, 2013.
박현모, 『정조 사후 63년』, 창비, 2011.
배우성, 『조선과 중화』, 돌베개, 2014.
배항섭, 2016, 「'근세' 동아시아의 정치문화와 직소」, 『역사비평』117, 2016.
송호근, 『인민의 탄생』, 민음사, 2011.
염정섭, 『18~19세기 농정책의 시행과 농업개혁론』, 태학사, 2014.
유봉학, 『개혁과 갈등의 시대』, 신구문화사, 2009.
우경섭, 『조선중화주의의 성립과 동아시아』, 유니스토리, 2013.
이경구 외, 『한국의 근현대, 개념으로 읽다』, 푸른역사, 2016.
이경구, 『조선 후기 사상사의 미래를 위하여』, 푸른역사, 2013.
이경구, 「19세기 전반(前半) 민, 지식인, 문자관에 대한 시론」, 『개념과소통』12, 2013.
이경구, 「18세기 말 ~ 19세기 초 지식인과 지식계의 동향」, 『한국사상사학』46, 2014.
정옥자, 『조선 후기 조선중화사상연구』, 일지사, 1998.
최성환, 「조선 후기 정치의 맥락에서 탕평 군주 정조 읽기」, 『역사비평』 115, 2016 여름호.
케네스 포메란츠, 김규태·이남희·심은경 옮김, 『대분기 - 중국과 유럽, 그리고 근대세계의 형성』, 에코리브르, 2016.
허태용, 『조선 후기 중화론과 역사인식』, 아카넷, 2009.

● 1장 : 조선 후기 정치의 맥락에서 탕평 군주 정조 읽기

『영조실록』, 『정조실록』, 『玄皐記』.

강명관, 『안쪽과 바깥쪽』, 소명출판, 2007.
근대사연구회, 『한국중세사회 해체기의 제문제 (상)』, 한울, 1987.
김인걸, 「정조의 '국체' 인식」, 『정조와 정조시대』, 서울대학교출판문화원, 2011.
김성윤, 『조선 후기 탕평정치 연구』, 지식산업사, 1997.
김성윤, 「영조대 중반의 정국과 임오화변」, 『역사와 경계』 43, 2002.
김준석, 「탕평책 실시의 배경」, 『한국사』 32, 국사편찬위원회, 1997.
미나모토 료엔 저, 박규태·이용수 역, 『도쿠가와 시대의 철학사상』, 예문서원, 2000.
박광용, 「조선 후기 탕평 연구」, 서울대 박사학위논문, 1994.
박광용, 「정조대 탕평정국과 왕정체제의 강화」, 『한국사』 32, 1997.
박광용, 『영조와 정조의 나라』, 푸른역사, 1998.
박원재, 「대동의 이상과 군주전제주의」, 『중국철학』 3집, 중국철학회, 1992.
박철상 등, 『정조의 비밀 어찰 – 정조가 그의 시대를 말하다』, 푸른역사, 2011.
박현모, 『정치가 정조』, 푸른역사, 2001.
안대회, 『정조의 비밀편지』, 문학동네, 2010.
余英時 저, 이원석 역, 『주희의 역사세계』, 글항아리, 2015.
原武史 저, 김익한·김민철 역, 『직소와 왕권』, 지식산업사, 2000。
유봉학, 『정조대왕의 꿈』, 신구문화사, 2001.
이덕일, 『사도세자의 고백』, 푸른역사, 1988.
이상익, 「리일분수론의 실천적 의미」, 『주자학의 길』, 심산, 2007.
이정철, 『대동법』, 역사비평사, 2010.
이태진, 「정조 – 유학적 계몽절대군주」, 『한국사시민강좌』 13, 1993.
이태진, 「민본에서 민주까지」, 『한국사시민강좌』 26, 2000.
장유승, 「『현고기』 번역본으로 드러난 임오년 사도세자 비극의 전말」, 『월간중앙』 2015년 11월호.
정병설, 『권력과 인간』, 문학동네, 2012.
조병한, 「강유위의 초기 유토피아 관념과 중서문화 인식」, 『동양사학연구』 65, 1999.
최성환, 「정조대 탕평정국의 군신의리 연구」, 서울대 박사학위논문, 2009.
최성환, 「한중록의 정치사적 이해」, 『역사교육』 115, 2010.
최성환, 「'정조-심환지 어찰'과 조선 후기 정치사 연구의 전망」, 『역사와 현실』 79, 2011.
최성환, 「한말 조선시대사 편찬의 동향과 동감강목의 영·정조대 서술」, 『한국사학사학보』 28, 2013.
한국역사연구회, 『조선정치사』, 청년사, 1990.

● 2장 : 정조의 자연·만물관과 공존의 정치

『詩經』, 『書經』, 『孟子』, 『歐陽脩集』, 『詩經集傳』.

『朱熹集』 전10권, 成都: 四川教育出版社, 1996.
『朝鮮王朝實錄』, 『承政院日記』, 『備邊司謄錄』, 『東國文獻備考』, 『日省錄』, 『弘齋全書』.

구만옥, 「조선 후기 주자학적 우주론의 변동」, 연세대 박사논문, 2001.
김호, 「정조의 俗學 비판과 正學論」, 『한국사연구』 139, 2007.
김문식, 『정조의 경학과 주자학』, 문헌과해석사, 2000.
김문식, 「조선 후기 毛奇齡 경학의 수용 양상」, 『사학지』 38, 단국사학회, 2006.
김문식, 『정조의 제왕학』, 태학사, 2007.
박광용, 『영조와 정조의 나라』, 푸른역사, 1998.
백민정, 「정조의 '湖洛論爭' 주제에 관한 평가와 입장 분석 : 『近思錄講義』와 『四書講義』 및 『日得錄』 등을 중심으로」, 『韓國實學硏究』 19, 2010.
서종태·한건 엮음, 『조선 후기 신자 재판기록』 上·中·下, 국학자료원, 2004.
심경호, 「조선 후기의 경학연구법 분화와 毛奇齡 비판」, 『동양학』 29, 단국대 동양학연구소, 1999.
안재순, 「한국 근세사에 있어서 정조의 통치철학에 관한 연구」, 성균관대 박사논문, 1990.
유봉학, 『정조대왕의 꿈 – 개혁과 갈등의 시대』, 신구문화사, 2001.
정옥자, 『조선 후기 문화운동사』, 일조각, 1988.
천기철, 「정조조 詩經講義에서의 毛奇齡 說의 비판과 수용」, 부산대 박사논문, 2004.
최석우 역, 「구베아 주교의 셋째 서한(1797년 8월 15일)」, 『교회사연구』 제8집.

● 3장 : 천문학사의 관점에서 정조 시대 다시 보기

『國朝曆象考』, 영인본, 驪江文化社, 1986.
『群書標記』, 영인본, 學文閣, 1970.
『辛亥啓下觀象監釐正節目』(奎2222, 규장각한국학연구원 소장).

구만옥, 「조선 후기 천문역산학의 개혁 방안」, 『한국과학사학회지』 28-2호, 2006.
구만옥, 「조선 후기 천문역산학의 주요 쟁점」, 『한국사상사학』 27호, 2006.
구만옥, 「마테오 리치 이후 서양 수학에 대한 조선 지식인의 반응」, 『한국실학연구』 20호, 2010.
김문용, 「조선 후기 서양 수학의 영향과 수리 관념의 변화」, 『한국실학연구』 24호, 2012.
김영식, 『유가전통과 과학』, 예문서원, 2013.
김지영, 「18세기 후반 國家典禮의 정비와 『春官通考』」, 『한국학보』 30-1호, 2004.
노대환, 「19세기 전반 西洋認識의 변화와 西器受用論」, 『한국사연구』 95호, 1996.

노대환, 「正祖代의 西器受容 논의: '중국원류설'을 중심으로」, 『한국학보』 25-1호, 1999.
노대환, 「조선 후기의 서학유입과 서기수용론」, 『진단학보』 83호, 1997.
노대환, 「조선 후기 '西學中國源流說'의 전개와 그 성격」, 『역사학보』 178호, 2003.
문중양, 「'향력'에서 '동력'으로: 조선 후기 자국력을 갖고자 하는 열망」, 『역사학보』 218호, 2013.
문중양, 「18세기 후반 조선 과학기술의 추이와 성격」, 『역사와 현실』 39호, 2001.
문중양, 「전근대라는 이름의 덫에 물린 19세기 조선 과학의 역사성」, 『한국문화』 54호, 2011.
박권수, 「서명응, 서호수 부자의 과학 활동과 사상」, 『한국실학연구』 11호, 2006.
송일기 · 윤주영, 「中國本 西學書의 韓國 傳來에 관한 文獻的 考察」, 『서지학연구』 15호, 1998.
송지원, 「정조대 의례 정비와 『春官通考』 편찬」, 『규장각』 38호, 2011.
안대옥, 「『주비산경(周비算經)』과 서학중원설(西學中源說)」, 『한국실학연구』 18호, 2009.
안대옥, 「18세기 정조기 조선 서학 수용의 계보」, 『동양철학연구』 71호, 2012.
안대옥, 「청대 전기 서학 수용의 형식과 외연」, 『중국사연구』 65호, 2010.
연세대학교 국학연구원 편, 『韓國實學思想史研究 4』, 혜안, 2005.
이노국, 『19세기 천문수학서적 연구: 남병철·남병길 저술을 중심으로』, 한국학술정보, 2006.
이용범, 「法住寺所藏의 新法天文圖說에 對하여」, 『진단학보』 31호/32호, 1966.
전용훈, 「19세기 조선 수학의 지적 풍토」, 『한국과학사학회지』 26-2호, 2004.
전용훈, 「19세기 조선에서 서양 과학과 천문학의 성격」, 『한국과학사학회지』 35-3호, 2013.
전용훈, 「정조대 역법과 술수학 지식」, 『한국문화』 54호, 2011.
편찬위원회 편, 『한국 천문학사 연구』, 녹두, 1999.
한영호, 「조선의 更漏法」, 『동방학지』 143호, 2008.
한영호, 「조선의 신법일구와 시학의 자취」, 『大東文化研究』 47호, 2004.
川原秀城, 「梅文鼎與東亞」, 『宗教哲學』 第45期, 2008.
橋本敬造, 「曆象考成の成立」, 『明清時代の科學技術史』, 京都大學人文科學研究所, 1970.
橋本敬造, 「楕圓法の展開」, 『東方學報』 42호, 1972.
黃一農, 「擇日之爭與「康熙曆獄」」, 『清華學報』 21-2호, 1991.
梁啓超, 『中國近三百年學術史』, 三聯書店, 2006.
Jun, Yong Hoon, "Mathematics in Context", *Science in Context*, vol. 19-4, 2006.
Keizo Hashimoto, *Hsu Kuang-ch'i and Astronomical Reform*, Kansai University Press, 1988.

벤저민 엘먼 지음, 양휘웅 옮김, 『성리학에서 고증학으로』, 예문서원, 2004.

● **4장 : 19세기의 부세 운영과 '향중공론'의 대두**

『朝鮮王朝實錄』, 『承政院日記』, 『日省錄』.
『備邊司謄錄』, 「內南面曲木里大小民等狀」; 「尙州內南面曲木里上尊位牒呈」; 「寧海大小民人等狀」.
『古文書集成』 35(巨濟 舊助羅里篇), 『高山縣邑誌』, 『東下面中節目完議冊』, 『沙厓集』, 『山陰記事』, 『三政策』, 『尙州事例』, 『역주 목민심서』, 『玉山文牒』, 『栗谷全書』, 『紫閣謾稿』, 『民狀置簿冊』, 『政要抄』, 『政要』, 『質菴遺稿』, 『忠淸監營啓錄』, 『治郡要訣』, 『厚齋先生集』, 『龍城誌』.

19세기 정치사연구반, 『조선정치사』, 청년사, 1990.
고동환, 「19세기 賦稅運營의 변화와 呈訴運動」, 『국사관논총』 43, 1993.
고석규, 『19세기 조선의 향촌사회연구 – 지배와 저항의 구조』, 서울대출판부, 1998.
권기중, 「조선 후기 부세 운영과 감사의 역할」, 『역사와 현실』 81, 2011.
김경숙, 「등장을 통해 본 조선 후기 연명정소와 공론의 형성」, 『규장각』 36, 2010.
김경숙, 「조선 후기 사대부가의 연명정소 활동과 공론 형성 – 안동 주촌 진성 이씨가의 사례를 중심으로」, 『사학연구』 109, 2013.
김덕진, 『조선 후기 지방재정과 잡역세』, 국학자료원, 1999.
김선경, 「조선 후기의 조세 수취와 면·리 운영」, 연세대 석사논문, 1984.
김선경, 「갑오농민전쟁과 민중의식의 성장」, 『사회와 역사』 64, 2003.
김선경, 「19세기 농민저항의 정치」, 『역사연구』 16, 2006.
김용민, 「1860년대 농민항쟁의 조직 기반과 민회」, 『사총』 43, 1994.
김용민, 「19세기 면의 운영층 강화와 면임의 역할」, 『한국사학보』 3·5, 1998.
김용섭, 「조선 후기의 부세제도 이정책」, 『한국근대농업사연구 (상)』, 일조각, 1984.
김의환, 「17·18세기 鹽稅政策의 변동 – 均役法 給代財源과 관련하여」, 『조선시대사학보』 6, 1998.
김인걸, 「조선 후기 촌락 조직의 변모와 1862년 농민항쟁의 조직 기반」, 『진단학보』 67, 1989.
김인걸, 「조선 후기 향촌사회 변동에 관한 연구 – 18·19세기 '향권' 담당층의 변화를 중심으로」 서울대 박사학위논문, 1991.
김태웅, 「1894~1910년 지방세제의 시행과 일제의 조세수탈」, 『한국사론』 26, 1991.
배항섭, 「19세기 향촌사회질서의 변화와 민중의 대응」, 『조선시대사학보』 71, 2014.
배항섭, 「19세기 후반 민중운동과 公論」, 『한국사연구』 161, 2013.
손병규, 「'삼정문란'과 '지방재정 위기'에 대한 재인식」, 『역사비평』 101, 2011.

손병규, 「조선 후기 비총제 재정의 비교사적 검토 – 조선의 『부역실총』과 명·청의 『부역전서』」, 『역사와 현실』 81, 2011.
손병규, 「조선 후기 비총제적 재정체계의 형성과 그 정치성」, 『역사와 현실』 81, 2011.
손병규, 『조선왕조 재정시스템의 재발견』, 역사비평사, 2008.
송양섭, 「18~19세기 공주목의 재정구조와 민역청의 운영 – 『민역청절목』·『견역청(추)절목』을 중심으로」, 『동방학지』 154, 2011.
송양섭, 「19세기 良役收取法의 변화 – 洞布制의 성립과 관련하여」, 『한국사연구』 89, 1995.
송양섭, 「균역법 시행 이후 군역제 변동의 추이와 동포제의 운영」, 『군사』 31, 1995.
송양섭, 「조선시대 관권과 사족, 타협과 충돌」, 『역사비평』 65, 2003.
송양섭, 「부역실총에 나타난 재원 파악 방식과 재정정책」, 『역사와 현실』 70, 2008.
송양섭, 『18세기 조선의 공공성과 민본이념 – 손상익하의 정치학, 그 이상과 현실』, 태학사, 2015.
송양섭, 「『목민심서』에 나타난 정약용의 수령 인식과 지방행정의 방향」, 『다산학』 28, 2016.
송찬섭, 「1862년 진주농민항쟁의 조직과 활동」, 『한국사론』 21, 1989.
송찬섭, 「농민항쟁과 민회」, 『역사비평』 37, 1997.
신정희, 「조선 후기 영남 지방 향약의 일 형태 – 상주 지방 향약을 중심으로」, 『역사교육논집』 8, 1986.
안병욱, 「19세기 임술민란에 있어서의 '향회'와 '요호'」, 『한국사론』 14, 1986.
안병욱, 「조선 후기 자치와 저항 조직으로서의 향회」, 『논문집』 18, 성심여대, 1986.
염정섭, 「고문서를 통해 본 조선시대의 토지소유관계」, 『동아시아 근세사회의 비교』, 혜안.
오영교, 『조선 후기 향촌지배정책 연구』, 혜안, 2001.
유정현, 「1894~1904년 지방재정제도의 개혁과 이서층 동향」, 『진단학보』 73, 1992.
윤정애, 「한말 지방제도 개혁 연구」, 『역사학보』 105, 1985.
이규대, 「19세기 동계와 동역」, 『조선시대 향약 연구』, 민음사, 1990.
이근호, 「18세기 공론정치구조에 대한 시론」, 『조선시대사학보』 71, 2014.
이근호, 「조선 후기 '공' 담론 연구 현황과 전망」, 『역사와 현실』 93, 2014.
이상찬, 「1894~5년 지방제도 개혁의 방향 – 향회의 법제화 시도를 중심으로」, 『진단학보』 67, 1989.
이철성, 「18세기 田稅 比摠制의 실시와 그 성격」, 『한국사연구』 81, 1993.
임성수, 「조선 후기 전결세 징수와 '중간비용' 연구」, 『대동문화연구』 92, 2015.
장동표, 「19세기 말 함안 지방 재정운영에서의 향회와 포흠」, 『국사관논총』 68, 1996.
전민영, 「18세기 말~19세기 海村의 共同納 운영 방식 – 巨濟 舊助羅里 고문서를 중심으로」, 『고문서연구』 48, 2016.
정연식, 「균역법 시행 이후의 지방재정의 변화」, 『진단학보』 67, 1989.

정은경, 「갑오개혁기 향회제도에 관한 연구」, 한양대 박사학위논문, 1997.
정진영, 「18·19세기 사족의 촌락지배와 그 해체 과정」, 『조선시대향촌사회사』, 한길사, 1997.
최주희, 「18세기 중반 『탁지정례』류 간행의 재정적 특성과 정치적 의도」, 『역사와 현실』 81, 2011.
최호, 「조선 후기 밀양의 사족과 향약」, 『조선 후기 향약연구』, 민음사.
한상권, 「19세기 민소의 양상과 추이 - 순조대 상언·격쟁의 분석을 중심으로」, 『국가이념과 대외인식 - 17~19세기』, 아연출판부, 2002.
한영국, 「대동법의 실시」, 『한국사』 13, 1981.
허원영, 「18세기 후반 순천부 농민의 존재 양태와 농업 경영 - 『順天府西面家座冊』(1774) 분석을 중심으로」, 『역사문화연구』 47, 2013.
훼이샤오통 지음, 이경규 옮김, 『중국 사회의 기본구조』, 일조각, 1995.

● 5장 : 19세기에 드리운 정조의 잔영과 그에 대한 기억

『순조실록』, 『헌종실록』, 『철종실록』, 『고종실록』, 『일성록』, 『비변사등록』, 『승정원일기』, 『국조보감』, 『홍재전서』, 『다산시문집』, 『경세유표』, 『金陵集』, 『碩齋稿』.

심노숭 지음, 안대회 등 옮김, 『자저실기』, 휴머니스트, 2014.
김문식, 「정조의 유업을 계승한 고종황제」, 『문헌과 해석』 15, 2001.
김문식, 『정조의 제왕학』, 태학사, 2007.
金明淑, 「19世紀 反外戚勢力의 政治動向 - 純祖朝 孝明世子의 代理聽政 例를 중심으로」, 『조선시대사학보』 3, 1997.
김성윤, 「正祖代의 土地制·奴婢制 改革論議와 政治圈」, 『지역과 역사』 3, 1997.
노대환, 「尹行恁(1762~1801)의 정치 활동과 학문 성향」, 『국학연구』 19, 2011.
배우성, 「純祖 前半期의 政局과 軍營政策의 推移」, 『규장각』 14, 1991.
배항섭, 『19세기 조선의 군사제도 연구』, 국학자료원, 2002.
송찬섭, 「正祖代 壯勇營穀의 設置와 運營」, 『한국문화』 24, 1999.
연갑수, 『규장각 - 그 역사와 문화의 재발견』, 서울대학교출판문화원, 2009.
오수창, 「정국의 추이」, 『조선정치사 1800~1863』 상, 청년사, 1990.
유봉학, 「惕齋 李書九의 學問과 政治的 志向」, 『한국문화』 21, 1991.
유봉학, 『개혁과 갈등의 시대 - 정조와 19세기』, 신구문화사, 2009.
鄭玉子, 「奎章閣과 抄啓文臣教育」, 『朝鮮後期文化運動史』, 일조각, 1997.
崔孝軾, 「總衛營 研究」, 『동국논집』 10, 1991.
崔炳鈺, 「朝鮮朝末의 武衛所研究」, 『군사』 21, 1990.

허태용, 「정조대 후반 탕평정국과 진산사건의 성격」, 『민족문화』 35, 2010.

● 6장 : 오늘날의 역사학, 정조 연간 탕평정치, 그리고 19세기 세도정치의 삼각 대화

김백철, 「영조대 '민국' 논의와 변화된 왕정상」, 『조선 후기 탕평정치의 재조명』 상, 태학사, 2011.
김성윤, 『조선 후기 탕평정치 연구』, 지식산업사, 1997.
김용흠, 「19세기 전반 세도정치의 형성과 정치 운영」, 『한국사연구』 132, 2006.
김인걸, 「정조의 '국체' 인식」, 『정조와 정조시대』, 서울대학교 출판문화원, 2011.
金駿錫, 「탕평책 실시의 배경」, 『한국사』32, 국사편찬위원회, 1997.
金駿錫, 「18세기 蕩平論의 전개와 王權」, 『東洋 三國의 王權과 官僚制』, 國學資料院, 1998.
박광용, 『영조와 정조의 나라』, 푸른역사, 1998.
박광용, 「3. 정조 대 탕평정국과 왕정체제의 강화」, 『한국사 32. 조선 후기의 정치』, 국사편찬위원회, 1997.
박현순, 「정조의 『臨軒題叢』 편찬과 御題 출제」, 『규장각』 48, 2016.
배우성, 「공간에 관한 지식과 정조 시대」, 『정조와 정조 시대』, 서울대학교출판문화원, 2011.
백승종, 『정조와 불량선비 강이천』, 푸른역사, 2011.
변원림, 『순원왕후 독재와 19세기 조선 사회의 동요』, 일지사, 2012.
서울대학교 정치학과 교수, 『정치학의 이해』, 박영사, 2010.
송양섭, 『18세기 조선의 공공성과 민본 이념』, 태학사, 2015.
오수창, 「18세기 조선 정치사상과 그 전후 맥락」, 『정조와 18세기』, 푸른역사, 2013.
오수창, 「세도정치를 다시 본다」, 『역사비평』 1991년 봄호.
오수창, 『조선 후기 평안도 사회발전 연구』, 일조각, 2012.
오수창, 「조선 후기 체제인식과 민중운동 시론」, 『한국문화』 60, 2012.
유봉학, 『개혁과 갈등의 시대 – 정조와 19세기』, 신구문화사, 2009.
이경구, 「총론: 새롭게 보는 정조와 19세기」, 『역사비평』 115, 2016년 여름.
이태진, 「정조 – 유학적 계몽절대군주」, 『한국사 시민강좌』 13, 1993.
이태진, 「조선왕조의 유교정치와 왕권」, 『한국사론』 23, 1990.
이태진, 「정조의 『대학』 탐구와 새로운 군주론」, 『이회재의 사상과 그 세계』, 성균관대 대동문화연구원, 1992.
이태진, 「조선시대 '민본' 의식의 변천과 18세기 '민국' 이념의 대두」, 『조선 후기 탕평정치의 재조명』 상, 태학사, 2011.
최성환, 「'정조-심환지 어찰'과 조선 후기 정치사 연구의 전망」, 『역사와 현실』 79, 2011.
최성환, 「조선 후기 정치의 맥락에서 탕평 군주 정조 읽기」, 『역사비평』 115, 2016년 여름.

한상권, 「백성과 소통한 군주, 정조」, 『역사비평』 89, 2009년 겨울.
한국역사연구회 19세기정치사연구반, 『조선정치사 1800~1863』 상·하, 청년사, 1990.
홍순민, 「정치 운영과 왕권의 추이」, 『조선시대사 1. 국가와 세계』, 푸른역사, 2015.

7장 : 18~19세기 서울과 지방의 격차와 지식인의 인식

『비변사등록』, 『승정원일기』, 『조선왕조실록』.
김려 지음, 강혜선 옮김, 『유배객, 세상을 알다 – 김려 산문선』, 태학사, 2007.
김정중 지음, 정연탁 옮김, 『연행록선집』 VI, 한국고전번역원, 1989.
김평묵, 『重菴集』.
남구만, 『藥泉集』.
박래겸 지음, 조남권·박동욱 옮김, 『서수일기 – 126일간의 평안도 암행어사 기록』, 푸른역사, 2013.
성대중 지음, 김종태 등 옮김, 『青城雜記』, 한국고전번역원, 2006.
위백규, 『存齋集』.
유만주 지음, 김하라 옮김, 『일기를 쓰다 2: 흠영 선집』, 돌베개, 2015.
윤기 지음, 강민정 등 옮김, 『無名子集』, 한국고전번역원, 2013·2014.
이옥 지음, 실시학사 고전문학연구회 옮김, 『완역 이옥 전집』, 휴머니스트, 2009.
이항복, 『白沙集』.
정약용 지음, 송재소 옮김, 『茶山詩選』, 창작과비평사, 1981.
조희룡 지음, 실시학사 고전문학연구회 역주, 『趙熙龍 全集』, 한길아트, 1999.
최덕중 지음, 이익성 옮김, 『연행록선집』 III, 한국고전번역원, 1989.
최성환 지음, 김성재 옮김, 『어시재 최성환의 고문비략』, 사람의무늬, 2014.

강명관, 『조선 후기 여항문학 연구』, 창작과비평사, 1997.
고동환, 『朝鮮後期 서울商業發達史研究』, 지식산업사, 1998.
박현순, 『조선 후기의 과거』, 소명출판, 2014.
박홍갑, 『朝鮮時代 門蔭制度 研究』, 탐구당, 1994.
배우성, 「18세기 지방 지식인 황윤석과 지방의식」, 『한국사연구』 135, 2006.
유봉학, 『燕巖一派 北學思想 研究』, 일지사, 1995.
이경구, 『조선 후기 安東 金門 연구』, 일지사, 2007.
이경구, 『조선 후기 사상사의 미래를 위하여』, 푸른역사, 2013.
이남희, 『朝鮮後期 雜科中人 研究』, 이회문화사, 1999.
이현진, 「조선 후기 京·鄕 분기와 수도 집중」, 『서울학연구』 52, 2013.
차미희, 『朝鮮時代 文科制度研究』, 국학자료원, 1999.
차장섭, 『朝鮮後期閥閱研究』, 일조각, 1997.

한국역사연구회 19세기정치사연구반, 『조선정치사 1800~1863』 상·하, 청년사, 1990.

● 8장 : 19세기 조선의 지식인 지형

朴趾源, 『熱河日記』.
洪吉周, 『縹礱乙　』; 『沆瀣丙函』.
丁若鏞, 『與猶堂全書』.
崔漢綺, 『人政』.
任允摯堂, 『任允摯堂遺稿』.
李喜經, 『雪岫外史』(아세아문화사, 1986).
李奎象, 『一夢稿』.
洪翰周, 『智水拈筆』.
洪羲俊, 『傳舊』.
『承政院日記』.
『춘향전』(이석래 역주, 범우, 2009).
『東學亂記錄』 上(국사편찬위원회, 1959).

강경훈, 「重菴 姜彝天 文學 硏究 - 18세기 近畿南人·小北文壇의 展開와 관련하여」, 동국대 박사학위논문, 2001.
강석화, 『조선 후기 함경도와 북방영토의식』, 경세원, 2000.
高橋博已, 『東アジアの文藝共和國』, 新典社, 2009.
고동환, 「19세기 후반 지식 체계의 변화와 다산(茶山) 호출(呼出)의 성격」, 『다산과 현대』 4·5, 2012.
고동환, 「조선 후기 지식 세계의 확대와 실학」, 『한국사시민강좌』 48, 2011.
고석규, 『19세기 조선의 향촌사회 연구』, 서울대학교 출판부, 1998.
고영진, 「16세기 湖南士林의 활동과 학문」, 『남명학연구』 3, 1993.
고야스 노부쿠니 지음, 이승연 옮김, 『귀신론』, 역사비평사, 2006.
권기중, 「조선 후기 수령의 지방재정 운영과 公私 관념」, 『사림』 48, 2014.
권오영, 「최성환의 저술 편력과 학풍」, "조선 후기 실학사의 재조명"(제6회 실학연구 공동발표회: 조선 후기 實學史의 재조명, 재단법인 실시학사), 2016.
김상기, 「金福漢의 學統과 思想」, 『한국사연구』 88, 1995.
김상준, 「대중유교로서의 동학 - 유교적 근대성의 관점에서」, 『사회와 역사』 68, 2005.
김석배, 「18, 9세기의 한글소설과 流通」, 『문학과 언어』 8-1, 1987.
김선경, 「19세기 농민저항의 정치」, 『역사연구』 6, 2006.
김선경, 「갑오농민전쟁과 민중의식의 성장」, 『사회와 역사』 64, 2003.
김선희, 「최성환의 지적 교유와 19세기 중인들의 지적 네트워크」, "조선 후기 실학사의 재조명”(제6회 실학연구 공동발표회: 조선 후기 實學史의 재조명, 재단법인 실시학사), 2016.
김성재, 『어시재 최성환의 고문비략』, 사람의무늬, 2014.
김영민, 「정치사상 텍스트로서의 춘향전」, 『한국정치학회보』 41-4, 2007.
김영민, 「형용모순을 넘어서 – 두 명의 조선시대 여성 성리학자」, 『철학』 83, 2005.
김윤경, 「조선 후기 민간도교의 발현과 전개 – 조선 후기 관제신앙, 선음즐교, 무상단」, 『한국철학논집』 35, 2012.
김윤수, 「고종시대의 난단도교」, 『동양철학』 30, 2007.
김인걸, 「조선 후기 재지사족의 ‘거향관(居鄕觀)’ 변화」, 『역사와 현실』 11, 1994.
김현, 「성리학적 가치관의 확산과 여성」, 『민족문화연구』 41, 2004.
남지대, 「중앙정치세력의 형성구조」, 『조선정치사』 상, 청년사, 1990.
노대환, 「19세기 경세론의 전개와 최성환의 『고문비략(顧問備略)』」, “조선 후기 실학사의 재조명”(제6회 실학연구 공동발표회: 조선 후기 實學史의 재조명, 재단법인 실시학사), 2016.
노용필, 「조선 후기 천주교 한글 필사본 교리서의 유통」, 『인문논총』 23, 2009.
大谷森繁, 『朝鮮後期 小說讀者 硏究』, 고려대 민족문화연구원, 1985.
문희순, 「호서 지역 여성 한문학의 사적 전개」, 『한국한문학연구』 39, 2005.
민병희, 「性理學과 동아시아 사회 – 그 새로운 설명 틀을 찾아서」, 『사림』 32, 2009.
민병희, 「朱熹의 사회·정치적 구상으로서의 “學” – “功利之學”, “虛空之學”과의 대조를 중심으로」, 『동양사학연구』 104, 2008.
박종훈, 「19세기 조선 중인들의 국내외적 활동 양상 – 小棠 金奭準의 懷人詩를 중심으로」, 『동방학』 25, 2012.
배항섭, 「1880~90년대 동학의 확산과 동학에 대한 민중의 인식 – 유교 이념과의 관련을 중심으로」, 『조선시대사학보』 77.
백승종, 「18~19세기 『정감록』을 비롯한 각종 예언서의 내용과 그에 대한 당시대인들의 해석」, 『진단학보』 88, 1999.
백현숙, 「최성환의 인물과 저작물」, 『역사학보』 103, 1984.
사이토 마레시 지음, 황호덕·임상석·류충희 옮김, 『근대어의 탄생과 한문 – 한문맥과 근대 일본』, 현실문화, 2010.
송양섭, 「최성환의 현실인식과 국가개혁 구상 – 『고문비략』을 중심으로」, “조선 후기 실학사의 재조명”(제6회 실학연구 공동발표회: 조선 후기 實學史의 재조명, 재단법인 실시학사), 2016.
송찬섭, 「1862년 三政策問에 따른 京外對策의 검토」, 『사림』 48, 2014.
양은용, 「經農權重顯의 功過新格과 道敎倫理」, 『한국종교사연구』 6, 1996.
양은용, 「韓國近代에 있어서 勸善書의 流行에 대하여 – 三敎融會와 善」, 『원불교사상』 20, 1996.
양은용, 「韓國道敎의 近代的 變貌」, 『한국종교사연구』 5, 1996.

오수창,「17, 18세기 平安道 儒生層의 정치적 성격」,『한국문화』 16, 1995.
오수창,「18세기 조선 정치사상과 그 전후 맥락」,『역사학보』 213, 2012.
오수창,「조선시대 평안도 출신 문신(文臣)에 대한 차별과 통청(通淸)」,『한국문화연구』 15, 2008.
오수창,「조선 후기 체제 인식과 민중운동 試論」,『한국문화』 60, 2012.
우윤,「19세기 민중운동과 민중사상 – 후천개벽, 정감록, 미륵신앙을 중심으로」,『역사비평』 2, 1988.
유봉학,『燕巖一派 北學思想 硏究』, 一志社, 1995.
윤사순,「동학의 유교적 측면」, 영남대학교 민족문화연구소 편,『동학사상의 새로운 조명』, 1998.
이남희,「조선 후기 지식인 여성의 생활세계와 사회의식 – 임윤지당과 강정일당을 중심으로」,『원불교사상과 종교문화』 52, 2012.
이능화,『조선도교사』, 보성문화사, 2000.
이민희,『16~19세기 서적중개상과 소설·서적 유통관계 연구』, 역락, 2007.
이영춘,「강정일당(姜靜一堂)의 생애와 학문」,『조선시대사학보』 13, 2000.
이영춘,『강정일당』, 가람기획, 2002.
이영춘,『임윤지당』, 혜안, 1998.
이우성,「최성환의 고문비략」, 연세대 동방학연구소 제6회 실학공개강좌, 1972.
이지양,「黃胤錫의 書籍筆寫 및 購入으로 본 京鄕 간의 知識 動向 – 1768년~1771년까지의 한양 생활을 중심으로」,『한국한문학연구』 53, 2014.
이태영,「완판본의 개념과 범위」,『열상고전연구』 38, 2013.
이혜순,「여성담론으로서의 임윤지당(任允摯堂)의 이기심성론 – 조선조 후기 여성 지성사 서술을 위한 시론」,『고전문학연구』 26, 2004.
이혜순,「임윤지당의 정치담론 – 조선 후기 여성 지성사 서술의 일환으로」,『한국한문학연구』 35, 2005.
이호권,「조선시대 한글 문헌 간행의 시기별 경향과 특징」,『한국어학』 41, 2008.
임형택,「丁若鏞의 康津 流配時의 교육 활동과 그 성과」,『韓國漢文學研究』 21, 1998.
장유승,「조선 후기 서북 지역 문인 연구」, 서울대 박사학위논문, 2010.
정만조,「英祖 14년의 安東 金尙憲書院 建立是非」,『朝鮮時代 書院研究』, 集文堂, 1997.
정민,「18, 19세기 조선 지식인의 병세의식」,『한국문화』 54, 2011.
정민,『18세기 조선 지식인의 발견』, 휴머니스트, 2007.
정병설,「조선 후기 한글 방각소설의 전국적 유통 가능성에 대한 시론」,『다산과 현대』 3, 2010.
정병설,「조선 후기 한글 출판 성행의 매체사적 의미」,『진단학보』 106, 2008.
정병설,「조선 후기 한글소설의 성장과 유통」,『진단학보』 100, 2005.

정병설, 「조선 후기의 한글소설 바람」, 『한국사시민강좌』 37, 2005.
정순우, 「19세기 서당 설립과 향촌사회의 동향」, 『한국의 사회와 문화』 16, 1991.
정순우, 『서당의 사회사』, 2013, 태학사.
정우봉, 「19세기 성령론의 재조명 – 최성환의 성령론을 중심으로」, 『한국한문학연구』 35, 2005.
정진영, 「18세기 영남 노론의 존재형태-영조 14년(1738) 안동 김상헌 서원 건립과 훼파를 통해본 '새로운 세력'에 대한 검토-」, 『한국사연구』 171, 2015.
정해득, 「조선 후기 관북 유림의 형성과 동향」, 『경기사학』 2, 1998.
조경달, 『민중과 유토피아』, 역사비평사, 2009.
조광, 「朝鮮後期 西學書의 受容과 普及」, 『민족문화연구』 44, 2006.
조성산, 「18세기 영·호남 유학의 학맥과 학풍」, 『국학연구』 9, 2006.
조성산, 「18세기 후반~19세기 전반 주자학적 지식 체계의 균열과 그 의미」, 『역사교육』 110, 2009.
조성산, 「19세기 전반 노론계 불교 인식의 정치적 성격」, 『한국사상사학』 13, 1999.
조성산, 「조선 후기 소론계의 東音 인식과 訓民正音 연구」, 『한국사학보』 36, 2009.
조혜인, 「동학과 주자학 – 유교적 종교개혁의 맥락」, 『사회와 역사』 17, 1990.
최혜영, 「朝鮮後期 善書의 倫理思想研究」, 한국교원대학교 대학원 박사학위논문, 1997.
한기두, 『한국불교사상연구』, 일지사, 1980.
한영규, 『조희룡과 추사파 중인의 시대』, 학자원, 2012.
홍원식, 「한주학파의 공자교 운동」, 『한국학논집』 26, 1999.
홍윤표, 「한글의 역사와 완판본 한글고소설의 문헌적 가치」, 『국어문학』 43, 2007.